本教材获华侨大学教材建设基金立项资助

YILIAOBAOXIANXUE

普通高等学校"十四五"规划公共管理类专业精品教材

总主编：汤兆云

医疗保险学

汤兆云　和　红　主编

华中科技大学出版社
http://press.hust.edu.cn
中国·武汉

内 容 提 要

本书从不同角度深入研究了医疗保险的内涵、特征、发展态势等。着眼于医疗保险制度的发展趋势，提出医疗保险制度改革创新的关键要素，为医疗保险制度改革创新提供借鉴。既有理论、概念层面的阐述，也有实践操作方面的论述；既包括国外医疗保险制度的经验，也涉及中国医疗保险制度的发展、存在的问题及改革的进程。

图书在版编目(CIP)数据

医疗保险学 / 汤兆云，和红主编. -- 武汉：华中科技大学出版社，2024.12. --（普通高等学校"十四五"规划公共管理类专业精品教材）. -- ISBN 978-7-5772-1326-2

Ⅰ. F840.613

中国国家版本馆 CIP 数据核字第 202429WT85 号

医疗保险学   汤兆云   和   红   主编
Yiliao Baoxianxue

策划编辑：张馨芳   钱   坤
责任编辑：苏克超
封面设计：孙雅丽
版式设计：赵慧萍
责任监印：曾   婷
出版发行：华中科技大学出版社（中国·武汉）   电话：(027) 81321913
            武汉市东湖新技术开发区华工科技园   邮编：430223
录   排：华中科技大学出版社美编室
印   刷：武汉科源印刷设计有限公司
开   本：787mm×1092mm   1/16
印   张：15.5   插页：2
字   数：374 千字
版   次：2024 年 12 月第 1 版第 1 次印刷
定   价：68.00 元

目 录

第一章 导论 —— 001
　第一节 医疗保险概述 —— 002
　第二节 医疗保险制度的历史沿革 —— 007
　第三节 医疗保险学研究的多学科交叉视野 —— 010

第二章 医疗保险学的理论基础 —— 018
　第一节 马克思主义医疗保险学思想 —— 019
　第二节 西方医疗保险理论 —— 022
　第三节 中国特色医疗保险理论与实践 —— 028

第三章 医疗保险的模式 —— 037
　第一节 国家医疗保险模式 —— 038
　第二节 社会医疗保险模式 —— 044
　第三节 商业医疗保险模式 —— 048
　第四节 强制储蓄医疗保险模式 —— 051
　第五节 合作医疗保险模式 —— 053
　第六节 各种医疗保险模式比较与互鉴 —— 056

第四章 我国基本医疗保险制度 —— 060
　第一节 我国基本医疗保险制度体系 —— 061
　第二节 我国医疗保险制度的发展历程 —— 071
　第三节 我国基本医疗保险制度改革的成就及未来发展方向 —— 083

第五章 我国医疗保险支付方式改革 —— 092
　第一节 医疗支付方式改革的理论基础 —— 093
　第二节 典型的医疗保险支付方式 —— 095
　第三节 我国医疗保险支付方式改革实践 —— 097

第一章

导　论

———— 本章导言 ————

基本医疗保险是多层次医疗保险体系的基础，也是国家医疗政策的主要组成部分。按照社会保险法和基本医疗保险有关规定，我国基本医疗保险制度包括职工基本医疗保险制度和城乡居民基本医疗保险制度，实现全民覆盖，是全球规模最大的社会保险制度。自德国 1883 年建立世界上第一个社会医疗保险制度至今，世界医疗保险制度的发展已有 100 多年的历史，在这 100 多年里，世界各国政府根据本国的实际情况建立本国的医疗保险制度，因此形成了多种不同的医疗保险模式。本章主要介绍医疗保险的基本概念、发展历程、基础理论等。

———— 重点问题 ————

（1）医疗保险和医疗保障的区别。

（2）大数原则与风险分摊。

（3）信息不对称问题及解决机制。

（4）社会医疗保险的制度社会性与治理社会性。

第一节
医疗保险概述

一、医疗保险的概念

医疗保险一般简称"医保"，是为了补偿劳动者因疾病风险造成的经济损失而建立的一项社会保险制度。医疗保险包括广义医疗保险和狭义医疗保险。广义医疗保险指健康保险，是保障人的生存权和发展权、减少甚至免除居民因疾病而产生的后顾之忧的重要手段。狭义医疗保险指社会医疗保险，即国家通过立法的形式建立起的补偿个人因疾病或伤害带来的医疗费用和经济损失的保险制度。本书所指的医疗保险主要是指狭义医疗保险，即社会医疗保险。

社会医疗保险是为补偿劳动者因疾病风险造成的经济损失而建立的一项社会保险制度，与养老保险、工伤保险、失业保险、生育保险、长期护理险等构成社会保险。我国基本医疗保险制度主要包括两种类型，即职工基本医疗保险制度和城乡居民基本医疗保险制度。在制度运行过程中，由用人单位和职工按照国家规定共同缴纳基本医疗保险费，建立医疗保险基金，参保人员因疾病或意外就诊发生医疗费用后，由医疗保险经办机构给予一定的经济补偿，以避免或减轻劳动者因患病、治疗等所带来的经济风险。

商业医疗保险是与社会医疗保险相对应的。它是医疗保障体系的组成部分，是指由保险公司经营的，具有营利性质的医疗保障。商业医疗保险由单位和个人自愿参加，国家一般鼓励用人单位和个人参加。在商业医疗保险中，消费者依一定数额交纳保险金，遇到各类疾病时，可以从保险公司获得一定数额的医疗费用。

医疗救助是指国家和社会针对那些因为贫困而没有经济能力治病的公民实施专门的帮助和支持。医疗救助作为医疗保障体系的底线，通常是在政府有关部门的主导下，社会广泛参与，通过医疗机构针对贫困人口中的患病者实施救治行为，以恢复其健康、维持其基本生存能力。

二、医疗保险的特征

（一）普遍性

医疗保险具有一定的普遍性，不针对特定的人群。每个人都可能会患上疾病，生老病死是每个人都会经历的，任何年龄段的人都有患病的可能和治疗的诉求。

（二）社会性

医疗保险是社会保险的一种。国家建立医疗保险基金，基金的运作覆盖整个社会，筹集的资金由政府有关部门集中管理，基金的支出、来源都有明确的规定，还有法定的运行程序和严格的监督机制。

（三）非营利性

医疗保险制度由国家建立，医疗保险基金支出全部用于支付参保的社会成员的医疗费，可以说是"取之于民，用之于民"，不以营利为目的。常见的医疗保险主要以解决门诊、住院、手术费用为主，保费便宜。

（四）分层性

医疗保险体系具有分层、分工的天然属性，需要板块（就是一个个大小系统）间纵向、横向的接续、互补，实现既兼顾普惠公平又凸显个性多样的整体保障目标。

（五）协同性

协同性是医疗保险的内在要求。虽然基本医保制度覆盖范围广，发挥着医疗保障的主体作用，但面对广大参保人员的多样化、个性化需求，仍有无法满足或保障不到位的地方，需要保障制度体系内各板块协同配合。

（六）发展性

医疗保险一要改革发展，二要优化发展，三要规范发展，四要互动发展。确保基本保障均衡、补充保障多样、兜底保障牢固，明确政府、社会、市场的责任边界，尽力而为、量力而行，不越位或缺位。

三、医疗保险与医疗保障的区别

医疗保障是指围绕基本医疗需求构建多个制度，通过板块化的医疗费用补偿机制，逐层降低个人自付医疗费，从而化解疾病的经济风险，满足基本医疗需求。多层制度设计下医疗保障各层在基本医疗需求的医疗费用上交叉重叠，凭借多个制度来化解灾难性医疗支出风险，防止因病致贫、因病返贫，如基本医疗保险、大病保险、社会救助、部分补充医疗保险、商业健康保险等。医疗保障是基本的民生工程，医疗保障制度改革发展是做好民生工程的关键途径。1998 年城镇职工基本医疗保险制度的建立，开启了我国以社会医疗保险制度为主体的新型医疗保障制度体系的建设进程。从启动城镇职工基本医疗保险、新型农村合作医疗保险和城镇居民基本医疗保险制度建设，到全国基本医疗保障制度全覆盖，20 多年来，中国医疗保障制度不断推进各方面改革措施，保障覆盖面从小到大、保障水平从低到高、管理服务从粗到精，中国特色的医疗保障制度体系不断发展和完善，制度作用不断显现和发挥。

2018 年 3 月 13 日，国务院公布机构改革方案，将原来分散在人社部、国家卫计委、国家发改委以及民政部等部委与医疗保障相关的职责和功能加以整合，组建国家医疗保障局，拉开了医保改革的新序幕。目前，国家、省（自治区、直辖市）和各地市三级医疗保障局已相继成立。

医疗保障和医疗保险的区别主要体现在以下几个方面。

（一）职责不同

医疗保险是一种通过合同进行共济的风险管理，利用大数法则进行精算，从广义上来讲，是一种商业、市场行为。虽然社会医疗保险是一种政府主导行为，但脱离不了保险的本质。医疗保障更强调的是责任和效果，面和点都要兼顾（面要广、点要准），既包括医疗救助，也包括调动社会力量（包括商业医疗保险），做好全面的医疗保障。

（二）广度不同

医疗保险重点是从保险方、被保险方、经办机构三方考虑，通过平衡三方关系，达到政府社会医疗保险的目的。医疗保障更多从全面关联方（药企、诊疗设施厂商、医药服务机构、长护机构、检验检查治疗中心、参保人、单位、经办机构、商业医疗保险、银行及第三方支付机构等）综合考虑，协调、理顺其之间的关系，注重结果，更强调做到医保、医药、医疗"三医联动"，做到整体最优。

（三）深度不同

医疗保险最终落实的是钱方面的理赔，聚焦于基金的收支平衡，采取的方式往往是单一的，措施往往带有一定的妥协性。医疗保障更强调全面服务和效能，因此采取的措施、力度、协调等更强，触及的也更深，更具有主动性。

四、医疗保险的基本术语

为便于后面的讨论，我们首先介绍医疗保险中的一些常用术语，这些术语时常用于商业保险，有些也同样适用于社会医疗保险。[①]

1. 保费

保费是指保险人就保险单中规定的保险范围向被保险人收取的金额。

2. 承保范围

当人们购买保险单时，通常会根据该事件发生的一定范围支付一定的保费。

3. 共保率与共付率

在医疗保险中，保险单要求当风险发生时被保险人通过共同支付和承保人一起承担损失。医疗支出中，保险人承担的比率称为共保率，被保险人承担的比率称为共付率。

4. 起付线

在许多保险单中，被保险人以起付线的方式支付一部分医疗费用。医疗保险在被保险人支付至起付线以后才生效。

5. 封顶线

超过封顶线费用后，所有费用由保险人或被保险人全部承担。

6. 纯保费

纯保费是精算平衡的保费，是风险发生概率与风险损失的预期值。

7. 附加费用

附加费用是指保险公司运营中的管理费用，如行政管理、促销、理赔等费用，以及获取的利润。

---

① 封进：《社会保险经济学》，北京大学出版社 2019 年版，第 119 页。

五、多层次医疗保险体系

医疗保险制度是指一个国家或地区按照保险原则为解决居民防病治病问题而筹集、分配和使用医疗保险基金的制度。医疗保险制度通常由国家立法强制实施。医疗保险制度能够促进社会公平，主要体现在政府、用人单位和社会成员集中经济力量给予患病的社会成员物质帮助，减轻他们的医疗费用负担，防止他们因病致贫。目前，我国已形成以基本医疗保险为主体、补充医疗保险和商业医疗保险为补充、社会医疗救助为底线的多层次医疗保险体系。

（一）基本医疗保险

基本医疗保险是多层次医疗保险体系的基础，也是国家医疗政策的主要组成部分。基本医疗保险是由国家立法对公民实施的医疗保险制度，它通过强制性社会保险原则和方法筹集资金，保证人们公平地获得适当的医疗服务。由于世界各国的历史、经济、政治和文化等因素的差异，在推行医疗保险制度上也存在不同的模式。按照社会保险法和基本医疗保险有关规定，我国基本医疗保险制度包括职工基本医疗保险制度和城乡居民基本医疗保险制度，实现全民覆盖，是全球规模最大的社会保险制度。《2022 年全国医疗保障事业发展统计公报》显示，截至 2022 年底，我国基本医疗保险参保人数为 134592万人，参保率稳定在 95％以上。其中，参加职工基本医疗保险人数为 36243 万人。在参加职工基本医疗保险人数中，在职职工、退休职工分别为 26604 万人、9639 万人。参加城乡居民基本医疗保险人数为 98349 万人。截至 2022 年底，我国基本医疗保险（含生育保险）基金总收入、总支出分别为 30922.17 亿元、24597.24 亿元，累计结存 42639.89亿元。其中，职工基本医疗保险（含生育保险）基金收入 20793.27 亿元，支出 15243.80亿元，累计结存 35105.76 亿元。其中，统筹基金累计结存 21393.11 亿元，个人账户累计结存 13712.65 亿元。

（二）补充医疗保险

补充医疗保险是在基本医疗保险制度之外存在及发展，并对基本医疗保险起补充作用的保险制度。补充医疗保险是整个医疗保险体系的一个重要组成部分。与国家立法强制实施、政府承办、普遍保障、待遇公平以及政府承担最终责任的基本医疗保险制度不同的是，补充医疗保险制度通常是在政府的鼓励政策下自愿推出，依法独立承办，根据权益或效率原则享受相应的待遇水平，举办者自负经营风险的医疗保险制度。

（三）商业医疗保险

商业医疗保险在多层次医疗保险体系中较为规范，主要起补充和提高作用，商业医疗保险由商业保险公司开办，以人的身体为保险标的，为被保险人在合同约定的期限内因疾病或意外伤害导致医疗费用增加或收入减少所造成的损失承担保险金给付责任。商业医疗保险有狭义和广义之分，狭义商业医疗保险仅指医疗费用保险，广义商业医疗保险包括医疗费用保险、疾病保险、失能收入损失保险及长期护理保险等。商业医疗保险与基本医疗保险不同，一般不存在强制性特征，商业医疗保险的经营主体主要是以营利为目的、自负盈亏的商业保险公司，所以商业医疗保险中的逆向选择现象相对比较严重，即身体状况越差的个体越倾向于投保。为了防止逆向选择，商业医疗保险一般要求体检，保险公司根据体检结果和被保险人的健康情况，做出拒保、加费承保或标准体承保等不同的核保决定。所以，商业医疗保险的保障对象主要为自愿投保并符合承保条件的所有个体。

由于缺乏医疗费用管控手段、存在逆向选择风险、缺乏专业产品设计、缺乏可持续发展规划等原因，国内商业医疗保险一直处于发展规模较小、产品较分散、渗透度较低等窘境。商业保险公司对开发医疗保险产品不够积极，除了寿险、意外险、重疾险及一些高端险种外，其他险种产品较少。近几年"惠民保"的火热，得益于政府部门的指导和支持，提高了居民对于商业医疗保险的参与度，但其可持续性还有待观察。

（四）社会医疗救助

社会医疗救助是医疗保险体系中的最低层次，它主要保障以下三种人的最低生活水平：无依无靠、完全没有生活来源的人，主要是孤儿和孤寡老人；有劳动能力，也有收入来源，但由于特殊原因而一时生活困难的人；有收入来源，但该收入低于国家规定的最低标准的人。由于各种原因，这些人可能会处于社会保险制度保护之外，当他们遭遇到各种社会风险，尤其是疾病风险时，往往无力应对。因此，应建立专门针对这类特殊群体的社会医疗救助制度，以保障他们的医疗需求。

第二节
医疗保险制度的历史沿革

自德国 1883 年建立世界上第一个社会医疗保险制度至今，世界医疗保险制度的发展已有 100 多年的历史。100 多年来，世界各国政府根据本国的实际情况建立本国的医疗保险制度，因此形成多种不同的医疗保险模式。

一、世界社会医疗保险制度的形成与发展

医疗保险制度起源于欧洲,自其产生以来,经历了一个长期的演变和发展过程。最原始的医疗保险,实际上只是一些民间自发形成的基金会,也称之为行会。每一个基金会成员定期缴纳一定数额的费用,形成基金。在会员患病或因其他事故需要帮助时,可以从基金中获取一定的经济资助。这种基金会虽然已经具备保险的特性,即具有互助共济的性质,但不同于现代医疗保险,保险基金主要由会员自己承担,企业主和国家并不参与。因此,这些早期的自愿性行会组织被视为现代社会医疗保险制度的雏形,在现代社会医疗保险制度的形成过程中,起到了重要的作用。

医疗保险作为政府组织的一种社会性的保障制度,最早产生于德国。19 世纪后半期,随着德国经济的飞速发展,德国国内的社会矛盾进一步激化。为了解决当时的社会矛盾,政府开始对劳动者实施一系列的社会福利政策。1883 年,德国推出《企业工人疾病保险法》,标志着世界上第一个社会医疗保险制度的产生。

德国社会医疗保险制度的建立体现了以下两个方面的重要意义:一是德国的医疗保险计划由法律规定强制执行,这标志着社会、政府开始介入健康与医疗问题;二是德国实施的医疗保险计划体现了劳动者共同平等承担风险的原则,也体现了先纳税、后受益及劳动与福利相结合的原则。

继德国之后,这种政府参与下实施的、具有社会保障性质的(大多为强制性的)医疗保险制度在欧洲发达国家相继以各种形式推广。日本是亚洲国家中较早实施社会医疗保险制度的国家。1922 年,日本政府通过《健康保险法》(于 1927 年 1 月 1 日正式颁布施行);1938 年,日本政府颁布了《国民健康保险法》。这两个法案针对不同人群而制定,前者针对的是工薪阶层,后者针对的是非工薪阶层。20 世纪 70 年代,日本还专门为老年人建立了老年医疗保险。

美国主要以商业医疗保险为主,同时有政府举办的针对特定人群的医疗保险,如老年医疗保险和穷人医疗救助制度。前者是对 65 岁及以上老年人以及因残疾、慢性肾炎等接受国家有关部门救济金的人提供医疗保险;后者则是对低收入人群、失业人群等贫困线以下的人群提供部分免费服务。对其他人群而言,可以选择各种商业医疗保险。

第二次世界大战后,强制性的社会医疗保险制度在许多发展中国家开始实施。1978 年,世界卫生组织和联合国儿童基金会在阿拉木图召开国际初级卫生保健会议,会议呼吁改进社会医疗保险,以使医疗资源能更合理分配,并提出了"2000 年人人享有初级卫生保健"的全球战略目标。1987 年,第 40 届世界卫生大会强调建立社会医疗保险制度是实现上述目标的重要手段。这两次会议,对世界范围内社会医疗保险制度的发展起到了至关重要的作用。各国政府,特别是发展中国家政府更加认识到,实施强制性社会医疗保险是实现"2000 年人人享有初级卫生保健"的可行方案,理应成为国家医疗政策的重要组成部分,并开始探索更有效的保险方案。

20 世纪 90 年代以后，许多国家针对本国医疗保险制度存在的问题进行了不同程度的改革。公平与效率成为各国医疗保险制度构建与改革的两大根本目标。

二、我国社会医疗保险制度的形成与发展

1949 年新中国成立后，国家逐步建立各级人民政府、党派、团体及所属单位的国家工作人员公费医疗制度，全民所有制工矿企业职工及其供养亲属享受半公费的劳动保险医疗。1954 年，国务院决定将劳动保险业务移交全国总工会统一管理。1969 年，财政部发文规定停止提取劳动保险金，全国总工会对劳动保险金的管理随之终结。改革开放以来，劳动保险金与医疗卫生服务活动关系尚可，劳动保险金主要发挥补偿的功能。改革开放早期，企业保险、劳动保险金与医疗卫生服务处于平行性改革发展转型中。

1978 年实施改革开放政策以来，我国宏观社会经济环境发生较大变化，卫生保健体系拉开改革、开放、发展及全面性、结构性转型的历史序幕。

20 世纪 90 年代以来，我国宏观社会环境较显著的时代特征是社会主义市场经济体制改革与发展，社会保障概念与理论成为主流话语。1997 年 1 月，中共中央、国务院发布《关于卫生改革与发展的决定》。经过多年的改革发展，卫生保健体系发生了重大变化，公共卫生、社区卫生服务等成为新要素。1998 年 12 月，国务院颁布《关于建立城镇职工基本医疗保险制度的决定》，标志着我国由传统劳动保险医疗、企业单位型医疗保险进入社会医疗保险的崭新时代。

城镇职工基本医疗保险制度设计存在若干结构缺陷，例如：属地化筹资政策（即县级统筹层次）的"公正性"；社会医疗保险由谁管最好（社会医疗保险行政管理体制）；个人账户和社会统筹基金的平衡；医疗待遇的准则问题等。与此密切相关的是，社会保险基金的征缴、支出、运营、监管和行政管理体制逐步建立。1998 年以来，关于医疗卫生与医疗保险关系议题的主要基调是二者协调发展。例如，鉴于医疗卫生与医疗保险目标一致性、功能统一性、资源互补性等内在关系，要求医疗卫生与医疗保险必须协调发展。有人提出通过卫生资源总量控制、医院收入总量控制、医疗保险费用总量控制，以确保医疗保险基金的收支平衡，促使医疗保险、医疗卫生和社会经济的协调发展，反映了当时社会保险系统的主导观点。简而言之，在城镇职工基本医疗保险早期发展阶段，医疗卫生与医疗保险成为两个潜在竞争对手。

2003 年，我国实施新型农村合作医疗制度，由此建立农村社会医疗保险体系。2003 年 11 月，民政部、卫生部、财政部发布《关于实施农村医疗救助的意见》。2005 年，民政部等发布《关于建立城市医疗救助制度试点工作的意见》。2007 年，国务院决定建立城镇居民基本医疗保险制度，保险对象主要是老年人、儿童和灵活就业人员。由此，我国基本建立世界上涉及人口数量规模最大、覆盖全民的社会医疗保险体系框架。2009 年 3 月，中共中央、国务院发布《关于深化医药卫生体制改革的意见》，标志着我国医药卫生体制改革与社会医疗保险体系发展进入崭新阶段。深化医药卫生体制改革，加强医疗、医药与医保之间的联动，构建社会主义和谐社会，提高全民的健康福祉水平，全面建成

小康社会，成为宏观社会环境的显著特征。特别是党的十八大以来，民生福祉、小康社会、健康福祉、社会政策与美好生活需要先后成为主流理论视角，宏观、广义和大概念的社会福利理论日渐流行。改革开放 40 多年来，通过改革、开放、发展、转型等途径，中国特色现代卫生保健体系框架基本形成，医疗卫生服务体系涵盖从生殖健康、公共卫生、医疗照顾到临终关怀等所有领域。

2000 年以来，随着医药卫生体制改革日益深入，社会医疗保险与医疗卫生服务、医药卫生体制改革之间的关系日趋紧密，社会医疗保险体系原有的内在缺陷与结构困境日益明显，凸显出社会医疗保险制度框架设计质量与功能角色定位等基础议题，例如，社会医疗保险公平性，各种社会医疗保险间制度分割与碎片化，医疗费用增长过快等。社会保险体系问题集中反映在基金上，如医疗保险基金统筹层次、个人账户等问题。在社会医疗保险尤其是参保人员数量增加，保险覆盖范围扩大和保费征缴数量增大，社会医疗保险基金规模日趋庞大背景下，医疗卫生与社会医疗保险体系之间，如供方与需方、服务提供方与资金补偿方、监管者与被监管者之间关系日趋紧张。社会医疗保险体系与医疗卫生服务体系之间关系呈现出全面性、体系性与结构性紧张状况。例如，不少地方对医保资金实行"结果监管"和"资金监管"，即严格限制医患双方对医疗服务的供给和消费能力，努力追求医保资金收支平衡或略有结余的结果。只要年终结算不超支，患者医保需求是否得到充分满足、资金支出是否合理成为次要目标，导致医保费用反复游走于"不足"与"过剩"之间。

第三节
医疗保险学研究的多学科交叉视野

一、大数原则与风险分摊

从经济学角度看，保险是分摊意外风险损失的一种经济行为。保险必须有风险存在，建立保险的目的是应对特定风险事故的发生，因此保险的本质是风险分担。风险分担是指参保人为了保障经营的稳定性，应使风险分散的范围尽可能扩大。如果保险人承担的风险过于集中，一旦发生事故则可能无法承担风险带来的后果。保险之所以可以通过风险分担来实现如此大的价值，是基于大数法则。大数法则解释了两个统计规律。第一，当样本足够大时随机事件的概率会趋于稳定，接近一定的数值，因此不确定的概率在大样本情况下变为确定数字。第二，就方法而言，随机事件的概率即为它的平均值。个人无法使用大数法则抵御不确定性风险，但是保险方可以聚集大量的个人形成一个整体从而抵御风险。社会保险运用大数法则的目的是最大限度地为风险事件当事人提供保护。

我国基本医疗保险制度是基于人们对个体患疾病风险的担忧，统筹社会资源，集万家之财，救一家之急，因此是为全体参保人建立的风险分摊机制。人的一生何时患病、患何种疾病均具有不确定性。在不同的年龄和所处地区，人们的流行病谱也不尽相同。因此，疾病带来的伤害是风险事件，它在不同人群中有着不同的分布特征。通过抽样调查研究，在尽可能大的样本中探寻不同疾病的患病率，能够将这些风险比率确定化。当医疗保险机构掌握了这些风险发生的稳定值，便可以确定合理的筹资水平和支付水平，明确政府相应财政责任。我国医疗保险具有普惠性质，通过个人与社会风险分担，改进社会成员的抗风险能力，从而实现总体社会福利水平的提高。

二、信息不对称问题及解决机制

在医疗服务市场中，信息不对称是医疗服务区别于一般商品的显著特征，国内学者对信息不对称产生的主要原因及解决机制、信息不对称程度的测量及对医疗服务价格的影响进行了研究。医疗机构可能会利用信息优势，产生诱导患者消费更多医疗服务的道德风险。医疗服务提供者可能会在利益最大化的驱动下，利用信息优势增加患者的医疗服务需求。假定医生是"经济理性人"，医生可能会利用医患的信息不对称来进行信息寻租，诱导患者产生过度的医疗服务消费。

由于信息不对称，医疗保险可能会引发道德风险，造成过度医疗。其本质是信息不对称条件下的委托代理和机制设计问题，解决这一问题的关键是政府对医疗行业的激励性规制。医疗保险的道德风险是指由于信息不对称和监管不到位，参保人为了追求自身利益而产生负外部性行为。很多研究都证明了医疗服务市场的道德风险。

信息不对称导致医疗服务定价困难表现在不能准确反映医生的劳务价值、医疗费用增长和结构不合理、医疗服务价格调整缓慢和扭曲。因此，信息不对称是造成医疗服务定价困难，从而导致供给诱导需求、过度医疗等问题的主要原因。国内外学者对解决信息不对称问题的研究主要集中于信息租金理论、激励规制理论和激励相容理论。

信息租金理论揭示了信息不对称的本质是信息寻租；激励规制理论和激励相容理则经理论分析得出通过价格规制、激励机制、竞争机制和声誉机制实现医疗保险参与主体的利益目标一致，形成利益共享、内部均衡和激励相容的医疗服务综合治理机制。信息寻租是指在信息不对称或不完全信息条件下，市场主体利用自身的信息优势获得超额收益（即信息租金）。医疗机构可能会利用信息优势，诱导患者产生过度医疗消费以获得最大经济利益。过度医疗的本质是信息不对称条件下的委托代理和机制设计，解决此问题的关键是政府对医疗行业的激励性规制。但是，目前政府对医疗行业的激励性规制措施没有解决过度医疗问题，反而加剧了供给诱导需求、医患纠纷等现象。激励规制理论对解决信息不对称提供了激励与规制结合的思路，但在现实中，政府往往重规制而轻激励，价格管制导致市场失灵，扭曲了市场机制，没有形成合理的医疗服务定价机制。

在医保支付方式改革过程中，研究者对解决不同利益主体的相互制约、利益冲突等问题进行了探讨。有学者提出将委托人和代理人的利益进行捆绑，激励代理人做出有利于委托人的行为，即激励相容。委托人与代理人都是"经济理性人"，在市场经济活动中必须具有使代理人与委托人利益目标和利益效用最大化相一致的激励和制约机制，由此产生了激励相容的经济机制。

根据激励相容原理，在信息不对称、自由选择和决策分散化的情况下，好的制度设计需要实现社会价值最大化目标与行为人追求个人利益相一致。医保支付应采取精细化的治理模式，政府对医疗价格干预应该转向医保机构与医院之间的公共契约模式。

三、社会医疗保险的制度社会性与治理社会性

德国被公认为社会医疗保险制度的起源地，就其根源来讲，离不开西欧存在已久的社会团结原则。社会团结原则既强调医疗保险风险和筹资的社会共济，也强调组织管理层面的社会参与。比较欧洲发达国家和发展中国家的社会医疗保险制度可以发现，发展中国家借鉴了欧洲的社会医疗保险制度，但由于发展历史和社会条件不同，没有移植欧洲国家的治理模式。欧洲社会医疗保险不仅在制度上表现出社会性，也体现了治理的社会性，二者构成社会医疗保险的核心内涵。

社会医疗保险制度的社会性核心在于社会医疗保险强调筹资公平和医疗服务可及性公平。社会医疗保险根据个人或家庭的支付能力进行筹资，对失业人员、退休者和低收入人群给予筹资优惠或豁免，保证每个社会成员都处于医疗保险的覆盖范围内。参保人在社会医疗保险中的获益，不根据缴费多少来确定保障程度，而是以参保人实际需要的服务为主要标准。在筹资水平一定的情况下，社会医疗保险优先保证参保人对必需服务的可及性。在个体的生命周期中，年老时期疾病风险往往高于年轻时期；在社会总体收入结构中，低收入人群的疾病风险往往高于中高收入人群。社会医疗保险脱离了缴费与获益完全对等的精算原则的影响，实现横向公平和纵向公平，医疗保险社会共济的特性得以体现。

社会成员和组织广泛参与是实现社会治理良性结果的手段，这在德国模式中是必备条件。德国法定医疗保险的管理经办机构为疾病基金，实行自我管理，对保险基金的收支风险承担全部责任；所有被保险人被视为统一的被保险人共同体，都有权参与疾病基金的管理；政府仅在中央层面制定法规或发布全国性统一政策，不对各个基金组织的运行单独实施干预。这种管理模式与社会医疗保险制度的社会性相匹配。

社会医疗保险基金是参保人的共有财产，取之于参保人，用之于参保人。当社会力量足够强大，所有权和管理权的统一有利于制度的效益最大化。社会医疗保险保障的是疾病费用风险，而疾病费用风险的高低很大程度上受到社会成员医疗服务需求的影响。随着生活水平的不断提高，公众对医疗服务的需求水平也会日趋增高。关于基金供给和需求如何实现平衡问题，付费方和医疗服务需求方共同参与最有利于达成共识，彼时所面临的社会阻力也会远远小于单纯让政府干预时所面临的阻力。谁参与决策，谁就要对结果承担一部分责任。社会成员的集体决策能最大限度地代表社会成员的偏好，减少政府决策的成本。德国模式的社会医疗保险的社会性很大意义上是对由来已久的社团文化

和组织的延续，政府通过多年的渐进式改革实现医疗保险全民覆盖，并未改变医疗保险治理的社会性。

四、公平与效率的兼顾

社会医疗保险制度设计中如何确定合适的保障水平是经典的学术问题，也是十分重要的政策问题。根据最优医保理论，这一水平是医保道德风险带来的福利损失和疾病风险规避带来的福利改善之间权衡的结果，这是效率最优的视角。然而，健康是促进人的发展的必然要求，还需考虑公平因素，正如阿玛蒂亚·森所指出的，"健康平等相比与其他社会平等更加有特殊意义"。在最优医保理论中如何考虑公平目标，主流文献尚未给出清晰的分析框架。从现实看，我国基本医疗保险目标强调"以人民健康为中心、待遇保障公平适度、基金运行稳健持续、减轻群众就医负担"，因而基本医保的保障水平既要有效率目标也需要考虑公平。

公平具有广泛的内涵，包括结果公平和机会公平。结果公平关注财富的合理分配，机会公平强调人们具有获得某种财富的平等权利和机会。其中机会公平在讨论健康公平时被广为采用。健康公平是一种能力公平，为获得健康这一能力，人们需要有平等的机会，能够获得医疗服务是机会公平的体现，医疗服务具有商品平均主义的性质。在公共医疗体系中，医疗服务利用差异若是由于个人经济社会地位导致的，则是不合理的；若是由于与个人自身努力相关的因素导致的则是合理的。就我国的相关研究来看，现有文献已指出城乡居民对医疗服务的利用存在着较大差距，医疗保障制度的差异是原因之一。对于政府提供的均等化基本医疗保险，低收入人群的就医概率和获得的医疗保险补偿远低于高收入人群。

五、价值医疗

在医疗卫生领域，价值可以简单定义为每单位成本的医疗保健产出。从不同的角度看，价值的定义各不相同。从医保角度来看，价值意味着创建一个有利于实现医保、患者和临床医生价值追求的三维体系；从医疗机构角度来看，价值意味着提高对循证治疗的依从性，减少过度医疗，同时提升医务人员自我价值；从患者角度来看，价值意味着改善就诊体验并关注以患者为中心的治疗结局。价值医疗指在一定成本下获得最佳治疗效果的一种医疗服务方式，是健康管理结果与在医疗卫生服务过程中投入的成本之比，被卫生经济学家称为"最高性价比的医疗"。

20 世纪 90 年代，哈佛大学相关学者研发出以资源消耗为基础、以相对价值为尺度来支付医务工作人员的劳务费用的方法（以资源消耗为基础的相对价值比率），引发了对于医疗服务中的价值的思考。2006 年，哈佛大学的迈克尔·波特提出"价值医疗"（VBHC）理念——以同样或较低的成本取得医疗质量或医疗效果的最大化 。2013 年，迈克尔·波特提出了基于价值导向的医疗服务体系的 6 个特征：① 关注患者的价值，而不仅仅是降低成本；②追求最具成本效益的高质量医疗服务；③专注于测量更广泛的社会价值；④通过从失败中学习和推断最佳实践来减少差异；⑤奖励提升成果和价值的创新；⑥寻求能够实现上述特征的现实路径与技术方法。2016年，世界银行、世界卫生组织和中国财政部等联合发布《深化中国医药卫生体制改革，建设基于价值的优质服务提供体系》，标志着 VBHC 在中国实践的开始。2017年，第一届中国价值医疗高峰论坛提出了中国版"价值医疗5E框架"，即提高疗效（Efficacy）、提升效率（Efficiency）、改善效果（Effectiveness）、赋能患者（Empowerment）、医患同心（Empathy）。此后，国家医疗保障局（以下简称"国家医保局"）在相关政策文件中提到，要树立价值医疗理念，促进药品回归临床价值。国家卫生健康委提出，以药品临床价值为导向，稳步推进以基本药物为重点的药品临床综合评价体系建设。

我国实施医保支付方式改革以来，尤其是实施按疾病诊断相关分组付费后，我国逐步向价值医疗领域转型，主要体现在医疗机构服务模式将从以前的以医院和医生为中心转向以患者为中心的一体化服务模式。因此，价值医疗背景下建立的医保支付方式不仅仅是提高我国医保基金有效资源的使用效率，发挥医保基金战略性购买作用，更应该推进医疗保障和医药服务高质量协同发展，减轻患者疾病负担，促进医疗机构提供真正有价值的医疗服务，真正实现医疗质量和医疗成本"双控制"。

专栏

让居民更有参保积极性，参保更公平，还要做哪些努力

基本医保的参保工作是医保制度稳定、健康运行的基础和前提。我国已实现了基本医保的全覆盖，参保率稳定在95%以上，这是中国特色医疗保障制度的重大成就。近年来，城乡居民医保参保人数出现波动，引发社会各方关注。对此，首先要就参保数据进行客观分析，从中国现代化进程的发展逻辑加以认识；其次要从提升居民参保质量的角度，全面分析和把握当前居民医保参保面临的障碍与困难，提出相应思路对策，夯实医疗保障制度高质量发展的基础。

客观分析居民医保参保数据

从表面的统计数据看，我国居民医保的参保人数从2021年到2022年下降了2500多万。对于这个数字，首先要剔除掉近年清理重复参保的数据。我国居民医保是由"新农合"和城镇居民医保整合而来的。整合前，由于多头管理、信息不通畅等原因，实际上存在较大数量的重复参保人群。

具体而言，重复参保主要系在外就读的学生和外出务工的农民工两大群体。他们既在老家参加了"新农合"，还有部分参加了就学、就业地的城镇居民医保或职工医保。城乡整合的一个重要原因就是解决重复参保问题。

不仅如此，此前医保信息系统区域分割导致大量流动人口的参保信息无法回传到流出地，也是重复参保的主要原因。

2018年国家医保局成立后，一方面在制度上实现了城乡居民医保的整合，为剔除重复参保奠定了制度基础；另一方面全国统一的医保信息系统也逐步构建完成并运行。特别是2022年，全国统一的医保信息平台在绝大多数省（区、市）落地运行，参保人的参保信息实现了全国可查找、可对比。因此，近年来居民医保参保人数下降有很大一部分是剔除重复参保带来的。根据国家医保局的数据，近年共剔除重复参保超4000万人，其中2022年剔除1600余万人。以此计算，2022年居民医保参保下降的2500多万人中只有约900万人是实际下降的参保人数。

而在这实际下降的约900万人中，有很大一部分是迁入城镇的居民参加职工医保所致。2022年我国职工医保参保人数增加了812万人，其中相当一部分是迁入城镇的人口。两项相抵，居民医保参保下降的人数大约在100万人。而这个下降的数据还要与当前我国人口总体规模下降的趋势结合起来看。我国在2022年就出现了总人口下降，而农村地区的人口下降更加迅速，在此趋势下，居民医保参保人数下降也是必然。

居民医保参保与我国基层治理体系的变革

当然，即使剔除了上述重复参保、参加职工医保以及人口总规模下降等原因，我国居民医保的参保情况仍然不容乐观，提高居民参保质量仍然面临较大挑战。在一些地方动员城乡居民尤其是农村居民参保已成为地方基层治理的"重负"。

我国居民医保的一个原则是自愿参保。从实际推进的角度看，自愿参保无疑是我国在较短时间内实现政策全覆盖的重要条件，但必须认识到，自愿参保与社会保险强制参保的原则实际上是相冲突的。社会保险之所以有强制参保原则，就是要解决医保参保过程中的逆向选择问题，即年轻、健康群体退出或规避参保导致保险无法持续。

我国居民医保在自愿参保的情况下仍能实现超过95%的参保率，依靠的主要是强大高效的基层治理体系。动员城乡居民参保、为居民参保提供便利条件一直是我国基层治理的重要任务。这一治理模式上的优势是我国居民医保能够在自愿参保情况下克服逆向选择的重要保证。

但随着我国现代化进程的加快，特别是新型工业化、城镇化的快速推进，我国传统的基层治理模式也面临较大挑战。这一挑战也反映到居民医保动员参保的问题上。传统上，我国基层治理以户籍人口为基础，在对户籍人口常态化进行管理的基础上，对少数外来人口进行有别于本地人口的管理。但是大规模的人口流动改变了这一基础，人户分离已成为常态。此种情况下，我国提出的基层治理以及基层公共服务供给政策取向是以常住人口作为基础。对于居民医保参保而言，上级提出的要求是以常住人口作为参保底数，但在基层，常住人口是统计部门通过抽样调查估算的数据，没有与常住人口一一对应。这对其他"不具名"或"匿名"的公共服务供给和公共管理而言问题不大，但对医保参保而言，没有具体的名单对应，就无法确定谁是"应参保人"，也就难以实现"全参保"。一些地区给下级下达的参保任务只有总数，没有对应的"应参保人"底数，且常住人口的流动性较大，以上年常住人口下达的参保任务也与当年的人口数不一定对得上。

当前居民参保遇到的问题也与我国居民医保缴费的制度设计有关。我国居民医保采用的是定额缴费制，这一做法看似公平，但与社会保险的公平并不一致。在社会保险的缴费设计中，一个重要原则是纵向公平，即收入高者多缴费、收入低者少缴费，从而实现收入再分配功能。定额缴费制下，同等的缴费额度对不同收入群体而言，其实际费率不同，且收入越低的群体其实际费率越高。2022年居民医保年度个人缴费在350元，根据国家统计局的数据，占当年农村居民低收入组、中间偏下收入组、中间收入组、中间偏上收入组、高收入组的人均可支配收入的比例分别为6.97%、2.93%、2.01%、1.42%、0.76%。低收入组高达6.97%的费率已接近一些地区职工医保费率，而高收入组的实际费率还不到1%。

从三方面入手提升居民医保参保质量

逆向选择、常住人口参保底数不准以及定额缴费的不公平感是影响基层动员参保的三个主要障碍。解决这三个障碍是当前提升居民医保参保质量的主要挑战。

首先是要解决自愿参保条件下的参保激励问题。在维持自愿参保的原则下，如何解决逆向选择，也有一些经验可以借鉴，即建立参保的激励和约束机制。比如，连续参保满一定年限的参保人，其医保待遇可以适当调整，降低起付线、提高报销比例，或者提高门诊报销的限额等。而对于中断参保、规避参保者，要设计相应的等待期，以防止中断参保者在患病时临时参保的机会主义行为。激励参保的措施在商业保险中应用较多。实际上，我国职工医保满足一定缴费年限后退休后可不再缴费，就是一种激励长期连续参保的措施。

与激励参保的措施相联系，则是从筹资制度上逐渐提升居民医保的公平性，从定额筹资的制度逐步过渡到基准费率制度，有效降低低收入群体的缴费负担。建立基准费率制是中央已经确定下来的政策，在《中共中央 国务院关于深化医疗保障制度改革的意见》中已有明确表述。

此外，很重要的一点，也是当前可以做到的一点，是充分利用全国统一的医保信息平台，在全国范围内排查、清理应参保人、未参保人及其户籍地、常住地、参保地等信息，形成可用的参保人底数清单，并根据户籍地、常住地、参保地等合理分配参保信息至统筹区，为提升参保质量奠定基础。

（资料来源：王震：《让居民更有参保积极性，参保更公平，还要做哪些努力》，"中国医疗保险"公众号，2024年5月15日。略有修改）

📖 本章小结

　　在社会医疗保险制度设计中，如何确定合适的保障水平是经典的学术问题，也是十分重要的政策问题。根据最优医保理论，这一水平是医保道德风险带来的福利损失和疾病风险规避带来的福利改善之间权衡的结果，这是效率最优的视角。

📖 主要概念

　　基本医疗保险；补充医疗保险；商业医疗保险；社会医疗救助

📖 复习思考题

1. 什么是基本医疗保险？
2. 医疗保险和医疗保障的区别是什么？
3. 如何理解医疗保险市场中的信息不对称及其解决机制？
4. 如何在社会医疗保险制度设计中兼顾公平和效率？

第二章

医疗保险学的理论基础

———— 本章导言 ————

医疗保险是社会保险的重要组成部分，同社会保险的产生与发展相伴而生。医疗保险是为应对社会发展中人类健康和生命面临的风险而产生的，是人类为提升福祉而进行的理论与实践探索过程。本章将对马克思主义医疗保险学思想、西方医疗保险理论进行梳理分析，阐释中国特色医疗保险理论的形成和发展历程。

———— 重点问题 ————

（1）马克思主义医疗保险学思想。

（2）西方医疗保险理论。

（3）中国特色医疗保险理论与实践。

第一节
马克思主义医疗保险学思想

马克思主义经典作家通过对资本主义社会基本矛盾和发展规律的揭示和批判，提出科学社会主义理论。在对社会主义社会的社会保障制度设想中阐述了相应的医疗保险学思想。

一、马克思恩格斯的医疗保险学思想

1. 资本主义社会实行社会保险的必然性和虚伪性

马克思指出，在资本主义竞争下，资本家为了利润不择手段地降低生产成本，以牺牲工人的健康甚至生命来提高利润率，因此资本主义社会存在着日益增多的需要救济的赤贫工人。马克思认为，保险基金是防范社会物质资料再生产风险的手段。马克思在《资本论》中阐述了保险基金对于补偿自然灾害和意外事故给生产资料造成的损失的必要性。马克思指出，如果我们再把剩余劳动和剩余产品缩小到社会现有生产条件下，一方面为了形成保险基金和准备金，另一方面为了按社会需求所决定的程度来不断扩大再生产所必要的限度；最后，我们把那些有劳动能力的人必须为社会上还不能劳动或已经不能劳动的成员而不断进行的劳动包括到必要劳动和剩余劳动中去，也就是说……剩下的就不再是这几种形式，而只是它们的为一切社会生产方式所共有的基础。马克思所说的共有的基础是劳动者的个人消费，即有劳动能力的人为少年儿童和没有劳动能力的老人、病人、残疾人而劳动，通过有劳动能力的人的剩余劳动所积累的保险基金和后备基金为这些人提供基本的生存保障。

资本主义社会实行社会保险具有虚伪性。习艺所是新济贫法通过后形成的济贫收容所，但是在现实中，却成为资本主义社会对底层人民的剥削之地。这些习艺所的伙食比最穷的工人吃的还要坏，而工作却更繁重。因此，资本所有者即便建立起以救济为目的的习艺所，但也不是为了维护工人的利益和健康，而是为了缓和与工人的阶级矛盾，赚取更多利润。恩格斯一语揭穿其本质：资产阶级行善就是为了他们自己的利益；他们不会白白地施舍，他们把自己的施舍看作一笔买卖。他们和穷人做买卖，对穷人说：我为慈善事业花了这么多钱，我就买得了不再受你们搅扰的权利。

2. 社会主义国家是工人阶级社会保险的提供者和经费来源

马克思认为，无产阶级为了保护自己的共同利益，免遭内部和外部的侵犯，就必须建立国家政权，国家用社会财产来为全社会谋福利。社会主义社会生产资料公有制决定了国家作为人民利益代表者而实施社会保险。因此，在社会主义社会工人的社会保险应该以国家化的形式推行。

关于社会主义社会保障基金来源问题，可以在马克思《哥达纲领批判》中的社会扣除理论中找到答案。该理论表明，在个人分配之前，劳动总产品应该分两次扣除六个部分，第一次扣除用来补充消耗掉的生产资料部分，用来扩大再生产的追加部分，用来应付不幸事故、自然灾害等的后备基金或保险基金；第二次扣除和生产没有关系的一般管理费用，用来满足共同需要的部分，为丧失劳动能力的人等等设立的基金。马克思所讲的为丧失劳动能力的人等等设立的基金，就是讲的社会主义的社会保险及其经费来源。

二、列宁的医疗保险学思想

列宁将科学社会主义由设想变为现实的社会主义制度，为社会主义国家医疗保险奠定了实践基础。

1. 列宁对沙皇俄国社会保险法案不合理性的批判

苏联十月革命以前，沙皇俄国就已有一些社会保险法案，但是，这些法案脱离工人阶级收入低的实际情况，形同虚设。列宁揭露了沙皇俄国社会保险法案的虚伪性。列宁在《关于对杜马提出的工人的国家保险法案的态度》中指出，雇佣工人以工资形式取得的那一部分自己创造的财富，非常之少，刚能满足工人的最迫切的生活需要，因此，无产者根本不能从工资中拿出一些钱去储蓄，以便在伤残、疾病、年老……而丧失劳动能力时，以及在资本主义生产方式必然造成的失业时使用。因此，在出现上述一切情况时对工人实行的保险，完全是资本主义发展的整个进程所决定的一种改革。列宁还明确指出：只有彻底推翻沙皇制度，争得无产阶级自由进行阶段斗争的条件，才能实现真正符合无产阶级利益的保险改革。

2. 最好的工人保险形式是国家保险

列宁依据俄国的国情提出最好的工人保险形式是国家保险。列宁指出，最好的工人保险形式是工人的国家保险，它是根据下列原则建立的：① 在工人丧失劳动力的一切情况（伤残、疾病、年老……还有女工的怀孕和生育；供养人死亡后所遗寡妇和孤儿的抚恤）下或在他们因失业而失去工资的情况下，国家保险都应该给工人以保障；② 保险应包括一切雇佣劳动者及其家属；③ 对一切被保险人都应按照偿付全部工资的原则给予补偿，同时一切保险费应由企业主和国家负担；④ 各种保险应由统一的保险组织办理；这种组织应按区域和按被保险人完全自行管理的原则建立。列宁在这里清楚地揭示了社会主义社会医疗保险需要遵循的方向。

3. 社会主义国家医疗保险的实践

1917 年，俄国爆发了十月革命，建立了俄罗斯苏维埃联邦社会主义共和国。苏维埃政府批准和实施《失业保险和疾病保险细则》，提出疾病保险覆盖所有其工资不超过当地工人平均 2 倍或 2 倍以上的人员，还可以扩大到合作化或不雇佣人员而独立劳动的非合作化手工业者以及贫苦农民。保险的基金来源，从财产税、所得税和遗产税里面使用一部分。在这些税款没有征收上来之前的这段时间，暂时先由雇主出资作为社保基金的专款。从 1918 年 8 月起，苏维埃政府规定所有的国有化企业都必须缴纳社会保险费。除此之外，苏维埃政府规定所有国有企业都必须缴纳社会保险费，规定社会保险适用于所有职工及其家属；保险费用由企业和单位支付，不从职工工资中直接扣除社会保险费；建立统一的机构办理业务，等等。

列宁积极推动以保护工人阶级利益为宗旨的社会保障制度的建立。从十月革命后到1922 年，列宁先后签署了 100 多项关于劳动者社会保障和福利的法令。俄罗斯人民委员会批准了《劳动者社会保障条例》。苏维埃政府还成立了国家救济人民委员会（后为社会保障人民委员会），负责社会保障事业。保障内容逐渐扩展到残疾人福利、老年福利、退休金、医疗保健、劳动者休假疗养等方面。第二次世界大战后，许多社会主义国家也都效仿苏联实行包含医疗保险在内的国家社会保障制度。

三、毛泽东"一切为了人民健康"的医疗卫生思想与劳动保险实践

毛泽东运用马克思主义的基本立场、观点和方法，结合中国革命和建设的医疗保障实践，形成"一切为了人民健康"的医疗卫生思想，并积极推动劳动保险实践。

1. 社会主义国家的医疗卫生是为人民服务的

毛泽东将全心全意为人民服务作为党和政府工作的出发点，在革命和建设中高度重视为人民服务的医疗卫生工作。

毛泽东提出，医疗卫生工作要面向大多数人，为大多数人服务。毛泽东曾在视察中央红色医院时指出，办好医院首先要有一个观点，就是全心全意为人民服务的观点。明确提出医疗卫生工作必须坚持"一切为了人民健康"的方针。他反复强调卫生工作之所以重要，是因为有利于生产，有利于工作，有利于学习，有利于改造我国人民低弱的体质，使身体康强，环境清洁。毛泽东深刻地阐述了卫生工作的重要性，并给卫生工作做了明确的定位，为此后党和政府领导卫生工作奠定了思想理论基础。

2. 毛泽东的公平提供医疗保障思想

健康是人的基本权利，公平提供基本医疗卫生服务，是社会公平的一个重要体现。

毛泽东特别关心医疗卫生资源的分配问题。新中国成立初期，由于医疗资源短缺加上原有医疗资源城乡配置失衡，我国城乡医疗资源差距较大，造成了卫生服务上的不公平、不合理。1951 年 2 月颁布的《中华人民共和国劳动保险条例》，使劳保医疗作为劳动保险的组成部分覆盖城市的所有企业职工。1952 年开始实施覆盖全国各级人民政府、党派、团体及所属事业单位的国家工作人员的公费医疗制度。但是，卫生人力资源分布不合理。1964 年的统计数据显示，高级卫生技术人员城市、农村占比分别为 69.0%、31.0%。[①] 毛泽东针对当时医疗卫生资源分配不合理的状况，强调要合理配置医疗卫生资源，将农村地区的医疗保障作为重点。20 世纪 60 年代末至 70 年代，他又亲自推动了农村合作医疗制度和赤脚医生的普及。农村合作医疗制度与赤脚医生、农村三级医疗预防保健网并称为乡村医疗的"三大法宝"，成为世界卫生组织在全球范围内推广初级卫生服务运动的样板。

3. 毛泽东的医疗保险实践

新中国的社会保障制度始于 1951 年 2 月政务院颁布的《中华人民共和国劳动保险条例》。该条例初步将养老、医疗、工伤和生育保险融为一体，明确规定了劳动保险的覆盖范围、资金来源，以及待遇、执行与监督等，在全国统一实施。1969 年 2 月，财政部印发的《关于国营企业财务工作中几项制度的改革意见（草案）》规定，国营企业一律停止提取劳动保险金。这改变了劳动保险的社会统筹形式，使其成为企业保险。

毛泽东在以养老、医疗和工伤保险为主要内容的社会保险实践方面做出了重大贡献，特别是他倡导的农村合作医疗制度和合作医疗思想，对恢复和增进人民群众的身体健康、减轻经济负担、促进经济社会发展和维护社会稳定起到了重要作用，其对当今中国特色社会保险制度，特别是"新农合"和"新农保"的建立与完善仍具有十分重要的现实意义。

第二节
西方医疗保险理论

健康方面的风险是人类生存和发展面临的系列风险之一，社会保险则是人类应对和规避系列风险的主要手段。因此，对于医疗保险理论的关注源于对社会保险的研究，医疗保险理论融于社会保险理论之中。西方医疗保险理论与社会保险理论交融发展，一脉相承。

---

① 肖祥敏、李玲：《毛泽东卫生思想及其当代价值》，载于《南华大学学报（社会科学版）》2015 年第 2 期，第 22—27 页。

一、新历史学派

德国新历史学派也称"讲坛社会主义学派",由历史学派演变而来。19世纪末20世纪初,统一后的德国快速地经历了工业化和城市化,引发劳资矛盾,解决日益尖锐的社会矛盾成为德国的首要问题。新历史学派应运而生,主张劳资合作和实行社会改良政策,其代表人物有德国新历史学派创始人古斯塔夫·冯·施穆勒、德国经济学家维尔纳·桑巴特和德国经济学家阿道夫·瓦格纳。

新历史学派的主要观点如下。

1. 新历史学派强调民族精神和伦理意识在社会经济生活中的重要地位

新历史学派认为劳资关系的冲突不是经济利益上的对立,而是情感、教养和思想上存在差距引起的。施穆勒认为,只要对工人进行教育,改变其心理和伦理道德的观点,就可以化解劳资矛盾。

2. 新历史学派倡导实行"国家经济",主张国家干预经济生活

施穆勒认为,没有一个坚强组织的国家权力并具备充分的经济功用,没有一个"国家经济"构成其余一切经济的中心,那就很难设想有一个高度发展的国民经济。[①] 桑巴特提出资本主义精神是资本主义经济发展的动力,这种精神在国家内部并通过国家才能发挥作用,国家帮助资本主义开拓市场,获得劳动力,推行新技术,保护并推进资本主义的利益。

3. 新历史学派倡导社会改良主义的经济政策

新历史学派认为劳资关系是当时德国面临的最严重的社会经济问题,主张利用国家机器,通过各种法令对资本主义社会进行自上而下的和平改良。国家通过社会立法,实行包括劳动保险、孤寡救济、劳资合作以及工厂监督在内的一系列社会政策,改善工人的劳动和生活条件,加强劳动保护,对贫困者提供社会救济。瓦格纳提出,由国家经营若干公用事业,如铁路、交通等,由国家通过若干社会立法,利用财政、赋税限制和干预私有经济,调节劳资关系。最重要的是"强制共同经济",应该通过社会政策增进民众的福利。施穆勒提出制定"全国最低生活标准",增加对工人损失补偿,支持老年人年金制度,改善住房条件,增加教育设施等政策。

德国新历史学派的经济社会主张对当时的德国政府产生了深远影响。俾斯麦在德国国会发表演讲时宣称,社会弊病的医治,不能仅仅依靠对社会民主党的过火行为的镇压,而应该通过积极促进工人阶级福利的改善来实现。建立由国家领导、国家出资的社会保

---

① 季陶达:《资产阶级庸俗政治经济学选辑》,商务印书馆1963年版,第344页。

险制度是使工人离开革命的最好办法，应当接近工人并考虑他们的要求。正是在德国新历史学派思想主张的影响下，德国于 1883 年推出世界上第一部社会保险法律——《企业工人疾病保险法》。《企业工人疾病保险法》明确规定某些行业中工资少于限额的工人应强制加入疾病保险基金，基金会强制征收工人和雇工应缴纳的基金。该法律标志着人类医疗保险制度的正式诞生。

德国首创的医疗保险制度，率先通过权力、立法将保险的原则方法运用到医疗领域；健康、工伤保险计划体现了劳动者共同平等地承担风险的原则，也体现了先纳税后受益、劳动与福利待遇相结合的原则；德国首创的医疗保险不同于私人商业保险，其保险计划都是强制性的。这一法令的颁布实施标志着医疗保险作为一种强制性社会保险制度的开始。这项政策解决了雇佣劳动者的疾病等后顾之忧，同时也表明社会、政府开始介入健康与医疗等问题。

二、社会学调查

19 世纪末 20 世纪初，英国社会底层劳动者的普遍贫困状况引起了社会学家们的关注。社会学家们开展了深入的社会调查，查尔斯·布思和西博姆·朗特里的调查报告引起广泛关注，并引发了建立社会保障制度的浪潮。

在社会调查基础上，1889 年，查理·布斯完成《伦敦居民的生活和劳动》调查报告。该报告显示：伦敦 30.7% 的人工资收入难以维持身体上的最基本需要；1/3 的人口居住条件拥挤和肮脏；死亡率高达 1.1%～2.5%。他在 1894 年的一份报告中指出，英格兰和威尔士有近 1/3 的老年人接受救济。1901 年，西博姆·朗特里完成《贫穷、城镇生活研究》调查报告。该调查报告显示，约克地区有 28% 的人生活在贫困线以下。[①]

社会学家们通过调查披露了英国社会底层劳动者的贫困，主张通过社会改革，推行新型的社会保障制度来解决贫困问题。社会学家们对社会福利的作用从以下三个方面给予了充分肯定：一是强调社会福利与经济效益的联系；二是主张以提高社会福利来协调劳资关系；三是为政府制定社会福利政策提供依据。在社会学家们的呼吁和推动下，1905 年，英国政府成立了皇家调查委员会，对社会底层劳动者的生活状况进行了调查，调查后形成《多数派报告》和《少数派报告》。《少数派报告》建议废除济贫法，建立全面的社会服务事业，以照顾老弱病残以及无法找到工作的人，所有这些服务事业的组织方式应该使受救济的人不致丧失政治或社会权利；为了减少周期性失业，政府和其他公共机构应该制订兴办公共工程的计划，以便在繁荣年代停止施工、萧条时期扩大施工。到 1909 年，《少数派报告》"像野火一般流传开了"[②]。

---

① 毛日清.《英国"福利国家"的社会与思想基础》，载于《南昌职业技术师院学报》1995年第 3 期，第 30—37 页。

② 玛格丽特·柯尔：《费边社史》，杜安夏、杜小敬等译，商务印书馆 1984 年版，第 145 页。

社会学家的社会调查和对贫困问题的揭露，引起社会的普遍关注，使统治者意识到此类问题不解决将对其统治构成严重威胁。社会学家提出的一些理论为统治者进行新的社会保障立法提供了客观依据。19 世纪末 20 世纪初发生在英国的社会改革与社会学家的作用是分不开的。1875 年、1905 年保守党先后主持通过了《公共健康法》和《失业工人法》。随后自由党政府为顺应日益高涨的社会改革潮流，在新成立的工党的支持下，于 1911 年颁布了《国民保险法》。该法对 16 岁至 70 岁的体力劳动者和年薪低于 160 英镑的职员中残疾者实行保险，保险费用按不同比例由雇主、职员和国家分担，确定保险金支付标准，规定医药免费。该法表明：工作、劳动机会和劳保福利不再是统治者和富人的恩赐与施舍，而是劳动者的正当权益。

三、经济学的阐释

1. 医疗保险是福利经济学提出的增加经济福利的方式

福利经济学兴起于 19 世纪末 20 世纪初，分为旧福利经济学和新福利经济学两派。福利经济学以效用理论为出发点，探究有关人类社会福利最大化的问题。

英国著名经济学家阿瑟·塞西尔·庇古是福利经济学的创始人。庇古将福利分为社会福利和经济福利，经济福利对社会福利具有决定性的影响。庇古认为一个人的经济福利是由效用构成的，以边际效用递减规律为依据，阐述了收入均等化理论。庇古根据边际效用基数论提出，增加产出而不减少穷人的绝对份额，或增加穷人的绝对份额而不减少产出时，都意味着社会福利的增加。如果把富人收入的一部分转移给穷人，经济福利就会增大。如果将货币收入从富人那里转移些给穷人，就可以增加货币的边际效用，从而使社会满足总量增加。收入转移有两种形式，即自愿转移和强制转移。自愿转移是指个人或企业自愿捐出一部分收入剩余，用于举办娱乐、教育、保健等福利事业。强制转移则指国家通过征收累进所得税和遗产税，然后通过向穷人支付医疗给付金、养老年金、失业救济金等方式直接增加穷人的实际所得，或者是政府对于能为穷人提供最迫切需要的日常用品的生产部门和服务单位给予税收优惠或补贴，促使这些部门和单位降低商品成本或服务价格，使穷人受益。庇古的福利经济学具有明显的时代特征，以主观感受评价效用，将个人的价值判断纳入福利分析中。20 世纪 30 年代，西方经济学家们开始转向寻求新的效用理论和分析方法，用序数效用论和无差异曲线分析代替旧福利经济学的基数效用论与边际分析。维尔弗雷多·帕累托提出了序数效用论，并论证了帕累托最优理论。卡尔多、希克斯、伯格森和萨缪尔森等经济学家对帕累托最优准则作了多方面的修正和发展，并提出了补偿原则论和社会福利函数论等。

福利经济学是英国推行普遍福利政策的理论根据之一，它为福利国家社会保障制度的发展提供了理论依据，也奠定了建立健全的医疗保险制度的理论基础，对西方国家社会福利政策的制定和完善产生了积极的影响。

2. 医疗保险是凯恩斯主义提出的国家干预经济的方式

20 世纪 30 年代爆发的经济危机暴露了自由资本主义的种种弊端，国家干预经济成为资本主义经济发展的必然选择。1936 年，约翰·梅纳德·凯恩斯发表了《就业、利息和货币通论》一书，系统地提出了政府干预经济的主张。在凯恩斯国家干预经济的思想中社会保障和社会福利思想占有相当重要的地位。

凯恩斯认为，经济衰退和失业是因有效需求不足，政府应该实施积极的财政政策，直接进行投资或消费，以弥补消费需求和投资需求不足问题。凯恩斯指出：国家必须用改变租税体系、限定利率以及其他方法，指导消费倾向。还有，仅仅依赖银行政策对利率的影响，似乎还不足以达到最适度的投资量。因此，要达到离充分就业不远之境，其唯一办法，乃是把投资这件事情，由社会来统揽。[①] 在政府投资方向上，凯恩斯主张政府举办公共工程，并承担起私人和市场无法承担的老年救济、失业和医疗保障等责任。

凯恩斯认为，社会不同收入阶层具有不同的边际消费倾向，富人阶层的边际消费倾向较低，穷人阶层的边际消费倾向较高。政府通过征收累进个人所得税，可以把富人用于储蓄的一部分收入征收过来，作为公共收入用于低收入者生活保障性支出，从而缩小收入差距，增加消费需求，刺激经济增长。

凯恩斯主义为二战后西方福利国家思想的建立和发展提供了宏观层次的经济学理论支撑，为解决二战后西方资本主义国家的经济衰退、失业问题，建立社会保障制度，尤其是西欧福利国家的建立和发展提供了理论基础。

◉ 四、贝弗里奇报告

第二次世界大战爆发期间，英国的失业问题和贫困问题出现加剧趋势，实施了数十年的社会保障制度越来越不适应社会的需要，对现有的社会保障制度进行改革成为一种迫切需求。1941 年，英国政府宣布成立社会保险和相关服务部际协调委员会，由威廉·贝弗里奇担任主席。1942 年，贝弗里奇根据该委员会的工作成果提交了题为《社会保险和相关服务》的报告，也称《贝弗里奇报告》（以下简称《报告》）。医疗保险是《贝弗里奇报告》关注的主要问题之一，主要内容如下。

第一，《报告》对英国当时的社会保障制度进行了批判，尤其是对医疗服务方面进行了批评。《报告》明确指出，在医疗服务方面，不论是就依法提供的治疗项目的范围还是就服务对象的阶层而言，英国所取得的成就都远远落后于其他国家。此外，英国在现金福利待遇、生育和丧葬方面的规章制度不是很健全，在工伤赔偿制度方面也存在着一些

---

① 凯恩斯：《就业利息和货币通论》，徐毓枬译，商务印书馆 1983 年版，第 325—326 页。

缺陷。[①] 同时，英国现行的社会保险和相关服务管理机构众多，这些机构相互独立，奉行不同的原则，不仅成本高昂，而且对同样问题的处理没有统一规范的标准。对这样一个从整体上来说几乎比世界上任何一个国家都先进的社会保障制度而言，这些缺陷是相当严重的，必须完善。

第二，《报告》提出的目标是要消灭贫困、疾病、愚昧、肮脏和懒散。其中以消灭贫困为首要任务。《报告》指出，调查显示的所有贫困人口中，有 3/4 至 5/6 是因为中断或丧失谋生能力致贫的。剩下的贫困人口则是因收入不足所致。要消灭贫困，就必须改进国家保险，必须防止收益能力中断或丧失。要防止收益能力中断或丧失，就必须改进社会保险计划。一是扩大保险对象；二是扩大保险范围，把社会保险扩展到所有领域；三是提高待遇标准。

第三，《报告》提出统一社会保障计划。《报告》力图建立以强制性的社会保险为主体，以国家补助、儿童津贴为辅助，同时创立普遍性保健与医疗服务，并维持能保障充分就业的社会安全体系。在这种基本思路指导下，该计划包含六条基本原则：基本生活待遇水平统一；缴费率统一；行政管理职责统一；待遇水平适当；广泛保障；分门别类。[②]《报告》提出的社会保障计划的核心是社会保险方案。在该计划下，所有处于工作年龄段的公民都需要根据自己的保障需求缴纳相应的费用。只要每周缴纳保险费，这些人的所有需求就可以得到有效的保障。

第四，社会保障计划覆盖所有的公民且没有收入上限。所有的公民划分为六大类，即雇员、其他从事有酬工作的人员、家庭主妇、其他在工作年龄段内却没有从事有酬工作的人员、尚未达到工作年龄的人员、超出工作年龄的退休人员。还提出要废除两类特殊人员不参加社会保险的规定：一类是公务员、铁路工作人员、家政服务人员等特殊职业人员；另一类是年收入高于 420 英镑的非体力劳动人员。所有六类人都享有全面的医疗和康复服务以及丧葬补贴。

第五，成立社会保障部，其职责是管理社会保险，发放国民救助，鼓励和监督自愿保险。由卫生部组织管理的国家卫生服务体系向所有的公民提供无所不包的医疗服务，所有需要术后康复治疗的病人也能得到相应的服务。

《贝弗里奇报告》提出了较为系统完整的社会保险体系，先后被许多国家翻译出版，它的影响遍及世界，为战后英国建设社会保险制度的发展指明了方向。1945 年，艾德礼政府以《贝弗里奇报告》为基础，制定了包括《医疗保健法》在内的许多重要法律。特别是 1946 年通过的《国民保险法》是一项以社会保险为核心的全面社会保障计划。这个法令是 1911 年《国民保险法》的发展，是以《贝弗里奇报告》为基础而制定的。《国民保险法》的突出特点在于，它把社会保险等保障性措施与制度作为政府及社会的一项义

---

①　贝弗里奇：《贝弗里奇报告——社会保险和相关服务》，劳动和社会保障部社会保险研究所组织翻译，中国劳动社会保障出版社 2008 年版，第 2 页。

②　贝弗里奇：《贝弗里奇报告——社会保险和相关服务》，劳动和社会保障部社会保险研究所组织翻译，中国劳动社会保障出版社 2008 年版，第 5 页。

不容辞的责任以法律的形式确定下来，并以社会保险为核心，囊括了保险、救济、福利等全社会公民基本生活保障。英国在实施《国民保险法》的过程中，于1946年开始对医疗制度进行改革。从1946年起，对全国医院实行国有化，对全民实行免费医疗。由于这一法律将原来由家庭与社会慈善机构所担负的任务改由政府来承担，并且从内容上形成了一个以社会保险为核心的巨大社会保障网络。同时，由于它能缓和劳资矛盾，减少因疾病、失业等问题造成的社会动荡，有利于社会稳定，各国政府纷纷仿效，使20世纪的医疗保险得到全面发展。

第三节
中国特色医疗保险理论与实践

一、中国特色医疗保险理论与实践的发展历程

改革开放以来，中国共产党秉承为人民谋幸福的初心及与时俱进、实事求是的思想路线，推动中国特色医疗保险制度的形成及日渐完善。中国特色医疗保险制度提升了人民群众的医疗保障水平，丰富了全球范围内政党与社会保障关系的理论。

（一）我国医疗保险制度改革的背景

改革开放之后，我国开始由计划经济体制逐渐向社会主义市场经济体制转变，以单位保障为特征的医疗保障制度已经越来越难以适应市场经济发展的需要。

（1）农村实行家庭联产承包责任制之后，农村集体经济随之转型，原有的农村合作医疗逐渐失去了赖以存续的基础。

（2）国有经济开启改革的步伐，国有企业开始成为自主经营、自负盈亏的经济实体，直接面对市场竞争，会出现破产倒闭的情况。如果继续实行单位保障，不同企业之间医疗保障费用负担的不均衡将导致企业之间的不公平竞争。特别是，在市场竞争中因为经营不善以致破产的企业，其职工的医疗保障权益将难以得到有效维护。

（3）市场经济体制赋予企业经营自主权，随着企业人事权利的确立，人员流动甚至失业成为常见现象，原有的单位保障模式将导致企业用工的医疗保障权益难以得到保障。

（4）随着改革开放的深入，民营企业和外资企业不断涌现，需要有适合其特点的医疗保障制度来保障其职工的医疗保障权益。

因此，探索构建与社会主义市场经济体制和所有制结构相适应的医疗保险制度已成必然趋势。

（二）我国医疗保险改革历程

1. 经济体制转轨时期医疗保险制度改革的探索（1978—1992年）

自20世纪80年代初起，伴随着由计划经济体制向市场经济体制转轨，一些企业和地方采用医疗费用定额包干以及实行医疗费用支付与个人利益挂钩等办法，自发地对传统职工医疗保险制度进行了改革探索。

1984年10月，中共十二届三中全会通过的《中共中央关于经济体制改革的决定》提出，要使企业真正成为相对独立的经济实体，成为自主经营、自负盈亏的社会主义商品生产者和经营者。我国开始了企业保险向社会保险转化的探索。

自1987年起，职工大病医疗费用社会统筹和退休人员医疗费用社会统筹开始在北京、四川等地区的部分行业和市县进行试点。1989年3月，国务院决定在湖南株洲、湖北黄石、吉林四平和辽宁丹东进行医疗保险制度改革试点，同时在深圳、海南进行社会保障综合改革试点。此次试点改革的基本思路是提高医疗保险制度的社会化程度，实施医疗费用由政府、用人单位和医院三方负担，标志着我国社会医疗制度进入实质性改革阶段。1992年9月，在总结各地经验的基础上，劳动部颁布《关于试行职工大病医疗费用社会统筹的意见的通知》，随后各地相继开展不同程度的大病医疗费用社会统筹。自此，我国开始探索建立统筹基金制度，以保证职工的大病医疗，开始医疗保险社会化方向的探索。

2. 城镇职工基本医疗保险建设时期（1993—2002年）

党的十四大明确提出建立社会主义市场经济体制的目标。1993年11月，中共十四届三中全会通过的《中共中央关于建立社会主义市场经济体制若干问题的决定》，明确提出建立社会保障制度，要求城镇职工医疗保险金由单位和个人共同负担，实行社会统筹和个人账户相结合。

1994年4月，国家体改委、财政部、劳动部、卫生部等四部委发布《关于职工医疗保险制度改革的试点意见》，提出建立社会统筹与个人账户相结合的社会医疗保险制度。成立国务院医保改革领导小组及办公室，组织指导在江苏省镇江市、江西省九江市进行改革试点（史称"两江试点"），探索"统账结合"的医疗保险制度。1996年4月至1998年12月，为扩大试点阶段，将试点的范围由"两江"扩大到全国56个城市，在更大范围内检验"两江试点"成果。1998年12月，国务院印发《关于建立城镇职工基本医疗保险制度的决定》，正式确立了社会统筹和个人账户相结合、单位和职工共同缴费、覆盖城镇所有用人单位的职工基本医疗保险制度。与此同时，通过实施大额医疗费用补助办法、公务员医疗补助措施、企业补充医疗保险计划，实行针对特困群体的社会医疗制度，建立起了多层次医疗保障体系。

全国范围内城镇职工医疗保险制度改革，标志着与就业关联的医疗保险制度正式建立。在我国实行了将近半个世纪的公费医疗和劳保医疗制度被新的职工医疗保险制度所取代，将单位保障制度转变为现代社会保障制度，实现了历史性的转变和跨越。

3. 推进全民基本医疗保险制度建设时期（2003—2017年）

医疗保险的社会化发展要求面对社会全体公民。因此，我国在城镇职工基本医疗保险制度初步建立后，开始推进农村和城镇居民的基本医疗保险制度的建立和完善。

2002年10月，中共中央、国务院颁布《关于进一步加强农村卫生工作的决定》，提出建立新型农村合作医疗制度，并在一些地区进行试点。2003年1月，《关于建立新型农村合作医疗制度的意见》提出，通过个人、集体和政府多方筹资，将过去的农村合作医疗制度转变为新型农村合作医疗制度（简称"新农合"），解决了广大农村居民的基本医疗问题。同年11月发布的《关于实施农村医疗救助的意见》提出，在全国范围内开展农村医疗救助制度试点。2005年，开展城市医疗救助制度试点。

2007年7月，国务院出台《关于开展城镇居民基本医疗保险试点的指导意见》。经过一年左右的试点，本着由财政给予一定补助、居民自愿参加的原则，在全国建立城镇居民基本医疗保险制度，重点解决城镇非从业人口的基本医疗保障问题。

2013年政府工作报告特别宣布全民基本医疗保险体系初步形成。这一体系覆盖全国城乡居民，参保人数超过13亿人。我国全民基本医疗保险制度框架如表2-1所示。

表 2-1 我国全民基本医疗保险制度框架

类别	保障对象	资金来源	保障范围
城镇居民基本医疗保险制度	城镇非从业居民，包括中小学阶段的学生、少年儿童和其他非从业城镇居民	以家庭缴费为主，政府给予适当补助，有税收鼓励政策	住院和门诊大病医疗支出，有条件的地区实行门诊医疗费用统筹
城镇职工基本医疗保险制度	企业、机关、事业单位、社会团体、民办非企业单位及其职工	用人单位和职工共同缴纳	住院费用报销、统筹病种门诊费用报销
新型农村合作医疗制度	农民以家庭为单位参保	个人缴费和政府补贴相结合	参合人员的住院和门诊大病医疗支出
社会医疗救助制度	参加新型农村合作医疗或者城镇职工基本医疗保险的低保对象或低收入群体	地方财政预算拨款，中央和省级财政适当补助，专项彩票公益金、社会捐助等	减免部分医疗服务费用，或者提供部分医疗费用资助

（资料来源：张芳源、李亚子、曹晓琳等：《医有所保：建党百年医疗保障制度的发展历程、成效与趋势》，《医学研究杂志》2021年第9期，第1—6页、76页。）

从 2013 年开始，我国进入健全完善全民医保制度阶段。整合建立城乡居民基本医疗保险制度是健全全民医疗保险制度的首要任务。2016 年 1 月，国务院《关于整合城乡居民基本医疗保险制度的意见》决定整合城镇居民基本医疗保险制度和新型农村合作医疗制度，建立城乡居民基本医疗保险制度。截至 2017 年，全国大多数省（区、市）将其城乡居民基本医疗保险业务划归人社部门管理，基本实现了覆盖范围、筹资政策、保障待遇、医保目录、定点管理、基金管理"六统一"。

2003—2017 年，全民医保制度建设全面推进、迅猛发展，基本实现了基本医疗保险制度的全民覆盖。这一时期，我国医疗保险制度改革的主要特点有：一是医疗保险制度改革与经济社会发展相适应；二是医疗保险制度的定位是保"大"兼顾保"小"。1998年建立的城镇职工医疗保险制度是以保大病为主，通过个人账户保小病；2003 年建立的"新农合"制度是以大病统筹为主的农民医疗互助共济制度；2007 年建立的城镇居民基本医疗保险制度以大病统筹为主。2003 年、2005 年分别建立的农村和城市医疗救助制度，也是以大病救助为主。

二、全面建成医疗保障制度体系

党的十九大提出"实施健康中国战略"，我国医疗保险制度改革进入以人民健康为中心，全面建成中国特色医疗保障制度体系的新阶段。

（一）建设医疗保障制度体系的目标

2018 年 5 月，国家医疗保障局正式挂牌成立，开始全面履行统一管理医疗保障事务的职责，从而为实现我国医疗保障事业高质量发展铺平道路。2020 年 2 月，中共中央、国务院印发《关于深化医疗保障制度改革的意见》，明确了全面深化我国医疗保障制度改革的指导思想、基本原则、发展目标，部署了重点改革任务、发展取向及相应的行动方案，从而为全面深化医疗保障制度改革提供了科学的顶层设计和系统的行动指南。该意见规定了医疗保障制度体系的建设目标：到 2025 年，医疗保障制度更加成熟定型，基本完成待遇保障、筹资运行、医保支付、基金监管等重要机制和医药服务供给、医保管理服务等关键领域的改革任务。到 2030 年，全面建成以基本医疗保险为主体，医疗救助为托底，补充医疗保险、商业健康保险、慈善捐赠、医疗互助共同发展的医疗保障制度体系。2021 年 9 月，《"十四五"全民医疗保障规划》正式发布，这是我国医保领域首个五年规划，也是贯彻落实《关于深化医疗保障制度改革的意见》精神的综合体现。该规划具体描绘了"十四五"时期医疗保障高质量发展"路线图"，标志着我国医疗保障制度从长期试验性改革状态步入了以全面建成高质量、可持续的中国特色医疗保障制度为目标的新发展阶段。

（二）全面建成医疗保障制度体系的内容

1. 完善基本医疗保险制度

坚持和完善覆盖全民、依法参加的基本医疗保险制度和政策体系，职工和城乡居民分类保障，待遇与缴费挂钩，基金分别建账、分账核算。

2. 实行医疗保障待遇清单制度

建立健全医疗保障待遇清单制度，规范政府决策权限，科学界定基本制度、基本政策、基金支付项目和标准，促进医疗保障制度法定化、决策科学化、管理规范化。

3. 健全统一规范的医疗救助制度

建立救助对象及时精准识别机制，科学确定救助范围。全面落实资助重点、救助对象、参保缴费政策，健全重点救助对象医疗费用救助机制。建立防范和化解因病致贫返贫长效机制。增强医疗救助托底保障功能，提高年度医疗救助限额，合理控制贫困群众政策范围内自付费用比例。

4. 完善重大疫情医疗救治费用保障机制

在突发疫情等紧急情况时，确保医疗机构先救治、后收费。健全重大疫情医疗救治医保支付政策，完善异地就医直接结算制度，确保患者不因费用问题影响就医。探索建立特殊群体、特定疾病医药费豁免制度，有针对性免除医保目录、支付限额、用药量等限制性条款，减轻困难群众就医就诊的后顾之忧。统筹医疗保障基金和公共卫生服务资金使用，提高对基层医疗机构的支付比例，实现公共卫生服务和医疗服务有效衔接。

5. 促进多层次医疗保障体系发展

强化基本医疗保险、大病保险与医疗救助三重保障功能。完善和规范居民大病保险、职工大额医疗费用补助、公务员医疗补助及企业补充医疗保险。加快发展商业健康保险，加强市场行为监管，鼓励社会慈善捐赠，统筹调动慈善医疗救助力量，支持医疗互助有序发展。

6. 实现医保管理服务的规范统一

为推进医疗保障制度管理规范化，逐步实现政策纵向统一、待遇横向均衡，确保医保基金运行安全和医保制度的可持续发展，2019 年 6 月，国家医保局印发《医疗保障标准化工作指导意见》，着手部署推进医疗保障标准化建设；同年 9 月，印发《医疗保障定点医疗机构等 10 项信息业务编码规则和方法》，加快推进统一的医保信息业务编码标准，形成了全国统一的"通用语言"。2021 年 1 月，国家医保局、财政部联合发布《关于建立医疗保障待遇清单制度的意见》。同年 2 月，国务院颁布我国医疗保障领域第一部行政法规《医疗保障基金使用监督管理条例》，为确保医保基金的合理合规使用以及开展医保基金使用的监督管理提供了法律依据，为维护医保基金安全提供了有力武器。

2020 年以来，国家医保局陆续颁布《基本医疗保险用药管理暂行办法》《医疗机构医疗保障定点管理暂行办法》《零售药店医疗保障定点管理暂行办法》《医疗保障行政处罚程序暂行规定》《医疗保障基金使用监督管理举报处理暂行办法》《医疗保障基金飞行检查管理暂行办法》等行政规章，为医保经办管理服务走向规范化提供了具体的制度遵循。

7. 提升医保管理服务质量和业务经办效率，不断提升人民群众的医保服务体验

国家医保局制定了一系列政策文件以满足人民群众日益增长的服务需求。2020 年 4 月，国家医保局印发《全国医疗保障经办政务服务事项清单》，着力实现"群众办事不求人、最多只跑一次"的目标，建立统一规范的全国医疗保障经办政务服务事项清单制度。同年 12 月，为解决老年人等群体运用智能技术遇到的困难，国家医保局印发《关于坚持传统服务方式与智能化服务创新并行 优化医疗保障服务工作的实施意见》，明确要求，改进传统服务方式，同步促进智能技术在老年人等群众中的普及使用，提高医疗保障服务适老化程度。2021 年 7 月，国家医保局在《关于优化医保领域便民服务的意见》中明确要求，采取推动医保服务标准化规范化建设、深化医保服务"最多跑一次"改革、推进"互联网＋医保服务"等举措，优化医保便民服务。2023 年 5 月，国家医保局办公室印发《关于实施医保服务十六项便民措施的通知》，强调从方便群众办事的角度简化手续、精简材料、压缩时限、创新服务模式，在便民服务上出实招，最大限度方便群众，不断提升群众的幸福感、获得感、安全感。

我国已健全世界最大的基本医疗保障网。2018—2022 年间，全国人口参保率稳定在 95％左右，职工医保和城乡居民医保政策范围内住院费用报销比例分别达到 80％和 70％左右。农村低收入人口和脱贫人口参保率稳定在 99％以上，医保助力近 1000 万户贫困居民成功脱贫。基本医疗保险基金（含生育保险）年度总收入由 2.14 万亿元增长至 3.09 万亿元，年度总支出由 1.78 万亿元增长至 2.46 万亿元，基金运行平稳，有所结余。财政每年对居民参保缴费人均补助标准从 490 元增长至 610 元。仅 2022 年，财政补助总额就达 6000 亿元。

三、开创医疗保险高质量发展新局面

2022 年 10 月，党的二十大报告提出"深化医药卫生体制改革，促进医保、医疗、医药协同发展和治理"，开创医疗保险高质量发展新局面。

（一）医疗保障制度发展面临的主要挑战

随着我国人口老龄化程度不断加深以及经济发展的深度转型，医疗保障制度的可持续发展面临新的挑战。

1. 医保基金收支平衡压力不断增大

主要表现为：一方面，医保基金筹资来源和收入增长空间日渐缩小；另一方面，我国老龄化程度的不断加深导致医保基金支出快速增长。从长远来看，医保基金收支平衡压力将不断增大，基本医疗保险制度的财务可持续性面临重大挑战。

2. 发展不平衡不充分问题亟待破解

我国医疗待遇保障水平是从低标准起步的，总体保障水平与人民日益增长的保障需求之间尚存在一定差距；不同保障制度之间、不同地区之间、不同人群之间，在保障范围、保障方式、保障水平、保障质量等方面缺乏平衡贯通；基本医保"一枝独大"，非基本医保尚未得到充分发展。

3. 新业态对医保改革提出了新要求

我国经济发展新业态发展迅猛，人户分离现象常态化，对医保制度改革提出新要求。如何顺应人口流动规律，让户籍不在本地的常住人口平等地享受到当地的医疗保险待遇，是全面深化居民医保制度改革需要妥善解决的重大问题。

4. "三医"协同联动有待进一步加强

我国医保、医疗、医药"三医"之间良性互动、协同发展的局面尚未真正形成，一方面，医保机构面临的基金收支平衡压力在不断增加；另一方面，医疗机构、医药企业则因原有利益受损而不满意。由于医保与医疗、医药之间改革缺乏协同联动，严重削弱甚至对冲了医保改革发展的正向效应，因此，如何真正形成"三医"良性互动、相得益彰、共同发展的新局面，是全面深化医保制度改革的又一大挑战。

（二）实现医疗保障制度的高质量发展

我国医疗保障制度经过多年发展，实现了医保的全民覆盖，解决了人民群众基本医疗有保障的问题，成就巨大。未来，医疗保障制度改革需要着力解决医疗保障制度在改革、建设、发展中出现的不平衡不充分问题，需要在推进医保事业更加公平、更可持续方面做文章，需要在创新医保治理方式上下功夫。

1. 提高医保制度公平性

进一步完善基本医疗待遇保障政策，在费用分担机制、待遇保障机制、监管预警机制等关键环节上，促进城乡之间、地区之间、人群之间待遇公平性的提升。同时，用合理、可行、管用的规定和标准使基本保障等原则要求具体化，转化成可量化、可操控、可检查的机制，以此解决保障过度或保障不足等问题。

2. 推进医保制度可持续性

努力实现应保尽保目标。均衡各方主体筹资责任，按照均衡个人、用人单位、政府三方筹资缴费责任，优化个人缴费和政府补助结构，研究应对老龄化医疗负担的多渠道筹资政策的明确要求，分步推进实施。进一步提高医保基金统筹层次。在全面做实市级统筹的基础上，全面建立省级医保基金调剂金制度，并进一步扎实稳妥推进省级统筹。进一步完善医保支付制度，持续强化医保基金监管。

3. 提高医保服务便捷性

推进医保公共服务标准化、规范化建设，实现一站式服务、一窗口办理、一单制结算；加强医保业务经办能力建设，完善医保信息系统功能；坚持传统服务与智能服务创新并行，加快推动智能化并提高适老化水平，保留并优化传统渠道。

4. 推进联动改革

建立基本医疗保障跨部门协同治理机制，建立常态化、跨部门协同治理平台，实现基本医疗保障相关信息共享、共同治理，不断提高基本医疗保障协同治理能力。建立多层次医疗保障体系协同治理机制。加强多层次医疗保障体系之间、基本医疗保障制度体系之间、基本医疗保障制度之间，以及基本医疗保障制度内部各个构成要素之间的协同治理，明确制度功能定位，加强制度衔接，形成制度合力，建立多元利益主体协同治理机制。

5. 推进医保法制化建设

以法定制、依法实施是现代社会保障制度的内在要求，医疗保障制度因涉及关系复杂及业务链条较长而对法治的要求更高。加快推进医疗保障法治化进程不仅是全面深化医疗保障制度改革的重要内容，更是医疗保障制度及其治理现代化的必要条件。2021年2月国务院颁布的《医疗保障基金使用监督管理条例》是我国医疗保障制度走向法治化的良好开端，也是全面深化医疗保障制度改革取得的重要突破性进展。2025年4月，国家医保局起草的《中华人民共和国医疗保障法（草案）》已提请全国人大常委会审议，这表明医疗保障法的立法步伐在加快。同时，基于多层次医疗保障体系建设与处理相关关系的需要，还应当制定包括医疗救助、商业健康保险、慈善医疗等在内的多部行政法规。

综上所述，我国的医疗保障制度建设走的是一条与实际相结合、与时代发展要求相适应的改革发展之路，在促进经济发展、维护社会稳定、提升人民群众幸福指数方面发挥了重要作用。随着我国经济社会的发展进步，医疗保障制度也必须做出适应性变革，从而造福全体人民。

📖 本章小结

医疗保险是社会保险的核心内容，基本医疗保险是政府主办的项目，用于应对社会成员在医疗领域的风险。医疗保险是世界范围内不同国家、不同学者根据不同国情和社会历史条件在理论和实践两个层面的探索。新中国成立后，中国共产党以人民利益为核心，在不同经济体制下探索有中国特色的医疗保险理论，为世界贡献出适合中国国情的医疗保险方案。

📖 主要概念

城镇居民基本医疗保险；城镇职工基本医疗保险；新型农村合作医疗；医疗保障制度体系

📖 复习思考题

1. 简述马克思恩格斯的医疗保险思想。
2. 谈谈对毛泽东的劳动保险实践的理解。
3. 简述《贝弗里奇报告》中关于医疗保险的阐述。
4. 谈谈对我国全面建成医疗保障制度体系的认识。
5. 如何实现我国医疗保险高质量发展？

第三章

医疗保险的模式

自 1883 年德国最早建立医疗保险制度后，世界各国根据本国的实际情况相继建立了本国的医疗保险制度。按照一定标准对某一医疗保险制度进行类型划分，就形成特定的医疗保险模式。当前世界各国主要有五大医疗保险模式：国家医疗保险模式、社会医疗保险模式、商业医疗保险模式、强制储蓄医疗保险模式和合作医疗保险模式。各模式均有其优点和不足，适合不同的国情和民情。但迄今为止，医疗保障问题仍是一个世界性难题，如何在医疗保险设计中实现公平与效率、政府责任与个人责任的平衡，仍需要各国持续探索。

———— 重点问题 ————

（1）当今世界的主要医疗保险模式。
（2）各医疗保险模式的特点和优缺点。
（3）当前各国医疗保险制度改革的发展趋势。

第一节
国家医疗保险模式

1883 年，德国颁布《企业工人疾病保险法》，标志着社会保险机制开始进入医疗保障领域，德国也成为世界上最早建立医疗保险制度的国家。此后一百多年时间里，世界各国根据本国的实际情况相继建立了本国的医疗保险制度。但由于各国历史发展、文化传统、价值观念、政治经济状况等不同，其医疗保险制度的具体内容也有所不同。

按照一定标准对某一医疗保险制度进行类型划分，就形成特定的医疗保险模式。因此，医疗保险模式是具体医疗保险制度在某些方面呈现出来的特征或样式。其分类的标准可能是单一的，也可能是综合的，通常包括医疗保险的主办者、覆盖面、强制程度、缴费模式及标准、支付方式等医疗保险组成要素。选择不同的组成要素对各国医疗保险制度进行区分，形成了不同的医疗保险模式。如按照医疗费用支付方式划分，可分为按服务项目付费、按病种付费、按人头付费和总额预算制等类型；按照医疗费用负担方式划分，可分为全部免费、部分免费和自费等类型；按照覆盖范围划分，可分为全民保障型和部分人群保障型；按照医疗服务供给方式划分，可分为公立医院主导型、私立医院主导型以及公私医院合作型；按照政府介入程度划分，可分为政府包揽型、政府主导型和政府补缺型等。

当前，学术界主要按照医疗保险基金筹集方式将世界上主要的医疗保险制度划分为五大模式：国家医疗保险模式、社会医疗保险模式、商业医疗保险模式、强制储蓄医疗保险模式和合作医疗保险模式。

国家医疗保险模式也称全民医疗保险模式或全民健康保险模式，是指政府直接举办医疗保险事业，向全体公民提供免费或低收费医疗服务的模式。该模式通常产生于福利制度较好的国家，是一种福利型医疗。

一、国家医疗保险模式的特点

国家医疗保险模式的主要特点如下。

（1）保险基金主要通过税收筹集，用财政拨款方式供给。

（2）覆盖面广，一般覆盖至全体公民，具有普惠性。

（3）医疗服务供给由国家垄断。国家医疗保险模式下，政府卫生部门往往直接参与医疗机构的建设与管理，多数医疗服务机构由国家创办，医务人员属于国家工作人员，其工资由国家支付。少部分私人医疗机构通过与政府签订购买合同来参与医疗服务供给。

（4）医疗服务的福利性。公民享有免费或价格低廉的综合医疗服务。

（5）医疗资源配置计划性强。医疗资源分配、医疗服务范围和医疗服务价格等的确定均由政府统一筹划，市场机制较少发挥调节作用。

二、国家医疗保险模式的典型国家

英国、加拿大、澳大利亚等英联邦成员国，以及意大利、瑞典、希腊等欧洲高福利国家均实行国家医疗保险模式。其中，以英国较为典型。

（一）英国

英国实施国家医疗保险模式有一个发展和转变的过程。1911年，英国《国民保险法》出台，规定疾病保险费由雇主、雇员和国家各承担1/3，参保人的妻子和有资格的女性可以享受生育补助金。[①] 表明英国开始构建其社会医疗保险制度，但当时英国并未实施国家医疗保险模式。1946年，英国颁布《国家健康服务法》，开始建立国民健康服务体系（NHS），实行全民免费医疗。1964年，英国出台《国家卫生保健法》，规定凡英国居民在公立医院均可享受免费的医疗服务，患者只需支付挂号费。[②] 一些特殊人群，如产妇、儿童等弱势人群及低收入家庭可以完全免费。医疗服务内容涉及一般就诊、住院治疗、急救服务及婴儿产前、产后护理等多个领域。

在医疗服务方面，当前英国实行分级医疗保健制，具体由初级医疗卫生保健、二级医疗卫生保健和三级医疗卫生保健构成（见图3-1）。初级卫生医疗保健主要由全科医生在社区诊所完成，二、三级医疗卫生保健主要由专科医生在设施齐全的医院内实现。NHS对初级卫生医疗保健和二、三级卫生医疗保健的分割比较严格。一般而言，居民需先到住地附近的社区诊所登记，获得一个终身使用的NHS号码，在社区诊所选择一名全科医生。就诊时，患者一般先去社区诊所看全科医生，全科医生根据其病情决定是否需要转诊至二、三级医院。英国绝大多数医院是公立医院，主要负责急诊和住院治疗，解决全科医生无法解决的疑难杂症，但患者必须通过全科医生的推荐转诊才可入院治疗，并视情况决定转入二级地区医院还是三级中央医院治疗，前者负责综合类和专科医疗服务，后者负责疑难杂症诊治。当病情缓和后，患者需从上级医院向下级医院转诊，也就形成"双向转诊"制。对于不服从转诊安排的患者，NHS财务可拒绝支付相关医疗费用。可见，在这一制度设计中，全科医生的"守门人"角色至为关键，有利于充分利用初级医疗卫生保健体系，防止医疗资源的滥用。在人员编制上，全科医生多数并非NHS的雇员，而是与政府签订购买协议，为NHS提供服务。英国公立医院的医生属于公职人员，由国家统一管理，薪酬由政府统一发放。英国实行"医药分离"，社区诊所和医院均

---

① 刘翠霄：《比较社会保障法》，商务印书馆2021年版，第29页。
② 储振华：《发达国家医疗管理制度》，时事出版社2001年版，第127页。

不卖药。大夫开了药方，患者要到独立于医院的药店购药，药费由患者自行承担，但低收入者、未成年人和老人的药费由 NHS 支付。

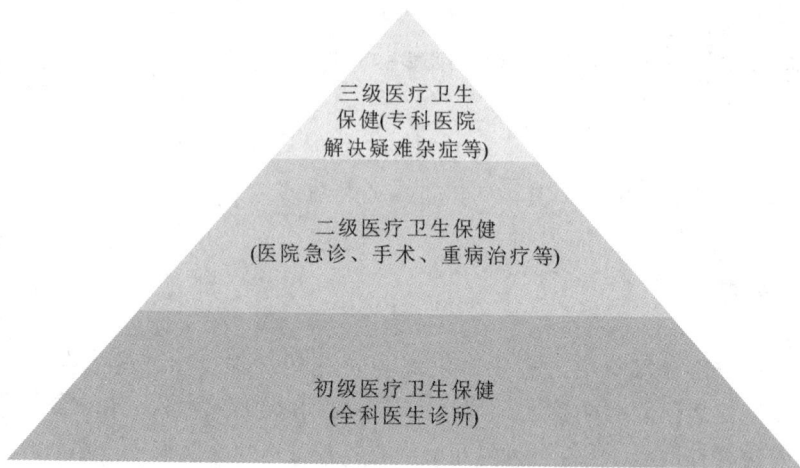

图 3-1　英国 NHS 医疗服务等级图

在资金筹措和资金分配方面，英国国家卫生服务基金主要来自四个方面：一是国家财政拨款，占基金的绝大部分；二是国民保险收入的医疗开支部分，约占基金总额的 10.0％；三是患者自付部分，包括门诊挂号费以及眼科、牙科等特殊医疗服务项目收费；四是社会捐赠等其他收入。[①]其中，国民保险收入包括两个部分：一是公民按其收入的一定比例缴纳国民保险金，其 1/4 用于医疗保险。公民缴纳国民保险金后，无须另行购买医疗保险。二是政府机构和企业为其雇员缴纳的社会保险金，部分用于医疗保险。这些款项最终以预算分配的形式由中央政府统一划拨给地区卫生局，地区卫生局再划拨给医院和全科医生。基于初级医疗卫生保健的基础性保障作用，其资金分配份额约占 NHS 资金的 75％。

在管理体制上，英国国家医疗保险模式实行政府统一垂直管理方式，卫生和社会保障部是英国医疗服务的最高权力机构，负责统一规划和管理全国卫生保健服务。其下设地区卫生局和社区卫生局，三级管理部门分别承担控制资源分配、制订预算计划和提供卫生服务的职能。从职能部门来划分，国家卫生保健服务组织也可分为三级：医院管理委员会（医院服务管理部门）、执行委员会（全科医生服务管理部门）和社区卫生局（个人及公共卫生服务），执行委员会和社区卫生局主要提供初级医疗卫生保健。同时，社区一般还有社区卫生服务管理委员会和全科医生委员会，前者代表当地居民利益，虽不参与管理，但可向相关部门提出建议并进行社会调查，评价和监督社区卫生局的工作；后者直接与卫生和社会保障部联系，经费由卫生和社会保障部拨付，但保持相对的独立性，负责管理开业的全科医生。

英国也存在商业医疗保险，但规模小，仅起补充作用，多数是私营企业以职工福利形式为员工购买，参保人可在享受 NHS 服务的同时享受私人医疗保险服务。英国政府最初对商业医疗保险的态度并不积极，公民购买商业医疗保险时要支付保费税，并且不能将 NHS

---

① 高灵芝：《社会保障概论》，山东人民出版社 2011 年版，第 192 页。

使用的费用转用于私人医疗服务。从 20 世纪末开始，为解决公立医院发展中的种种问题，英国政府开始扶持私立医院发展，规定承担英国国家医疗保障任务、减轻公立医院压力的私立医院，可以享受税收优惠政策；接收公立医院转诊病人，NHS 基金会将支付所有费用。政府甚至鼓励私立医院建设，允许公立医院医生到私立医院兼职。[①] 从而使私立医院承担了部分国民健康保险服务的功能。

（二）加拿大

加拿大属于联邦制国家，联邦政府下辖 10 个省及 3 个地区。早在 1914 年，萨斯喀彻温省就实施了一项旨在为投保人提供疾病保险服务的市政医生计划。1947 年，该省又开始实施省卫生服务计划（SHSP），规定凡该省居民均可享受近乎免费的住院医疗服务。但联邦政府正式实施医疗保险制度是在 20 世纪 60 年代。1966 年，联邦政府通过《医疗保健法案》。1972 年，加拿大开始正式实施全国健康保险制度（NHI）。1984 年，联邦政府通过《加拿大卫生法案》，确立了国家立法、两级（联邦和省/地区）出资、省级管理和提供服务的全民医疗保障体系。并规定了省级政府获得联邦政府财政支持的五条标准，即公共管理、全面覆盖、标准统一、全国通用和充分可及，从而确立了加拿大全民医疗保障体系的五大原则。

加拿大的医疗保险覆盖到所有的公民，涵盖了所有必要的医疗服务。这些服务大部分由政府提供，具体是政府拨款给公立医院，公立医院直接向公民提供免费或价格低廉的服务，医药适当分离。公民除门诊费用及治牙等特定项目外，可以终身免费享受其他基本医疗保险。65 岁及以上的老人及贫困者的自付部分也可以减免。[②]

与英国相似，加拿大医保服务实行严格的分级诊疗方式和双向转诊制度。其医保服务体系分社区诊所（包括社区医疗卫生服务中心和全科诊所等）、专科医院和综合医院（多为急症医院）三级，医生分全科医生（家庭医生）和专科医生两类。患者就医时需先在社区诊所首诊，并由社区诊所的家庭医生判断是否需要转诊。转诊时，居民可以根据自身需要选择医疗机构（医院、私人诊所）就医。转诊或入院治疗的患者一旦度过了急诊期，也会马上转诊到社区诊所。

在管理上，加拿大医疗卫生服务由中央统筹管理，负责机构是联邦卫生福利部；省/地区设立卫生署，可以在国家医疗保险基本框架下独立组织、管理和实施区域内医疗保险计划。

各省/地区医疗保险资金主要来源于联邦政府拨款和省级财政，这两项约占全部医疗费用的 70%；还有一部分来自雇主为员工缴纳的健康保健税，该税税率由各省自行决定，约为工资总额的 3%，大部分省不要求个人缴费。[③]

---

① 牟璇：《海外医疗业现状：多国公立医院占比约三成》，载于《每日经济新闻》2014 年 2 月 26 日第 10 版。

② 丛春霞、刘晓梅：《社会保障概论（第 3 版）》，东北财经大学出版社 2015 年版，第 175 页。

③ 刘岚：《医疗保障：制度模式与改革方向》，中国社会出版社 2007 年版，第 31 页。

居民看病在医保服务范围内产生的各项诊疗费用，均由联邦或省/地区政府与医疗机构、医生之间进行结算。一般情况下，联邦政府通过转移支付的方式为各省/地区的医保体系付费，省/地区政府是居民医保付费的责任主体。省/地区政府卫生部门一般采取年度预算拨款的方式直接支付给医院，一部分则按项目付费的方式支付给医生。如果是跨省/地区就医，一般由各省/地区之间签订双边互惠账单协议来完成支付。同时，加拿大采取总额预算制，卫生福利部和省卫生署严格执行医院综合预算制度，医院开支必须严格限制在既定预算范围内。此举有利于增强医院的成本意识，形成其内部成本控制机制。

除国家医疗保险外，一些省/地区还建立了公共补充保险计划，主要用于提供门诊处方药、家庭护理、长期护理、康复、验光等项目的医疗服务，其保费与报销额度通常根据被保险人的年龄、家庭收入来决定。此外，加拿大政府鼓励发展商业医疗保险，雇主可为其雇员自由投保。加拿大不少居民同时参加了私人医疗保险及雇主资助的医疗保险。因此，加拿大的医疗保险制度是以国家医疗保险制度为主、以公共补充保险与商业保险为辅的多层次保障体系。

（三）瑞典

瑞典于 1955 年开始推行全民医疗保险，内容涉及医药保证和病休津贴，以及婴孩和病孩的家长补贴。1982 年，瑞典立法规定居民有权享受同等的医疗保健服务。后经不断完善，瑞典逐渐成为一个覆盖范围广、医疗保障程度高的福利型国家。按照规定，只要在瑞典居住一年以上、拥有居民号的人不论国籍都可以享受医疗保健服务。

瑞典的医疗保健服务是强制性的，卫生福利事业由国家统一管理，具体实施由地方社会保险机构负责。在国家层面，国家卫生与社会事务部是政府机构，代表国家行使全国卫生管理权力，负责制定卫生规划，监督和协调全国医疗卫生的各项工作；卫生和福利委员会是一个相对独立的管理机构，主要负责管理卫生保健、药物供应、社会福利等工作。地方层面，主要由各县议会（设有执行委员会或医院委员会）和各市政当局承担相关筹划和管理工作。同时，地方公立医院或其他公立卫生机构提供了绝大部分医疗服务，其医疗服务机构分为初级卫生保健中心、县级医院和地区性医院等三个层次，轻症患者在初级卫生保健中心就诊，县级医院的主要服务对象是老年人，地区性医院提供高度专业化的医疗服务。和英国相似，瑞典公民一经登记，即有权获得住家附近一位开业医师的免费医疗服务、健康检查和预防接种。当其患病时，该开业医师有权根据其患病情况决定是否将其转往其他更高级别的医院。

瑞典医疗保险基金由雇主、雇员和政府三方分担，雇员缴纳其工资的 2.95%，自营就业者缴纳个人收入的 9.12%，雇主承担雇员工资的 6.23%，政府承担全部医疗保险所需费用的 15.0%。[①] 即医疗保险费用 85.0% 来自个人税收，15.0% 来自政府。上述个人缴费包含在个人所得税之中，有收入者均须缴纳。这也体现了瑞典医疗保险的强制性和普惠性。

---

① 本书编写组：《医疗保险政策解答与业务咨询》，中国民主法制出版社 2009 年版，第 21 页。

就医时，参保公民可以享受包括治疗费、住院费、药费、往返医院的路费等各项医疗保健费用，以及疾病津贴、产妇津贴（父母津贴）等各项津贴，仅需支付少许门诊费、药费及住院时的生活费用。20 岁以下的居民不需支付任何费用。另外，瑞典也规定了门诊服务、处方药品的年封顶线。

自 1984 年起，瑞典允许实施私人健康保险制度，主要由雇主为雇员购买。

三、国家医疗保险模式的优点与缺点

国家医疗保险模式的优点主要包括：一是由于资金筹集有所保障，医疗保障覆盖面广，能让全体居民平等享受国家医疗服务，充分体现了医疗保障的福利性和公平性；二是医疗事业统一由国家管理，政府可以根据需要调节卫生服务供给，有效控制医疗费用的增长。

但是这一模式在实施过程中也暴露出一些缺点。第一，国家财政负担较重。以英国为例，其公立医院 95％的经费来自政府财政拨款，另 5％来自服务收费。[①] 因此，近年来英国公共卫生医疗支出占其医疗总支出的比重一直维持在 83.0％的水平，而医疗总支出占 GDP 的比重超过 9％。因而，公共医疗支出费用使英国政府不堪重负。第二，服务效率和服务质量不高。公立医院经费主要来源于政府财政，医务人员领取国家固定工资，二者创新和改善服务质量的动力不足，导致医院服务效率低下，医疗服务缺乏创新。第三，供不应求矛盾突出。医疗服务具有普惠性，因而通常是基础性的且无差别的，很难满足民众较高层次和个体化需求。第四，容易诱发逆向选择和道德风险。于公民而言，就医无须自身承担太多成本，因而容易提出更多的医疗服务要求，存在逆向选择风险；于医院或医生而言，如果政府拨款实行预付制，医生为控制医疗成本，可能拒绝给患者实施更为积极的治疗方案，即存在一定的道德风险。第五，增加了部分患者的医疗成本。公立医院服务效率不高，患者看病等待时间较长，迫使部分患者转而选择私立医院，加重了这部分居民的医疗负担。[②]

为解决上述问题，20 世纪 80 年代以来，相关国家对其国家医疗保险制度进行了改革。20 世纪 90 年代，英国 NHS 体系内部引入竞争机制，政府与医院签订合同购买其医疗服务，只有提供价廉质优服务的医院才能获得合同，从而迫使医院改善服务。2010 年，英国政府颁布《公平与卓越：解放 NHS》白皮书，对 NHS 进行大刀阔斧的改革。改革的重点包括将公立医疗机构转型为基金会形式，并与其他医疗服务提供方展开竞争；全科医生转型为医疗服务委托者，负责转诊病人并代表病人向医院购买住院和专科医疗

---

① 吕学静：《社会保障国际比较（第 2 版）》，首都经济贸易大学出版社 2013 年版，第 164 页。

② 王雁菊、孙明媚、宋乔：《英国医疗保障制度的改革经验及对中国的启示》，载于《医学与哲学（人文社会医学版）》2007 年第 8 期，第 18—20 页。

服务等。[①] 旨在通过引入更多的竞争，提高英国医疗系统的运行效率。加拿大政府也在进入 21 世纪之后频繁启动基层医疗体制改革，通过整合社区医疗资源，改革家庭医生的付费机制等，使基层医疗运转更为顺畅。自 20 世纪 90 年代始，瑞典通过转变政府职能，推进医疗机构所有制改革，建立国家和个人费用合理分担机制，成立"诊断相关组织"对主要医疗手段确定价格和进行评估等措施，对过分强调国家责任的医疗体制进行全面改革，旨在提高医疗机构服务效率，控制医疗费用支出，缓解政府资金压力。

第二节
社会医疗保险模式

社会医疗保险模式指由国家立法，雇主、雇员和政府三方共同筹集社会医疗保险基金，由社会医疗保险机构为雇员就医提供费用补偿的一种医疗模式。

一、社会医疗保险模式的原则与分类

社会医疗保险模式是一种旨在将少数参保成员的疾病风险分摊到全体参保人员身上的医疗保险制度设计，符合大数法则分摊风险机制和互助共济原则。

社会医疗保险模式主要有两种类型：社会统筹型，社会统筹与个人账户相结合型。社会统筹是指社会医疗保险基金由社会医疗保险经办机构依法统一征收、统一管理和统一调剂使用；个人账户则是将雇主、雇员缴费的一部分存入雇员个人名下，由雇员个人支配使用。社会统筹与个人账户相结合意味着将横向统筹与纵向积累相结合，将社会互济与自我保障相结合，且因为与个人利益挂钩，有利于落实个人的责任。

在管理体制上，有些国家以计划为主，有些国家以市场为主。

二、社会医疗保险模式的特征

社会医疗保险模式的具体实施在不同国家有所不同，具有以下共同特征。

（1）强制性。国家立法强制参保，强制筹集医疗保险基金。

（2）医疗保险基金由国家、单位、个人共同负担。

（3）社会统筹，互助共济。全部或部分基金由国家设立的医疗保险机构统一筹集、管理和使用，不以营利为目的，这部分保险基金在所有参保人范围内互助共济。

---

① 杨红燕、吕幸、张浩：《英国 NHS 最新医改政策评析》，载于《湖北社会科学》2015 年第 10 期，第 43—47 页。

（4）基金管理遵循"以收定支""现收现付"原则，一般没有积累，医保待遇水平由保险基金支付能力决定。

（5）医疗保险机构作为第三方支付组织，与医药服务机构签订合同，按照规定向医疗服务机构支付参保人接受医疗服务的相关费用，同时对医疗机构进行监管。

（6）补偿性。医疗保险基金只能支付部分医疗费用，患者仍需支付一定的费用。[①]

三、社会医疗保险模式的典型国家

目前社会医疗保险模式在世界范围内被广泛采用，德国、日本等是其中的典型国家。

（一）德国

德国是社会医疗保险模式的典型代表。1883 年德国颁布《企业工人疾病保险法》，要求工资低于规定限额的工人加入疾病保险基金会，并联同雇主向基金会缴纳一定的保险基金。之后，其患病时的医疗费由社会保险机构支付。这种根据个人收入多少确定保险费缴纳以及保险待遇水平的做法，被称为"俾斯麦保险模式"。[②]但当时法定医疗保险对象只有制造业工人。1911 年德国颁布的《帝国保险条例》取消了对参保人员的行业限制。之后，再经多次制度修订，德国形成了比较完善的医疗保险体系。

目前，德国的医疗保险包括社会医疗保险、私人医疗保险及其他保障体系（如公务员津贴，警察和军队的免费医疗等）三个部分。其中，覆盖面最广的是社会医疗保险。

2009 年，德国法律要求所有德国公民和长住外国居民必须参加一种医疗保险。其中，月收入低于社会义务界限（4050 欧元）的，必须参加社会医疗保险。参保人未就业的配偶及其未成年子女，无须缴费即可享受与参保人同等的医保待遇；月收入高于社会义务界限的，可自行选择参加社会医疗保险或者私人保险。但其子女不能享受家庭联保；靠社会福利生活的人由社会福利局代缴保费，享受社会医疗保险。[③]法律的强制性确保了德国医疗保险的覆盖率，当时德国多数居民参加了社会医疗保险。发展至今，这一保险的参保者可以享受包括疾病预防、孕妇保健、医疗、康复及各项津贴在内的多方面保障。

德国社会医疗保险基金来自雇主、员工和政府，还有少许募捐或慈善赞助资金等，其中以雇主和雇员的缴费为主，二者各承担雇员应缴费用的一半。在支付方面，德国社会医疗保险采用第三方支付，即参保人接受医疗服务并按规定支付个人费用部分后，其余费用由医疗保险经办机构与医疗服务机构支付。而且，虽然参保人缴费不一，但享受待遇相同。

① 张蕊：《社会保障学概论》，西安交通大学出版社 2021 年版，第 94 页。
② 白丽萍：《医疗保险学》，暨南大学出版社 2020 年版，第 168 页。
③ 张宗坪、董西明：《社会保障概论》，上海财经大学出版社 2013 年版，第 137 页。

在管理体制上，德国社会医疗保险由议会立法、民间实施、政府监督管理，是一种统一制度、分散管理、鼓励竞争的运行体制。政府主要负责政策制定与监督、协调工作，分三级进行，即联邦、州和地区三级，不参与医疗保险的实际操作。在具体实施层面，德国社会医疗保险由分散的医疗保险经办机构负责，这些经办机构按区域和行业可以划分为地方医疗保险所、企业医疗保险所、手工业医疗保险所、海事医疗保险所、农业医疗保险所、联邦矿工保险所、替代性保险所等医疗保险所（也称基金会或公司）。这些医疗保险所按公司法组建，具有独立法人地位，通过代表大会（多由投保人和雇主组成）实行自治管理。[①] 医疗保险机构与医疗服务机构是合作关系，投保人可选择不同的医疗保险机构，并在该保险机构认定的医疗服务机构间自由就诊，医药分开。总之，德国社会医疗保险充分运用市场机制，鼓励竞争。

除社会医疗保险外，德国有 10% 左右的居民自愿选择私人医疗保险。私人医疗保险缴费多，医疗服务较好，如住院可住单间，可以指定由哪位医生做手术等。另外，私人医疗保险缴费因人、因病而异，年轻人、身体健康的人，缴费较少；老年人、有慢性疾病的人，缴费较多。

（二）日本

日本的医疗保险制度始于 20 世纪初。参照德国医疗保险制度，日本政府于 1922 年通过《健康保险法》，并于 1927 年实施。但当时被保险对象限于某些特定产业中达到一定规模（10 人以上）的私营部门，给付对象限于长期雇佣工人或职员本人，给付期较短。[②] 制度初创期，覆盖面比较窄，给付水平也不高。1932 年，日本政府颁布《雇员健康保险法》，开始为 5 名雇员以上的私营部门（主要是产业部门）提供医疗保险。1938 年，日本政府通过《国民健康保险法》，给雇员之外的"自我雇佣者"（如农民、渔民以及城市工商业个体经营者）提供健康保险。同年，设置厚生省，掌管医疗保险职能。国民健康保险最初是自愿参保，1941 年要求强制参保。1939 年，日本政府颁布《船员保险法》《职员健康保险法》，进一步拓展了健康保险的对象。1942 年，将《健康保险法》和《职员健康保险法》合并，至此，日本医疗保险制度基本成形。之后，因"二战"受到破坏。1958 年，日本政府颁布《国民健康保险法案》，开始重建医疗保险制度。法案将参保人按就业领域、企业规模、工作性质等安排到不同的医疗保险机构，不同机构的缴费金额和服务内容各不相同。法案要求，到 1961 年，所有国民均需加入医疗保险。其后，为缩小不同群体保障水平的差距，厚生省设立了社会保险厅进行统筹。1973 年，日本政府规定 70 岁以上老人享受免费医疗，[③] 这一年也因此被称为"福利元年"。但 1982 年该

① 吕学静：《社会保障国际比较（第 2 版）》，首都经济贸易大学出版社 2013 年版，第 169 页。

② 宋健敏：《日本社会保障制度》，上海人民出版社 2012 年版，第 77 页。

③ 韩俊江：《社会保障制度国际借鉴研究》，东北师范大学出版社 2007 年版，第 266 页。

优惠制度被废止，老人需承担部分医疗费用。1984年，日本改革《健康保险法》，取消行业和雇工人数限制，将所有员工纳入医疗保险调整范围，并消除了雇员医疗待遇不平等问题。之后经不断完善，如今，日本已建立起一套覆盖全民，并包含老年保健制度、老年护理保险制度等内容的全方位的医疗保险体系。

　　大体上，日本医疗保险分为雇员健康保险和国民健康保险两类，前者针对雇员，后者针对未参加雇员保险的农林水产业者、自营业者、小规模从业者以及无职业者。二者的主要区别在于：其一，雇员健康保险仅对其本人有效，国民健康保险对参保人抚养的人也予以保险给付；其二，雇员健康保险的参保人享受疾病治疗时的休假及补助，国民健康保险无此项功能。① 2008年，日本出台《高龄者医疗保险法》，专门对75岁以上或65岁以上不满75岁的卧病在床老年人的医疗保险做出规定，是应对日本老龄化程度不断加深的特殊政策。

　　按照规定，年满20岁的日本国民必须参加医疗保险。对于雇员而言，医疗保险基金由雇主和雇员共同缴费，缴费率为工资收入的8%左右。国民健康保险则由参保人每年自行缴纳，在日本合法居留的外国人也是如此。国家财政给予适当补贴，补贴大约占医疗保险费用总额的1/3。② 参保人在医疗机构看病只需支付医疗费用的20%～30%，但超过最高限额部分由参保人自行承担。

　　厚生省保险局和社会保险厅是日本医疗保险的最高管理机构，主要负责医疗保险的立法、组织管理和监督等。至于医疗保险的具体管理，不同类别的医疗保险有所不同。其中，国民健康保险由市政府为投保者实施经营管理。而雇员健康保险则相对复杂，可分为两种：一是政府管理的健康保险，以中小企业及务工劳动者为保险对象；二是社团管理的健康保险，以大企业的职工包括职工家属为保险者，国家以法律强制企业设立健康保险社团。实践中，各类医疗保险机构均是独立经营，自主管理。参保人在医疗机构看病时，只需支付个人应承担部分。医疗服务机构定期把医疗结算清单送交医疗保险部门，后者委托医疗费用支付基金会和国民健康保险团体联合会进行审核，审核无误后，由各地医疗费用支付基金会和国民健康保险团体联合会办事机构向医疗服务机构支付其余费用，③ 即采取第三方支付的办法。支付内容包括住院、门诊、牙科、药品等费用，不包括疾病预防、健康促进等服务项目及高级病床、牙科特殊材料、康复特别治疗费等特殊医疗服务，这些费用需要患者自己承担。给付制度主要采用按项目付费方式，长期照护则按病床日付费。

---

　　① 林俏：《日本医疗保险法律制度改革及其借鉴意义》，载于《医学与法学》2021年第1期，第26—32页。

　　② 闫斌、韩继亮、杨俊毅：《德国、日本和印度农村医疗法律保障制度的经验及启示》，载于《世界农业》2014年第4期，第91—94页。

　　③ 丛春霞、刘晓梅：《社会保障概论（第3版）》，东北财经大学出版社2015年版，第175页。

四、社会医疗保险模式的优点和缺点

社会医疗保险模式的优点如下。第一，资金筹集多元，覆盖范围较广。第二，引入市场机制，提升保障质量。医疗保险机构与医疗服务机构建立契约关系，促使医疗服务机构提供优质的医疗服务。第三，调节收入分配。不同收入的人缴纳不同数额的医疗保险费，但享受类似的医疗服务待遇。社会医疗保险资金在不同收入、不同健康程度的群体之间进行重新分配，在一定程度上可以起到调节分配的效果。

但社会医疗保险模式也有明显的缺点。第一，采用现收现付筹资方式，基金流动性较强，累积性较差，难以有效应对日益加剧的人口老龄化压力。第二，普惠性差。社会医疗保险建立在缴费的基础上，一般而言，未缴费者不能享受。而分散管理的原则也使得居民医疗保险缴费和待遇水平存在一定的差异。第三，医疗费用上涨。第三方支付形式使得居民过分依赖社保系统，对疾病的预防重视不够，最终造成医疗费用上涨。

针对这些问题，各国也在不断进行变革。如德国 20 世纪 90 年代推出一系列改革措施，先是 1993 年出台《医疗保健结构法》，通过控制执业医生数量、改革费用报销办法、提高个人费用承担比例等，遏制保险费用上扬趋势。次年，政府推出社会护理保险，一方面减轻患者的医疗负担，另一方面将家庭护理社会化。1996 年，允许参保人自由选择医保公司。同年，通过调整不合理的市场竞争、强调社会保险互助精神等，建立风险平衡机制。之后，又开始提高个人费用承担比例，强化自我保健意识等。[1] 进入 21 世纪之后，日本政府也不断调整个人付费比重，并创设高龄者医疗保险制度，以应对老龄化挑战。总之，各国通过一系列改革，在一定程度上缓解了政府财政压力，促进了社会医疗保险制度的完善。

第三节
商业医疗保险模式

商业医疗保险模式又称市场主导型医疗保险模式，是指国家将医疗保险视为一种商品，主要由私营机构自主经营的保险模式。

一、商业医疗保险模式的特点

商业医疗保险模式的主要特点如下。

---

[1] 张钟汝、范明林：《城市社会保障》，上海大学出版社 2002 年版，第 97 页。

（1）自愿投保和自由选择。国家不强制要求，强调个人自由与个人选择，也强调个人权利与义务的对等性。

（2）私人经营，政府干预较少。参保人与商业医疗保险机构之间是契约关系，医疗保险机构按市场规则自主经营，自负盈亏。

二、商业医疗保险模式的典型国家

美国、瑞士是这一模式的典型代表。美国医疗保险理念源于西奥多·罗斯福 1912 年的竞选纲领，在这份纲领中，他提出以建立全民医疗保险制度为核心的医疗改革方案。但当时这一理念未能实现。1935 年，美国颁布《社会保障法》，开始建立基本养老保险制度。与此同时，美国私人保险公司开始提供各种形式的医疗保险，涉及住院费、手术费、诊疗费等各项费用。1965 年，美国国会通过《社会保障法》第 19 条修正案，开始为超过 65 岁、向国家缴税 10 年以上的退休老人提供医疗照顾，同年又提供针对贫困者的医疗救助。美国的医疗保险制度逐渐确立。

大体上，美国医疗保险制度由商业医疗保险和社会医疗保险组成（见图 3-2）。至 2020 年，美国近 50％的医疗费用源于商业医疗保险，80％以上的公民购买了商业医疗保险。[①] 商业医疗保险设有名目繁多的单项保险和综合保险，居民可采用两种形式购买：一是个人自主购买；二是雇主为其购买。无论何种形式，均是投保人自由选择保险公司并签订合同。而商业医疗保险公司是按市场规则运行，自主经营，自负盈亏。政府主导的社会医疗保险在美国医疗保险体系中仅起辅助作用，主要采用医疗自主制和医疗照顾制两种模式，分别针对 21 岁以下的青少年和 65 岁以上的老人。由联邦政府统筹资金，由社会保障医疗信托基金统一支付。另外，政府也会为贫困者、残疾人和孕妇等特殊群体提供一定的医疗救助。该项救助由联邦政府与各州政府合办，并由各州政府实施。其费用，在联邦政府由人类服务与卫生部（HHS）承担，地方层面主要由卫生局负责，经费来源于政府税收。总之，美国的商业医疗保险与社会医疗保险差异明显，但在功能上相互补充。实践中二者也并非截然分开，如美国政府时常购买商业保险公司的服务，借助商业保险公司之力开展政府保障计划。这包括：一方面，邀请商业保险公司为政府保障计划提供信息咨询、理赔辅导等专业化服务；另一方面，借用商业保险公司销售政府保障计划产品，如销售医疗照顾选择计划（后调整为医疗照顾优选计划）。[②] 此外，政府也以税收优惠的方式鼓励商业医疗保险的发展。如根据相关政策，私人业主本人商业医疗保险费的 25％可抵税，为员工购买商业医疗保险的雇主可以享受税收优惠。[③] 这使得美

---

① 马琦峰：《公共卫生危机下的中美医疗保险模式对比》，载于《劳动保障世界》2020 年第 14 期，第 44 页。

② 白丽萍：《医疗保险学》，暨南大学出版社 2020 年版，第 174 页。

③ 吕学静：《社会保障国际比较（第 2 版）》，首都经济贸易大学出版社 2013 年版，第 166—167 页。

国商业医疗保险实际上以雇主购买为主。整体上，美国医疗保险基金由个人、企业和国家三方共同承担，筹集渠道多元。

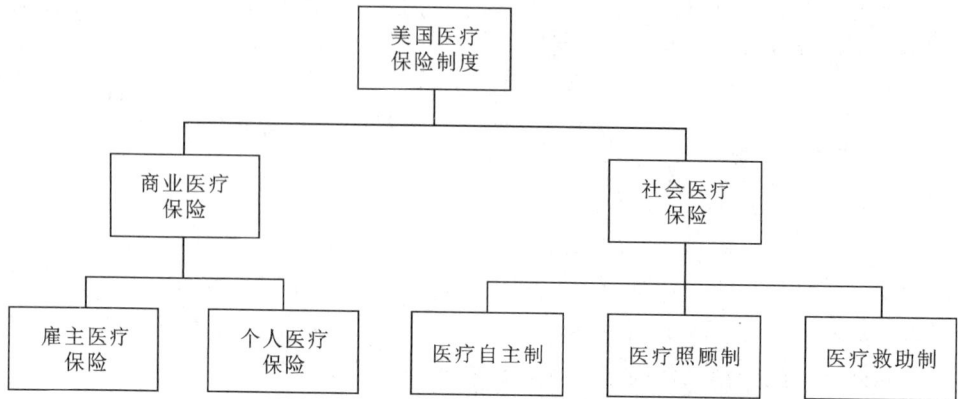

图 3-2　美国医疗保险制度

美国商业医疗保险公司由民间经营，分为营利性与非营利性两种。其中，营利性商业医疗保险公司更为普遍，主要提供住院等费用相对昂贵的医疗项目，保费较高。产生于 20 世纪 30 年代的"蓝十字"和"蓝盾"组织是典型的商业医疗保险公司，其分别由医生和医院联合会发起，承包门诊和住院医疗服务。另外，20 世纪 70 年代以来，美国出现了新型的非营利性管理式医疗组织（MCOs）。MCOs 是一种融医疗保险与医疗服务为一体的医疗保险形式。该形式在控制医疗费用和提高服务质量方面卓有成效，典型如健康维护组织（HMO）、优先提供者组织（PPO）和定点医疗服务计划（POS）。其中，健康维护组织有自己的合同医院，直接为参保者提供规定范围内的医疗服务和预防服务，参保者看病时只需交纳少许挂号费。参保者越健康，健康维护组织支付的医药费就越少。该组织的医生除领取固定工资外，还可以领取根据其业绩发给的奖金。因此，健康维护组织及其医生均重视健康教育和健康检查，力争早发现、早诊断、早治疗，同时督促病人戒除不良嗜好，通过降低住院率、压缩住院期、使用疗效好的低价药等，积极控制医疗费用。目前，健康维护组织被政府及不少中低收入者接受。1973 年，美国《健康维护组织法》给予健康维护组织经济支持。优先提供者组织站在参保人的立场，就医疗服务价格与协议医院或医生谈判，最终选择愿意压低价格且接受监督的医院或医生签约。由于保险费较低，并且可以自由选择医院（一般提供 3 家医院）和医生，因此优先提供者组织在美国颇受欢迎。定点医疗服务计划是一种改进型的健康维护组织医疗服务形式。HMO 投保者只要多支付 10%～15% 的保费与大约 30% 的医疗费，就可以自由选择任何合同医院和医生。另外，一些其他团体和组织（多数是工会）也为其成员提供直接的医疗保险服务。

三、商业医疗保险模式的优点与不足

商业医疗保险模式的优点如下。第一，项目多样化，参保人选择余地大，可以较好地满足不同层次人群的医疗需求。第二,效率相对较高。商业医疗保险模式按照市场机制运作,有利于激发医疗保险公司、医疗服务机构之间的竞争,促进医疗服务费用的下降和服务水平的提高。

但商业医疗保险模式也有明显的缺点。第一,公平性难以保证。商业医疗保险模式以营利性为主,往往保费较高,部分低收入群体难以加入,他们只能享受政府提供的低水平医疗救助。同时,为了保障自身利益,商业医疗保险公司倾向于逆向选择,排除高危人群。并且,由于是自主、自愿参与,可能会有部分人未参加任何类型的医疗保险,这些人除了享受免费急诊服务外,无任何医疗保障。这影响了医疗保障的可及性和公平性。第二,医疗费用上涨。在商业医疗保险模式下,医院和保险机构为追求盈利最大化,争相购进高新设备,诱导民众医疗需求,并不可避免地导致国家医疗费用增长。

20 世纪 70 年代以来,美国开始对其医疗保险制度进行改革。2010 年,美国通过《平价医疗法案》,旨在经由政府的适当干预来实现医保全覆盖;同时,调整医疗保险支出结构,削减不必要的开支,实现医保低成本。[1] 此次改革使美国医保覆盖率由 85% 左右提高到 95% 左右。[2] 但美国人均医疗费用支出水平仍居高不下。2011 年以来,美国医疗卫生总支出占 GDP 比重一直处在 17% 的水平,且医疗费用基数逐年增加。[3]

第四节
强制储蓄医疗保险模式

强制储蓄医疗保险模式是指国家通过立法强制雇主、员工缴费,以员工名义设立保健储蓄账户,用于支付员工本人及其家庭成员医疗费用的医疗保险模式。[4]

一、强制储蓄医疗保险模式的特点

强制储蓄医疗保险模式的主要特点如下。

(1)强制性。筹集医疗保险基金是根据国家立法,强制要求雇主和雇员共同分摊。

(2)纵向积累。与其他医疗保险模式的横向筹资方式不同,强制储蓄医疗保险模式没有社会统筹,是一种以个人或家庭为单位的纵向筹资方式。因此,强制储蓄医疗保险

① 张宗坪、董西明:《社会保障概论》,上海财经大学出版社 2013 年版,第 138 页。
② 白丽萍:《医疗保险学》,暨南大学出版社 2020 年版,第 178 页。
③ 高银莉:《各国改革医疗保险基金可持续发展模式的比较研究——以德国、美国和英国为例》,载于《武汉职业技术学院学报》2017 年第 3 期,第 27—30 页、40 页。
④ 张浩淼:《社会保障理论与实践》,对外经济贸易大学出版社 2016 年版,第 132 页。

模式以个人责任为基础,个人享受的医疗服务与其付费多少密切相关,个人账户中的保险金仅限本人及其家庭成员使用。

(3)政府参与。政府不仅立法确立了这一制度,而且设立中央公积金局进行管理,保证个人医疗储蓄基金的保值增值,并对医疗机构给予补贴。

二、强制储蓄医疗保险模式的典型国家

强制储蓄医疗保险模式的代表国家有新加坡、马来西亚、印度尼西亚、智利等,其中较为典型的是新加坡。

新加坡的医疗保险制度主要包括三个部分:保健储蓄计划、健保双全计划和保健基金计划。其中,保健储蓄计划属于强制储蓄医疗保险模式,新加坡于1977年建立这一模式,1984年正式实施。保健储蓄计划针对全体劳动者,并根据不同年龄确定不同的缴费率,雇主、雇员各承担一半。该计划属于新加坡公积金制度的一部分,新加坡公积金的缴交率约为雇员工资总额的40%,其中工资的6%左右(雇主、雇员各负担一半)计入雇员的保健储蓄账户。账户里的资金由一家三代共同使用,可获平均利息率,可继承并免交遗产税。该账户仅限于支付住院费用和少量昂贵的门诊费用,且始终需要保留最低存款限额,超额部分由个人自付。政府的责任在于补贴公立医院,对医疗费用进行调控,督促医院改革,旨在实现医疗保险的低成本和高效益。

从20世纪90年代起,新加坡政府相继实施了健保双全计划以及专为贫困者服务的保健基金计划。其中,健保双全计划从1990年开始实施,自愿参与,主要服务于大病和慢性病医疗需求。保费随着年龄的增长而增加,保费可从保健储蓄账户中扣除。该计划可视为个人保健储蓄计划的延续,参加该计划的重病住院者,其医疗费用先从保健储蓄计划支付,剩余部分再从健保双全计划支付。可见,该计划在强调个人责任的同时,具有一定的社会统筹性质,发挥了社会共济的作用。保健基金计划由政府拨款,于1993年开始实施,那些没有参加或无法参加上述两项医保计划的人可向保健基金委员会提出申请,由委员会审核和发放。[①] 因此,保健基金计划是居民医疗保障的最后一道"安全网"。

新加坡各项医疗保险计划均由政府管理和实施,政府还直接开办医院,并对患者给予补贴。其医疗机构可分为综合诊所和医院。综合认所设备相对简单,不设病床,负责辖区内的医疗和预防保健,并负责向医院转诊病人;医院可分为公立医院和私人医院,病人可自由选择。实践中,多数住院医疗服务由公立医院提供。综合诊所和公立医院的医务人员均为政府雇员,领取固定薪金,他们可以到私人医院提供服务,但业务量有所限制。从患者付费情况看,门诊支付50%的费用,其余由政府补贴;住院费用可用保健基金支付,患者在公立医院住院,视病房等级享受不同程度的政府补贴,等级越低,补助越高,最高等级的病房不享受补贴,[②] 以此鼓励患者节约医疗资源。

---

① 张浩淼:《社会保障理论与实践》,对外经济贸易大学出版社2016年版,第132—133页。
② 张宗坪、董西明:《社会保障概论》,上海财经大学出版社2013年版,第139页。

三、强制储蓄医疗保险模式的优点和不足

强制储蓄医疗保险模式的优点如下。第一，较好地解决了医疗费用负担的代际问题。强制储蓄医疗模式下，保险资金具有纵向积累的特点，这就意味着，老人的医疗费用由自己年轻时的储蓄承担，不会转移到下一代人身上，从而可以缓解人口老龄化给社会带来的经济负担。第二，节省了医疗资源。个人承担自身医疗费用，有利于提高个人的健康责任感和自我保健意识，激励人们审慎地利用医疗资源，减少不必要的医疗开支，避免了第三方付费时医疗费用不合理上涨的弊端，减轻了政府压力。第三，覆盖率高。政府强制性缴费决定了该模式基本可以实现全民覆盖，使每一个公民都能获得医疗保险服务。

强制储蓄医疗保险模式的缺点也很明显。第一，该模式过于强调效率，导致个人医保待遇差异性较大。在这种模式下，医疗水平最终与个人缴费情况密切相关，因此，低收入人群难以享受与高收入人群同等的高水平医疗服务。第二，只有家庭互济，缺乏社会共济，导致个人往往无法应付那些需要支付高额医疗费用的疾病。第三，个人账户资金保值增值的压力较大。第四，雇主需要为员工缴纳高额保费，加大了企业/公司的负担。自20世纪90年代开始，新加坡政府相继实施了健保双全计划和保健基金制度，在一定程度上弥补了强制储蓄医疗保险模式的不足，使其医疗保险体系更加健全。

第五节
合作医疗保险模式

合作医疗保险模式也称社区合作医疗保险模式或基层医疗保险模式，是指在社区或基层，政府支持各方共同筹集资金，用以支付参保人及其家庭成员医疗费用的医疗保险模式。由于该模式主要立足于社区或基层，因而，对一个国家而言，该模式并非唯一甚至并非占主导地位的医疗保险模式，目前也正在转型和完善当中。

一、合作医疗保险模式的特点

合作医疗保险模式的主要特点如下。
（1）政府引导，自愿参加。
（2）具有社会统筹性质，按照"风险分担、互助共济"原则筹集资金，以收定支。
（3）保障适度，主要是大病统筹。
实践中，该模式对解决发展中国家农村居民的医疗问题具有重要的意义。

二、合作医疗保险模式的典型国家

合作医疗保险模式以中国的合作医疗和泰国的健康卡制度较为典型。

（一）中国

中国农村地区的合作医疗始于 20 世纪 50 年代。当时，中国加强农村基层卫生保健工作，各地纷纷成立了一批以集体经济为基础的集体保健医疗站、合作医疗站或统筹医疗站，这些站点具有多方筹资、互助互济和为农民提供基本医疗服务的特点，形成了当时中国农村地区的合作医疗模式。改革开放之后，因联产承包责任制的推行，该模式一度停滞。2002 年，政府开始在农村推行以大病统筹为主的新型农村合作医疗制度（简称"新农合"），至 2010 年覆盖到绝大多数农村居民。这一制度强调在政府的组织、引导和支持下，农村居民以家庭为单位自愿参保，通过个人缴费、集体扶持和政府补贴的方式多方筹资，为农村居民提供基本的医疗保障。由于筹资水平有限，实践中多以大病统筹为主。

相比早期的农村合作医疗制度，"新农合"在保留多方筹资和为农村居民提供基本医疗服务共性的同时，又有所创新，如侧重于大病、重病及住院治疗等。各地虽多采用药品（服务）目录、起付线、医院报销比例分级、封顶线等做法，但具体缴费标准、补助办法和保障水平有所不同。政府支持力度较大，不仅提供资金支持，而且加强了对医疗机构医疗行为和服务费用的监管，建立了定点合作医疗机构的准入和退出机制等。由于中国农村人多面广，"新农合"一度与城镇职工和城镇居民的社会医疗保险共同构成中国基本的医疗保险制度。

由于"新农合"与城市居民医疗保障水平存在明显差异，实践中还存在重复参保、重复投入问题，2016 年 1 月，国务院发布《关于整合城乡居民基本医疗保险制度的意见》，要求在全国范围内建立统一的城乡居民基本医疗保险制度。此后，"新农合"正式并入城乡居民基本医疗保险制度。

（二）泰国

泰国的健康卡制度属于合作医疗保险模式。1983 年，泰国开始在农村地区推行健康卡制度，健康卡以家庭（户）为单位，由农民自愿购买，1 户 1 卡，超过 5 人者再购 1 卡。购卡时，每张卡家庭支付 500 铢，政府补助 500 铢。贫困农民由政府出资购买，免费发放。健康卡一年办理一次，可用于医疗、母婴保健和计划免疫，卡内金额可累积至下一年度。持卡者先到健康中心或社区医疗机构就诊，经诊断可转往诊疗水平更高的医院治疗。到公立医院每户 1 年可就诊 8 次，每次限额 2000 铢，由医院向省管理委员会（健康卡资金管理机构）结算，超出部分自理。如到私立医院就诊，门诊费用自理，住院费用在年限额（15000 铢）以内按月均 3000 铢补助。[①] 50 岁以上老人和 12 岁以下儿童可享受免费医疗。应该说，健康卡制度为泰国农民提供了最基本的医疗保障。

为了配合健康卡制度的实施，泰国政府强化了农村公共卫生服务体系建设，投资兴建了大量乡村医疗服务机构，配备大批医务人员和装备，提供大部分运营费用。在管理上，这些乡村医疗机构由国家卫生部负责，实行人、财、物的垂直管理。

除健康卡制度外，泰国还有公务员医疗保险、社会医疗保险等多项医疗保险制度，各项制度之间差异较大。为促进医疗保障的公平，2001 年，泰国政府推出"30 铢医疗计划"，并颁布《全民健康保障法》。该法规定：参保者到定点医疗机构就诊，每次只需支付 30 铢挂号费，即可获得包括门诊和住院服务、正常住院食宿、口腔疾病治疗、妇幼保健等在内的多项基本卫生医疗服务。"30 铢医疗计划"资金由政府、雇主和员工三方提供，低收入农民可以免缴。政府采用门诊按人头付费、住院按病种付费的方式，给予定点医疗机构补助。2006 年，30 铢的付费也被取消了。该计划实施以来，大部分农民参与其中，健康卡制度也由此被取代。

● 三、合作医疗保险模式的优点与不足

合作医疗保险模式的优点包括：第一，建立了以政府资助为主、居民个人缴费（或集体扶持和个人缴费）为辅的筹资渠道，资金来源相对稳定；第二，重点支持住院治疗，适当补助门诊，对防止居民"因病致贫"和"因病返贫"具有积极作用，也减轻了政府负担，保证了制度的可推广性；第三，居民缴费较少，易于动员。

合作医疗保险模式的缺点包括：第一，覆盖人口有限，主要是农村居民；第二，所筹资金有限，导致参保人受益程度受限，"因病致穷"仍然可能发生；第三，按比例报销，手续麻烦，管理成本相对较高。但这一模式对于解决发展中国家农村居民的医疗保障问题曾经具有重要的意义。

除上述常见模式外，混合医疗保险模式指一个国家综合采用多种医疗保险模式。从当今各国医疗保险实践来看，很少国家采用单一医疗保险模式，而多是以某一医疗保险模式为主的混合医疗保险模式。如经过多年发展，美国形成了以商业医疗保险为主、社会医疗保险为辅的医疗保险制度；我国医疗保险体系也十分多元，可分为城镇职工基本医疗保险和城乡居民基本医疗保险，另还有城乡居民大病保险和商业医疗保险等。

---

① 高永泉、夏冰、王坤平：《泰国农村医疗保障制度值得我国借鉴》，载于《吉林金融研究》2007 年第 8 期，第 35—36 页。

第六节
各种医疗保险模式比较与互鉴

一、各种医疗保险模式比较

（一）各种医疗保险模式的共性

第一，政府作用不可或缺。除主导设计、立法确认并监管各种医疗保险制度外，政府在多数医疗保险模式中均出资支持，甚至直接参与医疗服务的供给。如国家医疗保险模式，政府不仅出资主办，而且直接为绝大多数居民提供医疗保险服务。合作医疗保险模式也离不开政府的组织、引导和支持，政府不仅动员和组织村民参与，提供大量资金支持，也加强对医疗机构医疗行为和服务费用的监管。任何医疗保险模式均非完美无缺，因此也需要其他模式作为补充，政府在辅助医疗保险模式中也发挥了重要作用。如美国政府虽以商业医疗保险为主，但也出台了专门针对老年人和低收入者的医疗救助制度，政府在其中发挥了主导作用。总之，各种医疗保险模式都离不开政府的制度设计、组织引导、资金支持和运行监管。

第二，多元筹资，费用共担。虽然各种医疗保险模式筹资来源不一，患者支付费用也大相径庭，但目前各主要医疗保险模式资金来源均不单一，而是由多方共同负担。如美国的商业医疗保险模式和新加坡的强制储蓄医疗保险模式均强调个人责任，但也是参保人与雇主共同筹资；英国的国家医疗保险模式，患者也需要支付挂号费或药费。多元化的筹资渠道，不仅有利于筹集足够的医疗保险基金，分散经营风险，还可以培育各方健康责任意识。

（二）差异性

不同医疗保险模式的差异性也很明显，具体如表 3-1 所示。

表 3-1　不同医疗保险模式比较表

项目	国家医疗保险模式	社会医疗保险模式	商业医疗保险模式	强制储蓄医疗保险模式	合作医疗保险模式
筹资方式	依法纳税	法定参保缴费	选购缴费	强制储蓄	自愿缴费
资金来源	财政拨款	保险基金	保险基金	个人储蓄 政府补贴	财政拨款 保险基金

续表

项目	国家医疗保险模式	社会医疗保险模式	商业医疗保险模式	强制储蓄医疗保险模式	合作医疗保险模式
覆盖面	全体公民	部分	部分	全体公民	农村居民
运营机制	财政二次分配	横向统筹 现收现付 互补共济	现收现付 风险分担	纵向积累 自保为主	横向统筹 以收定支 互助共济
办医模式	公立为主 预算拨款	公私并行 合同结算	私立为主 合同结算	公私并行 合同结算	公立为主 预算拨款
服务供给	基本免费	定价收费 保险给付为主	差别价格 共同分担	定价收费 自付为主	定价收费 住院保险给付为主
代表国家	英国	德国	美国	新加坡	中国、泰国

（资料来源：部分参照张晓、刘蓉：《社会医疗保险概论》，中国劳动社会保障出版社 2004 年版，第 32 页；部分自制。）

正因为各模式均有其优点和不足，因此，多数国家综合采取多种模式，取长补短。绝大多数国家均有社会医疗保险，也有商业医疗保险，二者相辅相成，互相补充。多层次、混合式的医疗保险体系对于满足不同阶层、不同健康程度民众的医疗服务需求及缓解政府财政压力意义重大。

二、各种医疗保险模式的互鉴

如前所述，无论是发达国家还是发展中国家，各国医疗保险模式在发展的过程中均暴露出其不足。尤其是，各国医疗保险制度始终面临着有限的医疗资源与日益增长的医疗需求之间的深层次矛盾。同时，公平和效率问题也困扰着各个国家。因此，近年来不少国家都在积极推进医疗保险制度改革，探索新的更适合各自国情的医疗保险模式。而这恰好是在不同医疗保险模式互鉴中进行的，也即通过对不同医疗保险模式的分析比较，借鉴他国医疗保险模式的优势，取长补短，相得益彰。

概括说来，各国医疗保险改革主要围绕以下几个方面展开。

1. 广覆盖

建立覆盖全民的医疗保障体系是医疗公平的重要体现，也是近年来不少国家医疗保险改革的重要目标。如新加坡，对于那些没有参加或无法参加保健储蓄计划和健保双全计划的人群，1993 年由政府专门设立保健基金，发挥医疗保障安全网的作用。在发达国家中，美国医疗保险覆盖水平相对较低。为改变这一局面，克林顿政府积极构建全民健康保险体系，但由于国会反对未能成功。2010 年，美国政府通过《平价医疗法案》，试图借助政府干预来实现医保全覆盖。此举在很大程度上提高了美国医保覆盖率。

2. 控制医疗费用

近年来，全球老龄化趋势加剧，医疗服务需求加大。同时，人们日益重视自身健康，医疗费用也因此增长不少，影响到各国医疗基金的可持续发展。因此，采取预付制，强化"守门人"角色，加强医疗服务监管，控制不必要的医疗费用，就成为各国医疗改革的普遍内容。如早年各国医疗费用支付通常采用后付制，即医疗服务行为发生后，由保险机构或政府定期与医疗服务机构结算，这一付费方式容易诱导医疗服务机构过度治疗，造成医疗资源浪费、医疗费用上涨。近年来，不少国家转而改用预付制，即保险机构或政府将按照一定标准核定的医疗费用总额预先支付给医疗服务机构，结余留存，超额自付。预付制强化了医疗服务机构的成本意识，促使其积极采取措施控制医疗开支，避免过度医疗现象发生，从而达到节省医疗资源的目的。社区医生的"守门人"角色也得到一些国家的重视，各国建立了严格的转诊体系，患者就医时必须先去社区卫生机构诊治，在得到社区医生的同意后，才可以转诊级别更高的医院。在这种设计下，病人首先利用成本较低的社区医疗服务而非成本较高的医院服务，在很大程度上避免了医疗资源的浪费。

3. 提高医疗服务质量

近年来，各国医疗体制改革多将提高医疗服务质量作为重点，通过强化市场机制，鼓励不同医疗保险公司、不同医疗服务机构之间的竞争，尤其是公立医院与私立医院之间的竞争，提高医疗服务质量，让有限的资源发挥更大的效益。美国管理式医疗组织的创新发展就是其中的典范。通常来说，提供管理式医疗的组织会与提供医疗卫生服务的医疗机构签订合约，通过组建一体化医疗服务网络、实施预付制、重视健康管理等手段，有效控制医疗服务成本、提高医疗利用率和医疗服务质量。

4. 完善医疗保险法律

近年来，在医疗保险改革进程中，不少国家出台相关法律或政策，加强医疗保险制度建设。如德国 2004—2007 年相继颁布《法定疾病保险现代法》《卫生改革要点》《法定疾病保险——强化竞争法》，英国政府分别于 2011 年、2012 年颁布《卫生及社会保障法》《健康和社会保健法案》等，这些法律的颁布一方面保证了其国内医疗保险改革有法可依，另一方面也以法律的强制性推进医疗改革进程。

5. 模式多元化与统筹化并行

多数国家在改革进程中尝试多种类型的医疗保险模式，以克服原有主导医疗保险模式的不足。如新加坡自 20 世纪 90 年代以来，为规避原有强制储蓄医疗保险模式纵向积累有余、横向共济不足的弊端，提出了健保双全计划和保健基金计划。各国的医疗保险模式越来越多元化，复合型医疗保险模式成为大势所趋。然而，由于不同保险模式的待遇不尽相同，有的还差异较大，影响到医疗保障的公平性，因而一些国家也加强了对某些保险模式的统筹管理，并在原有基础上创新发展。如中国将"新农合"与城镇居民基本医疗保险合并为城乡居民基本医疗保险。

　　总之，基于医疗保险制度在提高国民生活质量、维持社会稳定等方面的重要意义，各国均把医疗保险置于生存权和福利权的高度予以重视。与此同时，虽然各国都在努力完善现有的医疗保险模式，积极构建一种更加适合本国国情的医疗保险制度，但医疗保险问题仍是一个世界性难题，如何在医疗保险设计中实现公平与效率、政府责任与个人责任的平衡，仍需要各国持续探索。对我国而言，现有各种医疗保险模式与各国的持续探索也对我国医疗保险制度改革有所启发，主要包括：明确政府责任，加大国家卫生投入；明确保障范围，扩大保险覆盖面；强化城乡统筹，合理配置医疗卫生资源；多元筹资，强化资金监管，建立高效的医疗费用控制机制；鼓励商业医疗保险，丰富医疗保险体系；增强居民保健意识和医疗体制的预防功能等。通过对现有医疗保险模式的借鉴和探索，建立一种更加适应我国国情的医疗保险模式。

📖 本章小结

　　本章主要阐述了当前世界各主要医疗保险模式，包括各模式的特点、典型国家和优缺点，并对各主要医疗保险模式进行对比分析，对近年来各国医疗保险制度改革进行趋势分析。

　　通过本章的学习，我们可以了解到当前世界主要有五种不同的医疗保险模式，分别是国家医疗保险模式、社会医疗保险模式、商业医疗保险模式、强制储蓄医疗保险模式和合作医疗保险模式，各模式均有其优点和不足，这也为各国医疗保险制度的互鉴奠定了基础。此外，本章还介绍了医疗保险模式分类的基本依据，分析了各国医疗保险模式面临的困境。总之，本章的学习对于我们更好地理解我国医疗保险制度改革具有重要的意义。

📖 主要概念

　　医疗保险模式；国家医疗保险模式；社会医疗保险模式；商业医疗保险模式；强制储蓄医疗保险模式；合作医疗保险模式；预付制

📖 复习思考题

1. 当前世界有哪几种主要的医疗保险模式？各医疗保险模式有何特点和优缺点？
2. 各医疗保险模式有何共性和差异性？
3. 当前各国医疗保险制度改革有何发展趋势？

第四章

我国基本医疗保险制度

──────── 本章导言 ────────

　　基本医疗保险是社会保险的重要组成部分，它是涉费较多、覆盖面较广的一项社会保险，在整个社会保障体系中占有重要地位。医疗保险制度的模式是医疗保险制度的组织形式。本章首先阐述了我国基本医疗保障体系，包括基本医疗保险制度、补充医疗保险和社会医疗救助等。在此基础上，根据基本医疗保险扩面的进度，梳理了我国基本医疗保险制度的演进过程。最后，总结了我国基本医疗保险制度改革的成就及其未来发展方向。

──────── 重点问题 ────────

（1）我国基本医疗保险制度类型。
（2）城镇职工基本医疗保险制度框架。
（3）城乡居民基本医疗保险制度框架。
（4）城乡居民大病保险制度框架。
（5）职工大额医疗费用补助制度框架。
（6）公务员医疗补助制度框架。
（7）企业补充医疗保险制度框架。
（8）"三医联动"。

第一节
我国基本医疗保险制度体系

完善的医疗保险制度有利于最大限度地减轻疾病风险给人们带来的危害。因此，各国政府都把实施医疗社会保险作为一项基本的社会保障和现代国家的卫生保健通行制度，由政府组织实施，以保障公民享有的基本权利。医疗保险是指由特定的组织或机构经办，按照强制性或自愿性原则，在一定区域的参保人群中筹集医疗保险基金，当参保人（被保险人）因病、受伤或生育接受医疗服务时，由保险人（特定的组织或机构）提供经济补偿的一系列政策、制度与办法。[①] 基本医疗保险是指在生产力、社会经济能力、卫生资源和卫生服务供给等达到一定水平的条件下，在国家或地区的基本健康保障范围内，为参保人获得基础性的、必不可少的医疗服务而提供的保险，具有社会性、普遍性、复杂性、服务性和福利性等基本特征，以及强制性、互助性、保障性、费用分担和合理补助等基本原则。[②] 医疗保险制度的模式是医疗保险制度的组织形式，具体是指与医疗保险基金筹集、医疗保险待遇支付、医疗保险运营监管以及为参保人员的医疗服务提供保障等方面相关的一系列完整的规程、规则和办法的总称。

由于各国社会经济、历史文化等方面的差异，不同国家的医疗保险制度采取的组织形式也多种多样。基于我国特定的社会经济、历史文化等方面因素的制约和影响，我国医疗保险制度的组织形式在具有共性的同时，又具有个性。按照医疗保险筹资方式、待遇支付等指标，我国医疗保险制度分为基本医疗保险、补充医疗保险和社会医疗救助等三个层面。

我国基本医疗保险制度是社会保障制度的重要组成部分。医疗保险是社会保险体系"五险"[③] 中的重要险种。《中华人民共和国社会保险法》（2010 年 10 月 28 日通过，2018

[①] 孙树菡：《社会保险学》，中国人民大学出版社 2008 年版，第 132 页。
[②] 刘同芗、王志忠：《社会保险学》，科学出版社 2016 年版，第 101 页。
[③] 我国社会保险体系"五险"的划分经历了一个过程。《中华人民共和国社会保险法》（2010 年 10 月 28 日第十一届全国人民代表大会常务委员会第十七次会议通过，根据 2018 年 12 月 29 日第十三届全国人民代表大会常务委员会第七次会议《关于修改〈中华人民共和国社会保险法〉的决定》修正）第一章第二条规定：国家建立基本养老保险、基本医疗保险、工伤保险、失业保险、生育保险等社会保险制度，保障公民在年老、疾病、工伤、失业、生育等情况下依法从国家和社会获得物质帮助的权利。2019 年 3 月，《国务院办公厅关于全面推进生育保险和职工基本医疗保险合并实施的意见》要求 2019 年底前实现生育保险和职工基本医疗保险合并实施，即生育保险成为医疗保险的组成部分，不独立成为险种。2013 年 9 月，《国务院关于促进健康服务业发展的若干意见》提出"开发长期护理商业险"。2020 年 10 月，《中共中央关于制定国民经济和社会发展第十四个五年规划和二〇三五年远景目标的建议》提出"稳步建立长期护理保险制度"。经过试点，长期护理保险已成为稳定成熟的险种。目前，社会保险体系"五险"是指养老保险、医疗保险、失业保险、工伤保险和长期护理保险。

年 12 月 29 日修正，以下简称《社会保险法》）规定，我国基本医疗保险包括职工基本医疗保险、新型农村合作医疗和城镇居民基本医疗保险等三种类型。2009 年 3 月《中共中央 国务院关于深化医药卫生体制改革的意见》强调：建立覆盖城乡居民的基本医疗保障体系。城镇职工基本医疗保险、城镇居民基本医疗保险、新型农村合作医疗和社会医疗救助共同组成基本医疗保障体系，分别覆盖城镇就业人口、城镇非就业人口、农村人口和城乡困难人群。在我国基本医疗保险得到长足发展的同时，为了弥补医疗费用的不足，提高医疗人群的覆盖面，国家又采取多种形式大力发展补充医疗保险和社会医疗救助。

可以说，经过数年的建设，我国已经形成了以基本医疗保险为主体，以城乡居民大病保险、职工大额医疗费用补助、公务员医疗补助和企业补充医疗保险等多种形式为补充医疗保险，涵盖以城乡低保家庭成员、五保户及其他经济困难家庭人员为主要对象的社会医疗救助的多层次、多支柱的医疗保险体系（见图 4-1）。

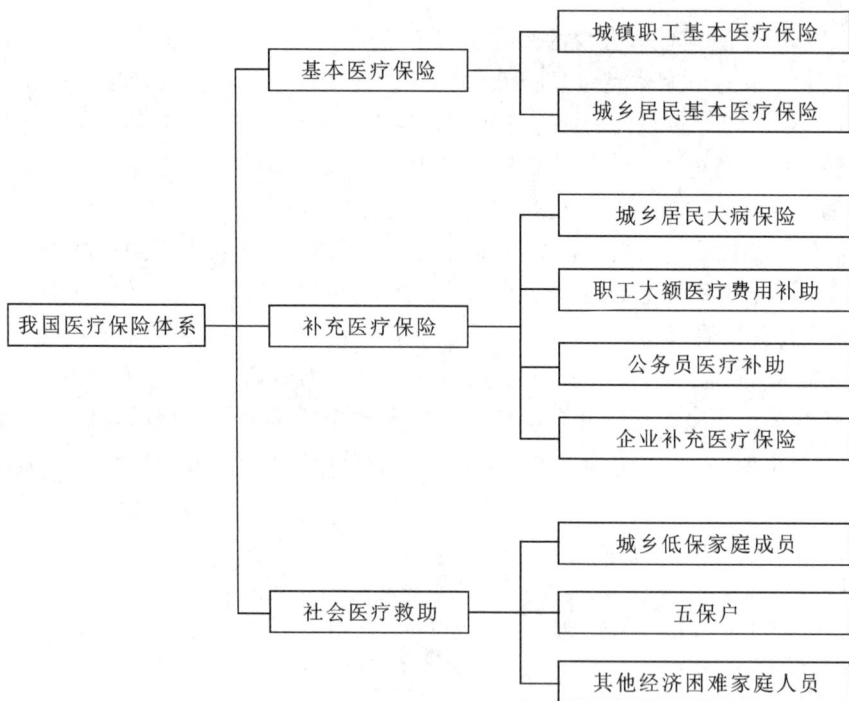

图 4-1　我国医疗保险体系

《2022 年全国医疗保障事业发展统计公报》显示，截至 2022 年底，全国基本医疗保险参保人数为 134592 万人，参保率稳定在 95％以上。全国基本医疗保险（含生育保险）基金总收入 30922.17 亿元；全国基本医疗保险（含生育保险）基金总支出 24597.24 亿元；全国基本医疗保险（含生育保险）基金当期结存 6324.93 亿元，累计结存 42639.89 亿元，其中，职工基本医疗保险个人账户累计结存 13712.65 亿元。

一、基本医疗保险制度

（一）城镇职工基本医疗保险制度

《社会保险法》规定，职工应当参加职工基本医疗保险，由用人单位和职工按照国家规定共同缴纳基本医疗保险费。无雇工的个体工商户、未在用人单位参加职工基本医疗保险的非全日制从业人员以及其他灵活就业人员可以参加职工基本医疗保险，由个人按照国家规定缴纳基本医疗保险费。1998 年 12 月，《国务院关于建立城镇职工基本医疗保险制度的决定》对城镇职工基本医疗保险的任务和原则做了具体规定。① 任务：建立城镇职工基本医疗保险制度，即适应社会主义市场经济体制，根据财政、企业和个人的承受能力，建立保障职工基本医疗需求的社会医疗保险制度。② 原则：基本医疗保险的水平要与社会主义初级阶段生产力发展水平相适应；城镇所有用人单位及其职工都要参加基本医疗保险，实行属地管理；基本医疗保险费由用人单位和职工双方共同负担；基本医疗保险基金实行社会统筹和个人账户相结合。从总体上来说，我国城镇职工基本医疗保险具有低水平、广覆盖、双方负担、统账结合等主要特征。这是与我国社会经济发展水平相适应的。

（二）城乡居民基本医疗保险制度

1. 新型农村合作医疗制度

新型农村合作医疗简称"新农合"，是指由政府组织、引导、支持，农村居民自愿参加，个人、集体和政府多方筹资，以大病统筹为主的农村居民医疗互助共济制度。《社会保险法》规定，国家建立和完善新型农村合作医疗制度。新型农村合作医疗的管理办法，由国务院规定。20 世纪 80 年代以来，随着农村家庭联产承包责任制的推广、集体经济结构的变化，农村合作医疗制度失去了可靠的物质基础，制度在大部分地区解体，导致农村居民失去基本的医疗服务保障。农村医疗卫生状况日益恶化，因病致贫、因病返贫现象严重。为解决广大农村居民医疗卫生问题，2003 年 1 月，《国务院办公厅转发卫生部等部门关于建立新型农村合作医疗制度意见的通知》规定了新型农村合作医疗的目标和原则。① 目标：减轻农民因疾病带来的经济负担，提高农民健康水平。② 原则：自愿参加，多方筹资；以收定支，保障适度；先行试点，逐步推广。新型农村合作医疗制度已从 2003 年起在全国部分县（市）试点，到 2010 年已经实现覆盖全国农村居民。

2. 城镇居民基本医疗保险制度

《社会保险法》规定，国家建立和完善城镇居民基本医疗保险制度。城镇居民基本医疗保险实行个人缴费和政府补贴相结合。享受最低生活保障的人、丧失劳动能力的残疾人、低收入家庭六十周岁以上的老年人和未成年人等所需个人缴费部分，由政府给予补贴。

城镇居民医疗保险缴费采取年度定额缴费的方式，由各地按照低水平起步、逐步提高、群众自愿的原则，根据本地经济发展水平、居民家庭和财政负担的能力合理确定缴费率。现阶段，全国各地基本上都采取参保居民缴纳一部分、财政补助一部分的做法。从许多地区实践和测算的平均数值看，筹资水平在城镇居民家庭人均可支配收入的 2% 左右。《2015 年国民经济和社会发展统计公报》显示，至 2015 年末，参加城镇居民基本医疗保险人数为 37675 万人。

3. 城乡居民基本医疗保险制度

2016 年 1 月，《国务院关于整合城乡居民基本医疗保险制度的意见》指出：整合城镇居民基本医疗保险和新型农村合作医疗两项制度，建立统一的城乡居民基本医疗保险制度。该意见要求，按照全覆盖、保基本、多层次、可持续的方针，统一覆盖范围、统一筹资政策、统一保障待遇、统一医保目录、统一定点管理、统一基金管理，整合城乡居民基本医疗保险的基本制度政策，逐步在全国范围内建立起统一的城乡居民基本医疗保险制度。

《2022 年全国医疗保障事业发展统计公报》显示，截至 2022 年底，城乡居民基本医疗保险相关数据如下。

（1）参保人数。城乡居民基本医疗保险人数为 98349 万人，其中成年人、中小学生儿童、大学生分别占居民参保总人数的 73.26%、24.77%、1.97%。

（2）基金收支。居民医保基金收入 10128.90 亿元，支出 9353.44 亿元（见图 4-2），居民医保基金当期结存 775.46 亿元，累计结存 7534.13 亿元。

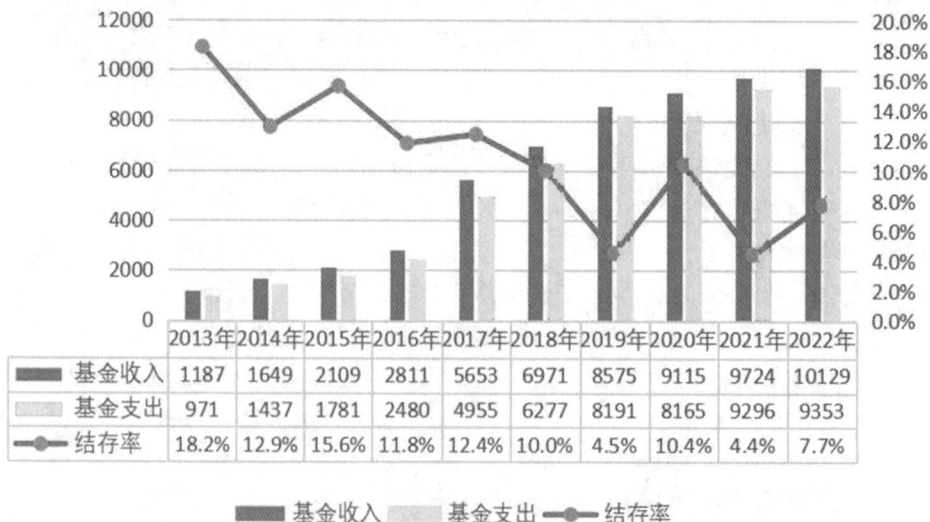

	2013年	2014年	2015年	2016年	2017年	2018年	2019年	2020年	2021年	2022年
基金收入	1187	1649	2109	2811	5653	6971	8575	9115	9724	10129
基金支出	971	1437	1781	2480	4955	6277	8191	8165	9296	9353
结存率	18.2%	12.9%	15.6%	11.8%	12.4%	10.0%	4.5%	10.4%	4.4%	7.7%

基金收入 　基金支出 　结存率

图 4-2　2013—2022 年居民医保基金收支情况（单位：亿元）

（来自《2022 年全国医疗保障事业发展统计公报》，基金收入、支出数据四舍五入为整数）

（3）待遇享受。参加居民医保人员享受待遇 21.57 亿人次（见图 4-3）。其中，普通门急诊 17 亿人次，门诊慢特病 2.97 亿人次，住院 1.6 亿人次。次均住院费用 8129 元，其中在三级、二级、一级及以下医疗机构（含未定级）的次均住院费用分别为 13898 元、6610 元、3139 元。居民医保参保人员住院率为 16.3%（见图 4-4），次均住院床日 9.2 天。

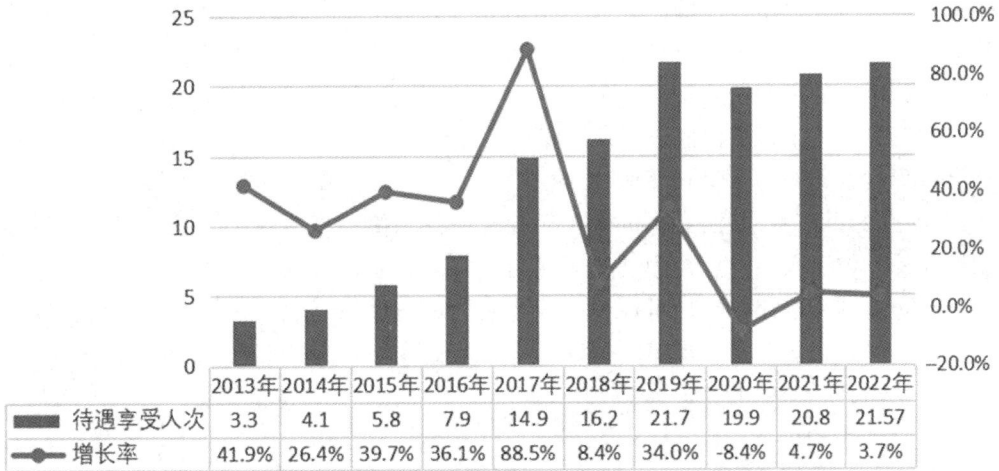

	2013年	2014年	2015年	2016年	2017年	2018年	2019年	2020年	2021年	2022年
待遇享受人次	3.3	4.1	5.8	7.9	14.9	16.2	21.7	19.9	20.8	21.57
增长率	41.9%	26.4%	39.7%	36.1%	88.5%	8.4%	34.0%	-8.4%	4.7%	3.7%

图 4-3　2013—2022 年居民医保享受待遇人次（单位：亿人次）

（来自《2022 年全国医疗保障事业发展统计公报》）

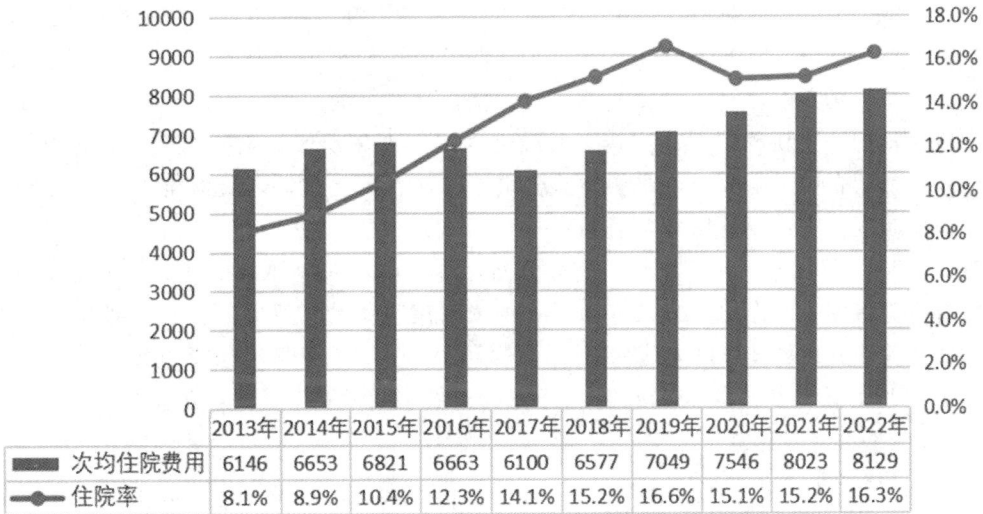

	2013年	2014年	2015年	2016年	2017年	2018年	2019年	2020年	2021年	2022年
次均住院费用	6146	6653	6821	6663	6100	6577	7049	7546	8023	8129
住院率	8.1%	8.9%	10.4%	12.3%	14.1%	15.2%	16.6%	15.1%	15.2%	16.3%

图 4-4　2013—2022 年居民医保次均住院费用（单位：元）

（来自《2022 年全国医疗保障事业发展统计公报》）

截至 2022 年底，居民医保医疗费用为 16265.94 亿元。居民医保住院费用目录内基金支付比例为 68.3%，三级、二级、一级及以下医疗机构住院费用目录内基金支付比例分别为 63.7%、71.9%、80.1%。

二、补充医疗保险制度

补充医疗保险是在我国基本医疗保险制度之外的存在和发展，是对基本医疗保险制度起补充作用的各种社会性医疗保险措施的总称，即为了满足更高层次的医疗消费需求，由用人单位或个人根据自己的经济收入水平和疾病的严重程度，自愿参加的并起到补充作用的各种医疗保险措施。补充医疗保险具有实施形式多样化、保障层次较高、自筹自办和一定程度上的福利性等特征。2009 年 3 月，《中共中央 国务院关于深化医药卫生体制改革的意见》指出，加快建设医疗保障体系。加快建立和完善以基本医疗保障为主体，其他多种形式补充医疗保险和商业健康保险为补充，覆盖城乡居民的多层次医疗保障体系。2020 年 2 月，《中共中央 国务院关于深化医疗保障制度改革的意见》指出，促进多层次医疗保障体系发展。完善和规范居民大病保险、职工大额医疗费用补助、公务员医疗补助及企业补充医疗保险。可以说，城乡居民大病保险、职工大额医疗费用补助、公务员医疗补助及企业补充医疗保险是我国基本医疗保险体系的重要补充和延伸。

（一）城乡居民大病保险

对于大病保险的研究源于家庭灾难性医疗支出理论，世界卫生组织将家庭灾难性医疗支出比例界定为：家庭中的医疗开销占家庭可支付能力的比重大于或等于 40%。由此，我国依据地方建立大病补贴机制的实践经验，针对因病致贫、因病返贫问题提出了大病保险体系构想，将其作为我国重大疾病保障体系的创新性制度安排。我国城乡居民大病保险作为基本医疗保障制度的拓展和延伸，是对大病患者发生的高额医疗费用给予进一步保障的一项新的制度性安排，是推进医改向纵深发展的重要举措。2020 年 2 月，习近平总书记在中央全面深化改革委员会第十二次会议上强调，要健全重大疾病医疗保险和救助制度，完善应急医疗救助机制。我国大病保险从 2012 年开始试点，2015 年全面推开，2017 年提升保障精准性，有效发挥了服务脱贫攻坚战略、减轻群众看病负担、保障群众健康的重要作用。2012 年 8 月，国家发展改革委、卫生部、财政部等部门联合发布的《关于开展城乡居民大病保险工作的指导意见》（以下简称《指导意见》）规定了城乡居民大病保险工作的基本原则、筹资机制①、保障内容、承办方式等关键性问题。

---

① 筹资机制主要包括以下内容。第一，筹资标准。各地结合当地经济社会发展水平、医疗保险筹资能力、患大病发生高额医疗费用的情况、基本医疗保险补偿水平，以及大病保险保障水平等因素，精细测算，科学合理确定大病保险的筹资标准。第二，资金来源。从城镇居民医保基金、"新农合"基金中划出一定比例或额度作为大病保险资金。城镇居民医保和"新农合"基金有结余的地区，利用结余筹集大病保险资金；结余不足或没有结余的地区，在城镇居民医保、"新农合"年度提高筹资时统筹解决资金来源，逐步完善城镇居民医保、"新农合"多渠道筹资机制。第三，统筹层次和范围。开展大病保险可以市（地）级统筹，也可以探索全省（区、市）统一政策，统一组织实施，提高抗风险能力。有条件的地方可以探索建立覆盖职工、城镇居民、农村居民的统一的大病保险制度。

2015 年 7 月，国务院办公厅《关于全面实施城乡居民大病保险的意见》（以下简称《意见》）规定了城乡居民大病保险的主要目标①、完善大病保险筹资机制②和提高大病保险保障水平③等。可以说，《指导意见》指导了试点的运行，《意见》则在总结试点经验和问题的基础上，构建了大病保险政策的基本制度框架，两个文件间的衔接、调整和完善反映了大病保险政策逐步走向制度化的过程。

《指导意见》指出，随着全民医保体系的初步建立，人民群众看病就医有了基本保障，但是城镇居民基本医疗保险、新型农村合作医疗的保障水平比较低，人民群众对大病医疗费用负担重反映强烈。为有效提高重特大疾病保障水平，开展城乡居民大病保险工作。《指导意见》强调：城乡居民大病保险是在基本医疗保障的基础上，对大病患者发生的高额医疗费用给予进一步保障的一项制度性安排，可进一步放大保障效用，是基本医疗保障制度的拓展和延伸，是对基本医疗保障的有益补充。《指导意见》对城乡居民大病保险的筹资机制（包括筹资标准、资金来源、统筹层次和范围）、保障内容（包括保障对象、保障范围、保障水平）等重要内容做了明确规定。相关内容可简化为表 4-1。

表 4-1　城乡居民大病保险的保障对象、保障范围与保障水平

项目	内容
保障对象	城乡居民基本医疗保险的参保人
保障范围	与城乡居民基本医疗保险相衔接，在大病保险参保人患大病发生高额医疗费用时，在通过城乡居民基本医疗保险报销后，对患者需负担的合规医疗费用予以补偿
保障水平	城乡居民大病保险补偿实际支付比例不低于 50%；按医疗费用高低分段制定支付比例，支付比例和医疗费用成正比

① 主要目标包括以下内容。2015 年底前，大病保险覆盖所有城镇居民基本医疗保险、新型农村合作医疗参保人群，大病患者看病就医负担有效减轻。到 2017 年，建立起比较完善的大病保险制度，与医疗救助等制度紧密衔接，共同发挥托底保障功能，有效防止发生家庭灾难性医疗支出，城乡居民医疗保障的公平性得到显著提升。

② 完善大病保险筹资机制包括以下内容。第一，科学测算筹资标准。各地结合当地经济社会发展水平、患大病发生的高额医疗费用情况、基本医保筹资能力和支付水平，以及大病保险保障水平等因素，科学细致做好资金测算，合理确定大病保险的筹资标准。第二，稳定资金来源。从城乡居民基本医保基金中划出一定比例或额度作为大病保险资金。城乡居民基本医保基金有结余的地区，利用结余筹集大病保险资金；结余不足或没有结余的地区，在年度筹集的基金中予以安排。完善城乡居民基本医保的多渠道筹资机制，保证制度的可持续发展。第三，提高统筹层次。大病保险原则上实行市（地）级统筹，鼓励省级统筹或全省（区、市）统一政策、统一组织实施，提高抗风险能力。

③ 提高大病保险保障水平包括以下内容。第一，全面覆盖城乡居民。大病保险的保障对象为城乡居民基本医保参保人，保障范围与城乡居民基本医保相衔接。参保人患大病发生高额医疗费用，由大病保险对经城乡居民基本医保按规定支付后个人负担的合规医疗费用给予保障。第二，逐步提高支付比例。2015 年大病保险支付比例应达到 50% 以上，随着大病保险筹资能力、管理水平不断提高，进一步提高支付比例，更有效地减轻个人医疗费用负担。按照医疗费用高低分段制定大病保险支付比例，医疗费用越高支付比例越高。鼓励地方探索向困难群体适当倾斜的具体办法，努力提高大病保险制度托底保障的精准性。

（二）职工大额医疗费用补助

职工大额医疗费用补助是各地在推进基本医疗保险制度改革过程中，探索出的一种面向城镇职工基本医疗保险参保人员的一种补充医疗保险，主要用于支付参保人员基本医疗保险统筹基金最高支付限额以上、大额救助最高支付限额之下的医疗费用。目前职工大额医疗费用补助已在全国推开，但各地的具体做法并不完全一样。其共同点为：由个人或者用人单位缴纳一定的保险费用，缴纳的保费统一由当地的医保中心负责管理，医药费用的支付由医保中心或者由医保中心与其所投保的商业保险公司联合负责。[1]

2001 年 9 月，《吉林省省直单位职工大额医疗费用补充保险和补助办法（试行）》规定了以下内容。① 概念：省直单位职工大额医疗费用补充保险是指参加基本医疗保险的职工医疗费支出超过基本医疗保险最高支付限额和公务员医疗补助限额之和以上 1 元至 6 万元的大、重、特病医疗补助。② 缴费：省直单位职工大额医疗保险费原则上由个人缴纳，个人缴纳有困难的可由单位帮助解决；缴费标准为每人每年 50 元，由单位在每年一月份代收代缴。③ 待遇支付：省直单位职工因患大病发生的医疗费在基本医疗保险最高支付限额和公务员医疗补助限额之和以上 1 元至 3 万元的，符合基本医疗保险有关规定的费用由省直职工大额医疗费用补充保险资金补助 75.0％，个人负担 25.0％；在 30001 元至 6 万元的，由省直职工大额医疗费用补充保险资金补助 85.0％，个人负担 15.0％。2002 年 5 月，《山西省城镇职工大额医疗费用补助暂行办法》对于缴费和待遇支付的规定如下。① 缴费：大额医疗费用补助资金由用人单位和职工共同负担，筹资标准由统筹地区人民政府根据当地的参保人数、发病情况等因素确定。② 待遇支付：大额医疗费用补助的范围为年度内基本医疗保险统筹基金最高支付限额以上至 10 万元以下部分的医疗费用。这部分医疗费用，个人负担 10％～15％，大额医疗费用补助资金支付 85％～90％。

各地都特别规定：参加基本医疗保险的单位和职工，必须参加大额医疗费用补充保险。这表明我国目前实行的大额医疗费用补助实质上具有强制性的特点。[2]

（三）公务员医疗补助

公务员医疗补助是在城镇职工基本医疗保险制度基础上对公务员的补充医疗保障。1998 年 12 月，国务院《关于建立城镇职工基本医疗保险制度的决定》规定：国家公务员在参加基本医疗保险的基础上，享受医疗补助政策。2000 年 4 月，劳动保障部、财政

---

[1] 孙树菡：《社会保险学》，中国人民大学出版社 2008 年版，第 151 页。

[2] 贾洪波、阳义南：《中国补充医疗保险发展：成效、问题与出路》，载于《中国软科学》2013 年第 1 期，第 81—92 页。

部《关于实行国家公务员医疗补助的意见》对国家公务员实行医疗补助的原则[①]、范围[②]、经费来源[③]、经费使用[④]、经办机构等做了明确规定。根据国务院《关于建立城镇职工基本医疗保险制度的决定》的原则性规定，各省（市、直辖市）制定了相应的实施办法。

（四）企业补充医疗保险

企业补充医疗保险是企业在参加城镇职工基本医疗保险的基础上，国家给予政策鼓励，由企业自主举办或参加的一种补充性医疗保险形式。我国医疗保险制度改革的目标，是构建多层次的医疗保险体系。因此，国家鼓励企业建立补充医疗保险制度，以保证企业职工医疗保险待遇水平不降低。

计划经济时期，我国企业主要以劳保医疗的方式承担员工的生命健康保障责任。到20世纪90年代，我国实行了企业制度的市场化改革，多种所有制经济共同发展，企业不同所有制形式并存，国有企业开始剥离原先承担的养老、医疗等社会责任，逐步成为独立的市场经营主体。与此相适应，我国建立了专业化管理的统一的城镇职工基本医疗保险制度。为了既减轻一些企业的负担，又尽可能不减少员工的个人福利，1995年1月开始施行的《中华人民共和国劳动法》第七十五条规定：国家鼓励用人单位根据本单位实际情况为劳动者建立补充保险。此后，国家又多次出台文件鼓励企业、员工、保险公司、工会等各方积极参与补充医疗保险建设。例如，1998年12月发布的《关于建立城镇职工基本医疗保险制度的决定》，2002年5月发布的《关于企业补充医疗保险有关问题的通知》，以及2009年6月发布的《关于补充养老保险费、补充医疗保险费有关企业所得税政策问题的通知》等。经过多年发展，我国已形成了以政府为主导的多元发展模式的企业补充医疗保险制度。

[①] 补助水平要与当地经济发展水平和财政负担能力相适应，保证国家公务员原有医疗待遇水平不降低，并随经济发展有所提高。

[②] 符合《国家公务员暂行条例》和《国家公务员制度实施方案》规定的国家行政机关工作人员和退休人员；经人事部或省、自治区、直辖市人民政府批准列入依照国家公务员制度管理的事业单位的工作人员和退休人员；经中共中央组织部或省、自治区、直辖市党委批准列入参照国家公务员制度管理的党群机关，人大、政协机关，各民主党派和工商联机关以及列入参照国家公务员管理的其他单位机关工作人员和退休人员；审判机关、检察机关的工作人员和退休人员。

[③] 按现行财政管理体制，医疗补助经费由同级财政列入当年财政预算，具体筹资标准应根据原公费医疗的实际支出、基本医疗保险的筹资水平和财政承受能力等情况合理确定。医疗补助经费要专款专用、单独建账、单独管理，与基本医疗保险基金分开核算。

[④] 医疗补助经费主要用于基本医疗保险统筹基金最高支付限额以上，符合基本医疗保险用药、诊疗范围和医疗服务设施标准的医疗费用补助；在基本医疗保险支付范围内，个人自付超过一定数额的医疗费用补助；中央和省级人民政府规定享受医疗照顾的人员，在就诊、住院时按规定补助的医疗费用。补助经费的具体使用办法和补助标准，由各地按照收支平衡的原则做出规定。

企业补充医疗保险将一部分医疗保障责任交由企业来承担，能够缓解由于覆盖人群扩大和医疗服务价格上升而导致的国家财政负担加重的情况。同时，企业补充医疗保险的建立，可以作为吸引人才、留住人才的手段之一，调动职工的工作积极性，增强企业的凝聚力、吸引力和竞争力。企业补充医疗保险具有灵活性、多样性的特点，可以根据广大职工的实际情况提供不同的保障，以此来满足不同人员的需求，有效弥补基本医疗保险制度的不足。

2002年5月发布的《关于企业补充医疗保险有关问题的通知》对建立企业补充医疗保险制度做出了明确规定。主要包括：① 按规定参加各项社会保险并按时足额缴纳社会保险费的企业，可自主决定是否建立补充医疗保险；② 企业补充医疗保险费在工资总额4%以内的部分，企业可直接从成本中列支，不再经同级财政部门审批；③ 企业补充医疗保险办法与当地基本医疗保险制度相衔接。企业补充医疗保险资金由企业或行业集中使用和管理，单独建账，单独管理，用于本企业个人负担较重职工和退休人员的医药费补助，不得划入基本医疗保险个人账户，也不得另行建立个人账户或变相用于职工其他方面的开支。

在国家宏观政策的指导下，许多地区和城市在建立城镇职工基本医疗保险的同时，纷纷积极筹建多种形式的补充医疗保险，基本形成了三种主要的实施方式：企业自办的企业补充医疗保险，社会医疗保险机构主办、商业保险公司经办的补充医疗保险，企业主办、社会医疗保险机构经办的补充医疗保险。企业补充医疗保险目前已成为基本医疗保险的重要补充。

三、社会医疗救助制度

社会医疗救助制度是我国医疗保险制度中的重要组成部分，是对基本医疗保险体系的重要补充。

2001年11月，《国务院办公厅关于进一步加强城市居民最低生活保障工作的通知》提出，要认真落实最低生活保障对象在包括医疗等方面的社会救助政策。2002年10月，《中共中央 国务院关于进一步加强农村卫生工作的决定》提出，对农村贫困家庭实行医疗救助。医疗救助对象主要是农村五保户和贫困农民家庭。医疗救助形式可以是对救助对象患大病给予一定的医疗费用补助，也可以是资助其参加当地合作医疗。

2009年6月发布的《关于进一步完善城乡医疗救助制度的意见》，从"健全制度，满足困难群众的基本医疗服务需求""简化程序，充分发挥医疗救助的便民救急作用""加强配合，做好医疗救助与相关基本医疗保障制度的衔接""加大资金投入力度，强化基金的管理""加强协议监管，控制医疗费用不合理支出""加强组织领导，密切配合，确保医疗救助工作顺利开展"等方面，对我国城乡医疗救助制度做出了规定。该意见对城乡医疗的救助范围做了明确规定，包括：城乡低保家庭成员、五保户以及其他经济困难家庭人员（主要包括低收入家庭重病患者以及当地政府规定的其他特殊困难人员）。具体救助对象界定标准由地方民政部门会同财政等有关部门，根据本地经济条件和医疗救助基金筹集情况、困难群众的支付能力以及基本医疗需求等因素制定，并报同级人民政府批准。

<hr>

第二节
我国医疗保险制度的发展历程

　　我国医疗保险制度从新中国成立初期的传统劳保医疗和公费医疗政策，到城镇职工基本医疗保险，再到新型农村合作医疗、城镇居民基本医疗保险和城乡居民基本医疗保险，经过了漫长的探索，到目前基本上形成了以基本医疗保险为主体，以城乡居民大病保险、职工大额医疗费用补助、公务员医疗补助和企业补充医疗保险等多种形式为补充医疗保险，涵盖以城乡低保家庭成员、五保户及其他经济困难家庭人员为主要对象的社会医疗救助的多层次、多支柱的医疗保险体系。这个过程可以分为传统劳保医疗和公费医疗时期（1949—1992 年）、城镇职工基本医疗保险探索时期（1993—1997 年）、城镇职工基本医疗保险制度建立健全时期（1998—2002 年）、全民基本医疗保险制度建立健全时期（2003—2016 年）、中国特色医疗保险制度完善时期（2017 年至今）。

一、传统劳保医疗和公费医疗时期（1949—1992 年）

　　新中国成立后，我国迅速在城镇职工范围内建立了医疗保障制度，该制度由劳保医疗和公费医疗两部分组成，是以城镇有工资收入的职工为主要对象。这是与当时高度集中的计划经济相适应的，可以说是我国当时计划经济的产物。1951 年 2 月的《中华人民共和国劳动保险条例》、1952 年 6 月的《关于全国各级人民政府、党派、团体及所属事业单位的国家工作人员实行公费医疗预防的指示》和 1952 年 8 月的《国家工作人员公费医疗预防实施办法》确立了传统劳保医疗和公费医疗的制度框架。

（一）劳保医疗制度

　　劳保医疗制度是我国对实行劳动保险的企业职工及其家属规定的伤病免费医疗及预防疾病医疗的保险制度。1951 年的《中华人民共和国劳动保险条例》涉及劳动保险的实施范围、劳动保险金的征集与保管、劳动保险待遇的规定等方面。具体规定如下：

1. 劳动保险的实施范围

劳动保险的实施范围包括以下内容。

（1）有工人职员一百人以上的国营、公私合营、私营及合作社经营的工厂、矿场及其附属单位。

（2）铁路、航运、邮电的各企业单位与附属单位。

（3）工、矿、交通事业的基本建设单位。

（4）国营建筑公司。

其他情形另行规定。

2. 劳动保险金的征集与保管

劳动保险金的征集与保管包括以下内容。

（1）劳动保险金的征集：企业行政方面或资方，须按照上月份工资总额计算，于每月一日至十日期限内，一次向中华全国总工会指定代收劳动保险金的国家银行缴纳每月应缴的劳动保险金。

（2）劳动保险金的保管：在开始实行劳动保险的头两个月内，由企业行政方面或资方按月缴纳的劳动保险金，全数存于中华全国总工会户内，作为劳动保险总基金，为举办集体劳动保险事业之用。自开始实行的第三个月起，每月缴纳的劳动保险金，其中百分之三十存于中华全国总工会户内，作为劳动保险总基金；百分之七十存于各该企业工会基层委员会户内，作为劳动保险基金，为支付工人与职员按照本条例应得的抚恤费、补助费与救济费之用。

3. 劳动保险待遇的规定

劳动保险待遇的规定包括以下内容。

（1）工人与职员因公负伤，应在该企业医疗所、医院或特约医院医治。如该企业医疗所、医院或特约医院无法治疗时，应由该企业行政方面或资方转送其他医院医治。其全部诊疗费、药费、住院费、住院时的膳费与就医路费，均由企业行政方面或资方负担。在医疗期间，工资照发。

（2）工人与职员因工负伤确定为残废时，按下列情况，由劳动保险基金项下按月付给因工残废抚恤费或因工残废补助费：① 完全丧失劳动力不能工作退职后，饮食起居需人扶助者，其因工残废抚恤费的数额为本人工资百分之七十五，付至死亡时止；② 完全丧失劳动力不能工作退职后，饮食起居不需人扶助者，其因工残废抚恤费的数额为本人工资百分之六十，付至恢复劳动力或死亡时止。劳动力恢复后应由企业行政方面或资方给予适当工作；③ 部分丧失劳动力尚能工作者，应由企业行政方面或资方分配适当工作，并由劳动保险基金项下，按其残废后丧失劳动力的程度，付给因工残废补助费，其数额为残废前本人工资的百分之十至三十，但与残废后复工时的工资合计不得超过残废前本人工资。

（二）公费医疗制度

公费医疗制度是对国家机关、事业单位工作人员实行的免费治疗和预防疾病的一种福利制度。[1] 1952 年 6 月的《关于全国各级人民政府、党派、团体及所属事业单位的国家工作人员实行公费医疗预防的指示》（以下简称《指示》）标志着我国公费医疗制度自此建立。1952 年 8 月的《国家工作人员公费医疗预防实施办法》（以下简称《实施办法》）规定了公费医疗制度的具体实施办法。《指示》《实施办法》规定了享受公费医疗预防的范围：① 全国各级人民政府、党派、团体在编制的人员；② 全国各级文化、教育、卫生、经济建设事业单位工作人员；③ 经中央人民政府政务院核定之各工作队人员；④ 受长期抚恤的在乡革命残废军人和住荣军院、校的革命残废军人。1953 年 1 月，其范围又扩展到乡干部和大专院校的在校学生。《指示》《实施办法》还对管理机构、财政预算、费用管理等方面做了具体规定：公费医疗经费全部由国家预算拨款，从各单位的"公费医疗经费"项目中开支，由各级政府卫生行政部门设立公费医疗管理机构统筹管理，实行专款专用，由享受单位自管；享受公费医疗人员在指定的医疗机构就诊、住院（经批准转院），符合规定的公费医疗费用，可以实报实销。

虽然公费医疗制度与劳保医疗制度大致相同，但在资金来源、管理部门、涵盖范围、单位支付和个人支付等方面又有所区别（见表 4-2）。

表 4-2　公费医疗制度与劳保医疗制度的区别

制度类型	资金来源	管理部门	覆盖范围	单位支付	个人支付
公费医疗	财政预算拨款	政府卫生部门	国家机关（含党派团体）和事业单位的工作人员及退休人员、高校学生、复员回乡的二等以上伤残军人	治疗、医药、检查、手术；因工负伤住院膳费和就医路费；特殊贡献者住院膳费、假肢等	挂号费、出诊费、住院费
劳保医疗	企业职工福利金	企业行政管理部门	企业职工及其直系亲属离退休人员	治疗、医药、检查、手术；因工负伤住院膳费和就医路费；特殊贡献者住院膳费、假肢等	挂号费、出诊费、住院膳费、家属半费医疗、家属住院费

（资料来源：温兴生：《中国医疗保险学》，经济科学出版社 2019 年版，第 61 页）

可以说，建立于 20 世纪 50 年代初的我国传统劳保医疗和公费医疗制度，对于保障职工身体健康、促进经济和社会发展、维护社会安定发挥了重要作用。截至 1952 年

[1] 郑功成等：《中国社会保障制度变迁与评估》，中国人民大学出版社 2002 年版，第 122 页。

11月底，全国实行劳动保险的企业有 2860 家，覆盖职工 320 万人。到 1956 年，签订个人劳动保险合同的职工达 1600 多万人，加上签订集体劳动保险合同的职工，共计 2300 多万人，占当年全国职工总数的 94% 以上。全国享受公费医疗的职工人数由 1952 年的约 400 万人，扩展到 1957 年的约 740 万人。[①] 到 20 世纪 70 年代末，我国享受公费医疗、劳保医疗的人数分别为 0.23 亿人、1.14 亿人，覆盖了全国 75% 以上的城镇职工、家属和离退休人员。[②] 但是，这一制度也存在不适应社会经济发展需要之处，主要表现为：覆盖范围窄，缺乏互助共济；医疗费用膨胀，国家和企业不堪重负；企业医疗保障水平差异性较大；制度不健全，管理不规范，等等。[③] 制度的不完善首先导致严重浪费。全国公费医疗费用年年增长，年年超支。1960 年、1964 年国家规定的公费医疗费用平均每年每人分别为 18 元、26 元，实际上分别用了 24.6 元、34.4 元。[④] 由于刚性需求，全国公费医疗和劳保医疗支出的增长速度远远超过了当时的国内生产总值的增长速度。1997 年，全国职工医疗保险费用为 773.7 亿元，比 1978 年增长了 28 倍，年均增长 19%，而同期财政收入只增长了 6.6 倍。[⑤] 形成于计划经济体制下的劳保医疗和公费医疗制度，在公平性问题上存在着自身无法解决的悖论：卫生资源畸形分布，一些行业、企业特别是大中城市卫生资源相对过剩，而广大乡村及落后地区卫生条件较差，难以满足需求；医疗资源在不同社会群体之间分配不公，不但覆盖范围内、外不同群体之间的医疗资源分配不公，而且在覆盖范围内亦由于是两种保障制度，且保障方式具有明显的单位制特征，不同群体之间的保障水平也存在相当差异；少部分人的过度消费、无效消费及严重浪费，与大多数人的基本医疗需求难以满足同时并存，"免费医疗"所造成的医疗费用挤占卫生事业费也不利于医疗保障事业的持续健康发展。[⑥] 这些问题是我国医疗保险制度探索建立"社会统筹＋个人账户"形式并覆盖全体国民的制度性内生动因。

20 世纪 80 年代以来，各级劳动部门和许多单位对劳动医疗制度进行了多种形式的改革探索，取得了一定成效。但仍存在不少难点和问题，尤其是对医患双方缺乏有效的制约机制，医疗费用增长过快的问题没有得到解决，改革进展缓慢。1993 年 10 月，《关于职工医疗保险制度改革试点意见的通知》提出我国职工医疗保险制度改革的目标，标志着我国传统劳保医疗和公费医疗改革进入一个新的阶段。

① 郑功成等：《中国社会保障制度变迁与评估》，中国人民大学出版社 2002 年版，第 123 页。

② 胡晓义：《走向和谐：中国社会保障发展 60 年》，中国劳动社会保障出版社 2009 年版，第 189 页。

③ 温兴生：《中国医疗保险学》，经济科学出版社 2019 年版，第 61—62 页。

④ 郑功成等：《中国社会保障制度变迁与评估》，中国人民大学出版社 2002 年版，第 128—129 页。

⑤ 胡晓义：《走向和谐：中国社会保障发展 60 年》，中国劳动社会保障出版社 2009 年版，第 188 页。

⑥ 郑功成等：《中国社会保障制度变迁与评估》，中国人民大学出版社 2002 年版，第 121 页。

二、城镇职工基本医疗保险探索时期（1993—1997 年）

为适应社会主义市场经济体制和国民经济与社会发展的需要，加快职工医疗保险制度改革的步伐，从 20 世纪 90 年代起，国家先后制定了一系列政策和措施，对城镇职工基本医疗保险制度进行改革。1993 年 10 月，《关于职工医疗保险制度改革试点意见的通知》（以下简称《通知》）提出我国职工医疗保险制度改革的目标：通过改革要逐步建立起与社会主义市场经济体制相适应的，医疗保险费用由国家、用人单位和职工三方合理负担的，社会化程度较高的，覆盖城镇全体职工的医疗保险制度。

《通知》规定：医疗保险基金由个人医疗保险专户金、单位医疗保险调剂金、大病医疗保险统筹金三部分组成。医疗保险基金根据以支定收、留有储备的原则筹集，由劳动部门管理。具体包括以下内容。大病医疗保险统筹金按照单位职工工资总额的 3%～5% 计提，直接由市县劳动部门统一管理，集中调剂使用。主要用于参加医疗保险单位职工患大病时按规定开支的医疗费用。具体开支范围、拨付起点及拨付档次由各省、自治区、直辖市劳动部门，根据医学上划分大病的原则，结合医疗费用开支情况具体确定。② 单位医疗保险调剂金按照单位职工工资总额的 2%～3% 计提，由市县劳动部门委托用人单位管理。主要用于离退休人员的医疗费、职工供养直系亲属的医疗费补助、在职职工的医疗补助等方面的开支。③ 职工个人医疗保险专户金，由单位按照职工本人工资的 5%～7% 计入职工个人医疗保险专户，为职工个人所有。主要用于职工患病时按规定应由个人开支的医疗费用。④ 职工在增加工资的基础上实行缴纳医疗保险费的制度，个人缴纳的医疗保险费进入职工个人医疗保险专户金。

《通知》规定了我国职工医疗保险制度改革的目标和基本原则后，全国不少地方结合各自实际情况，相继颁布了地方性的暂行规定。1992 年 5 月，《深圳市社会保险暂行规定》颁布。该暂行规定分为总则、社会保险资金的筹集和管理、职工医疗保险待遇、职工养老保险待遇、职工住房基本保障、其他劳动者和居民的社会保险、社会保险管理机构以及附则共八章五十六条。该暂行规定明确了以下几点。① 医疗保险金由社会保险机构统一筹集、统一管理；② 医疗保险金为职工本人月工资总额的 8%，全额作为医疗保险基金；③ 其医疗费用（国家规定必须自费的除外）实行"定额内节余有奖，超定额少量自付，自付总额适当控制"的支付办法。所列定额内的医疗费用用医疗保险基金支付。超过定额的费用，由职工本人自付 10%，医疗保险基金支付 90%。离休职工的医疗费用由医疗保险基金支付。可以说，《深圳市社会保险暂行规定》对我国传统劳保医疗和公费医疗从制度框架进行较为彻底的改革，并建立了社会共济与自我保障有机结合的社会保障制度，基本上奠定了现代社会保险的制度框架。

1993 年 11 月，中共十四届三中全会通过的《中共中央关于建立社会主义市场经济体制若干问题的决定》要求：城镇职工养老和医疗保险金由单位和个人共同负担，实行社会统筹和个人账户相结合。中共十四届三中全会以后，国务院经过认真研究，决定在江苏省镇江市、江西省九江市开展以社会统筹与个人账户相结合为主要模式的社会医疗保险制度的改革试点（简称"两江试点"），以此作为全国医疗保险制度的改革探索。"两江试点"起付线为城镇职工本人年工资收入的 5％，医疗支出越高，个人自付比例越低，且不设最高限额。

1994 年 4 月发布的《关于职工医疗制度改革的试点意见》（以下简称《试点意见》）指出："职工供养的直系亲属……凡符合规定的医疗费用的 40％，都由社会统筹医疗基金支付。"1994 年 11 月，国务院在《关于江苏省镇江市、江西省九江市职工医疗保障制度改革试点方案的批复》中指出："关于职工供养的直系亲属的医疗保障问题……暂不纳入职工医疗保障制度改革试点范围。各企、事业单位可按现行办法执行。"职工供养的直系亲属不再纳入职工医疗保险的保障范围，运行了多年的职工家属享受半费医疗的政策就此终结。1996 年 4 月，国务院办公厅召开全国职工医疗保障制度改革扩大试点工作会议，会上批准了《关于职工医疗保障制度改革扩大试点的意见》（以下简称《扩大试点意见》）。同时，我国开始扩大城镇职工基本医疗保险改革试点范围，有 40 多个城市被批准作为城镇职工基本医疗保险改革方案的试点城市。《扩大试点意见》允许各试点城市确定最高限额，为降低高额医疗支出，政府在早期鼓励发展职工医疗互助保险和商业性医疗保险等作为补充。《试点意见》《扩大试点意见》均要求，低收入家庭和生活困难的职工因医疗费用开支过多而影响基本生活时，由职工所在单位从福利费中适当给予补助。

三、城镇职工基本医疗保险制度建立健全时期（1998—2002 年）

加快医疗保险制度改革，保障职工基本医疗，是建立社会主义市场经济体制的客观要求和重要保障。在认真总结近年来各地医疗保险制度改革试点经验的基础上，1998 年12 月，国务院发布《关于建立城镇职工基本医疗保险制度的决定》（以下简称《决定》）。《决定》确定了城镇职工基本医疗保险制度改革的主要任务：建立城镇职工基本医疗保险制度，即适应社会主义市场经济体制，根据财政、企业和个人的承受能力，建立保障职工医疗需求的社会医疗保险制度。规定了城镇职工基本医疗保险制度改革的原则：基本医疗保险的水平要与社会主义初级阶段生产力发展水平相适应；城镇所有用人单位及其职工都要参加基本医疗保险，实行属地管理；基本医疗保险费由用人单位和职工双方共同负担；基本医疗保险基金实行社会统筹和个人账户相结合。可以说，城镇职工基本医疗保险制度是我国基本医疗保险制度中建立较早、发展较为成熟的一种保险制度。

《决定》同时对城镇职工基本医疗保险制度框架的关键性问题也做出明确规定。主要包括以下内容。① 覆盖范围：城镇所有用人单位，包括企业（国有企业、集体企业、外商投资企业、私营企业等）、机关、事业单位、社会团体、民办非企业单位及其职工，都要参加基本医疗保险。② 缴费办法：基本医疗保险费由用人单位和职工共同缴纳。用人单位缴费率应控制在职工工资总额的 6％左右，职工缴费率一般为本人工资收入的 2％。随着经济发展，用人单位和职工缴费率可作相应调整。③ 建立基本医疗保险统筹基金和个人账户：职工个人缴纳的基本医疗保险费，全部计入个人账户。用人单位缴纳的基本医疗保险费分为两部分，一部分用于建立统筹基金，一部分划入个人账户。划入个人账户的比例一般为用人单位缴费的 30% 左右，具体比例由统筹地区根据个人账户的支付范围和职工年龄等因素确定。④ 基本医疗保险费支付规定：统筹基金和个人账户要划定各自的支付范围，分别核算，不得互相挤占。要确定统筹基金的起付标准和最高支付限额，起付标准原则上控制在当地职工年平均工资的 10% 左右，最高支付限额原则上控制在当地职工年平均工资的 4 倍左右。起付标准以下的医疗费用，从个人账户中支付或由个人自付。起付标准以上、最高支付限额以下的医疗费用，主要从统筹基金中支付，个人也要负担一定比例。超过最高支付限额的医疗费用，可以通过商业医疗保险等途径解决。统筹基金的具体起付标准、最高支付限额以及在起付标准以上和最高支付限额以下医疗费用的个人负担比例，由统筹地区根据以收定支、收支平衡的原则确定。

我国医疗保障体系的基础是覆盖城镇所有企业、机关、事业单位、社会团体、民办非企业单位及其职工的城镇职工基本医疗保险制度。城镇职工基本医疗保险的主要保障对象是劳动者，包括城镇职工、社会性参保人员、农民工等。城镇职工基本医疗保险具有自身独特的特点，主要表现在以下几个方面：一是强制性，它是政府主办的，保险金的费用由国家、单位和个人三方共同承担；二是差别性，其支付比例和其他保险形式存在较大的差别；三是保障性、福利性和普遍性等。

我国各地的城镇职工基本医疗保险制度在运行过程中各具特色。例如，北京市城镇职工基本医疗保险基金遵循用人单位和职工个人双方负担、共同缴纳、全市统筹的筹资原则，归属北京市人力资源和社会保障部门管理，城镇职工基本医疗保险的参保人均有个人账户，实行统筹基金和个人账户相结合的方式。而浙江省苍南县的城镇职工基本医疗保险基金监管形成了自上而下的政策体系，以国家相关政策为指导，以省市政策为参照标准，然后结合地方实际制定了详细的实施办法。苍南县城镇职工医保基金监管在相关政策体系下形成了系统的监管框架，包括行政监管、内部监管、司法监督、审计监督、财政监督、社会监督。福建省泉州市城镇职工基本医疗保险基金的管理工作由泉州市财政局的下属事业单位泉州市医疗保障管理局负责，并对医疗保险体制的"药品、价格、医保"三元素进行深度整合。我国城镇职工基本医疗保险制度各参与主体关系图如图 4-5 所示。

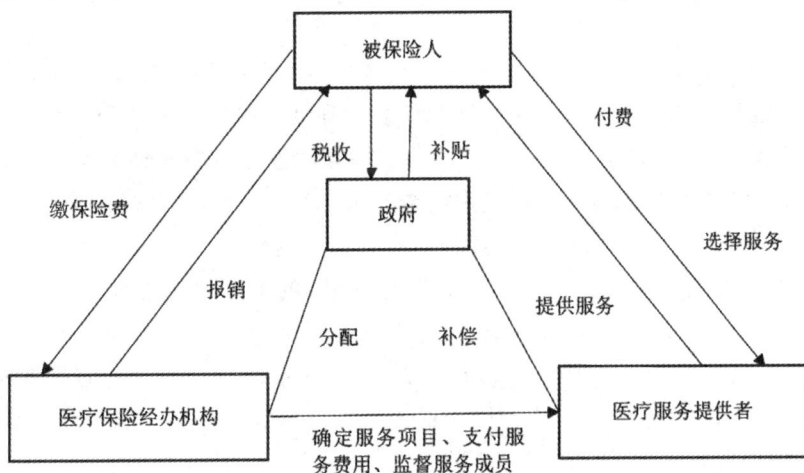

图 4-5 我国城镇职工基本医疗保险制度各参与主体关系图

医疗保险学

随着我国城镇职工基本医疗保险制度的正式确立，我国医疗保险事业也开始进入全面发展阶段。经过不断发展，城镇职工基本医疗保险覆盖人群不断扩大，保障水平不断提高。截至 2022 年底，职工医保参保人数达到 36243 万人。城镇职工基本医疗保险在保障城镇职工享受基本医疗卫生服务、提高人民群众健康水平方面发挥了重要作用，过去被普遍关注的因病致贫、因病返贫的情况得到一定缓解，其发展对于推进健康中国建设具有重要意义。

四、全民基本医疗保险制度建立健全时期（2003—2016 年）

这一时期的主要标志性事件有：① 2003 年 1 月，国务院办公厅转发卫生部等部门《关于建立新型农村合作医疗制度的意见》，标志着我国新型农村合作医疗制度的建立；② 2007 年 7 月，国务院发布《关于开展城镇居民基本医疗保险试点的指导意见》，标志着我国城镇居民基本医疗保险制度的建立；③ 2016 年 1 月，国务院发布《关于整合城乡居民基本医疗保险制度的意见》，标志着我国城乡居民基本医疗保险制度的建立。这一时期，我国在前一时期创立的城镇企业职工、事业单位人员基本医疗保险的基础上，对农村居民、城镇居民的基本医疗保险都进行了不同程度的改革和探索，积累了一定的经验。这一时期，我国社会养老保险制度建设的主要任务是实现对全体国民的全覆盖，因此，在国家财力许可的背景下，颁布了针对农村居民、城镇居民群体的社会养老保险制度，实现了对所有人群的全覆盖。在此基础上，适时对农村居民、城镇居民的社会养老保险制度进行合并，建立城乡居民社会养老保险制度。经过长时期的理论探索和实践检验，创立了与中国国情相适应的、具有中国特色的基本医疗保险模式，即"社会统筹＋个人账户"模式。这是对世界基本医疗保险模式的重大贡献，具有重要的理论意义。

（一）新型农村合作医疗制度

我国农村居民医疗保险制度的发展历程大致可分为以下几个阶段：农村医疗保险的探索阶段（1938—1955 年）、农村医疗保险的初创阶段（1955—1966 年）、农村医疗保险的发展阶段（1966—1978 年）、农村医疗保险的衰退阶段（1978—1990 年）、农村医疗保险的重建阶段（1990—2003 年）、新型农村合作医疗的实施阶段（2003—2016 年）。

20 世纪 80 年代，随着农村集体经济的解体，原来的农村合作医疗（简称"旧农合"）失去了筹资来源，加上国家财政转移支付能力的不足，各地的农村合作医疗制度名存实亡，由此导致众多农民失去医疗保障。1998 年，农村合作医疗覆盖面下滑至 6.5%，全国农村居民中没有任何医疗保障的人口占 87.4%，37.7% 的患者未予主诊、63.7% 的应住院未住院治疗，主要原因是经济困难。为了解决亿万农民"看病难、看病贵"问题，国家着力探索建立适合中国国情的农村居民医疗保险模式。

078

2003 年 1 月，国务院办公厅转发卫生部等部门《关于建立新型农村合作医疗制度的意见》，标志着我国新型农村合作医疗制度的建立。该意见规定了新型农村合作医疗制度的三个原则：自愿参加，多方筹资；以收定支，保障适度；先行试点，逐步推广。其筹资标准是与传统农村合作医疗的主要区别。新型农村合作医疗制度实行个人缴费、集体扶持和政府资助相结合的筹资机制。① 农民个人每年的缴费标准不应低于 10 元，经济条件好的地区可相应提高缴费标准。② 有条件的乡村集体经济组织应对本地新型农村合作医疗制度给予适当扶持。③ 地方财政每年对参加新型农村合作医疗农民的资助不低于人均 10 元，具体补助标准和分级负担比例由省级人民政府确定。经济较发达的东部地区，地方各级财政可适当增加投入。

建立新型农村合作医疗制度是新时期农村卫生工作的重要内容，对提高农民健康水平、促进农村经济发展、维护社会稳定具有重要意义。在政府指导和各地积极配合下，目前"新农合"已实现制度全覆盖目标，填补了我国农村居民在医疗保障史上的空白，充分维护了众多农民的切身利益。至 2004 年 6 月底，30 个省（自治区、直辖市）的 310 个县（市）已经建立了新型农村合作医疗制度，覆盖农村人口 9504 万人，实际参保 6899 万人，参保率达 72.6%。2007 年 3 月，卫生部、财政部联合发布了《关于做好 2007 年新型农村合作医疗工作的通知》，要求自 2007 年起，新型农村合作医疗制度进入全面推进阶段，要使"新农合"覆盖到 80% 以上的县（市、区）。2008 年 3 月，卫生部、财政部要求在年底前实现农村地区新型农村合作医疗制度全覆盖。与此同时，政府逐渐加大对"新农合"的补贴力度。2008 年，"新农合"财政补助标准由最初的 20 元逐步提高到 80 元。随着"新农合"制度的建立和覆盖范围的不断扩大，到 2008 年 9 月底，全国参保人数达 8.14 亿人，覆盖率为 91.5%。

（二）城镇居民基本医疗保险制度

党中央、国务院高度重视解决广大人民群众的医疗保障问题，不断完善医疗保障制度。1998 年，我国开始建立城镇职工基本医疗保险制度，之后又启动了新型农村合作医疗制度试点，建立了城乡医疗救助制度。为了将城镇非从业居民（主要包括儿童、学生、其他非从业城镇居民和灵活就业人员）纳入医疗保障制度范畴，实现基本建立覆盖城乡全体居民的医疗保障体系的目标，2007 年 7 月，国务院发布《关于开展城镇居民基本医疗保险试点的指导意见》（以下简称《指导意见》），标志着我国城镇居民基本医疗保险制度的建立。2008 年 10 月，国务院办公厅发布《关于将大学生纳入城镇居民基本医疗保险试点范围的指导意见》，提出各地区按照自愿原则，将大学生纳入城镇居民基本医疗。至此，我国基本医疗保险已经覆盖到城镇职工、城镇居民、农村居民、学生等群体，标志着中国已经初步建立起了覆盖城乡全体居民的基本医疗保险体系。

《指导意见》规定了城镇居民基本医疗保险制度的参保范围：不属于城镇职工基本医疗保险制度覆盖范围的中小学阶段的学生（包括职业高中、中专、技校学生）、少年儿童和其他非从业城镇居民都可自愿参加城镇居民基本医疗保险。同时，《指导意见》对城镇居民基本医疗保险的筹资水平、缴费和补助、费用支付等做出了明确规定。① 筹资水平：试点城市应根据当地的经济发展水平以及成年人和未成年人等不同人群的基本医疗消费需求，并考虑当地居民家庭和财政的负担能力，恰当确定筹资水平；探索建立筹资水平、缴费年限和待遇水平相挂钩的机制。② 缴费和补助：城镇居民基本医疗保险以家庭缴费为主，政府给予适当补助。参保居民按规定缴纳基本医疗保险费，享受相应的医疗保险待遇，有条件的用人单位可以对职工家属参保缴费给予补助。国家对个人缴费和单位补助资金制定税收鼓励政策。③ 费用支付：城镇居民基本医疗保险基金重点用于参保居民的住院和门诊大病医疗支出，有条件的地区可以逐步试行门诊医疗费用统筹。

截至 2009 年底，全国参加城镇居民基本医疗保险的人数为 40061 万人，完成国务院确定的 3.9 亿人的目标。2010 年以后，城镇居民基本医疗保险在全国范围内全面推开，并逐步覆盖全体城镇非从业居民。至此，我国基本实现了医疗保障体系覆盖全民的目标，建立了以农村居民、城镇职工、城镇非从业居民为主要对象的医疗保险制度，实现了责任分担、互助共济的社会保障基本功能。

（三）城乡居民基本医疗保险制度

随着城乡分割、地区分割、多元体制等问题的出现，城乡差距扩大与医疗保险刚性需求增加限制了我国医疗保障制度功能的发挥。国家实施了一系列政策，以逐步建立起城乡一体化、区域统筹的医疗保险制度。为了对现有的医疗保险制度进行有机整合，建立起人人充分享有的国民健康保险制度，2016 年，国务院发布《关于整合城乡居民基本医疗保险制度的意见》，提出从完善政策入手，整合城镇居民基本医疗保险和"新农合"制度，逐步在全国范围内建立起统一的城乡居民医保制度。由于不同地区城镇化进程的非同步性，制度整合并不意味着"一刀切"，而是需要采取科学统筹和适时并轨相结合的策略，把握好城乡统筹的方向、力度与节奏，找准时机，逐步推进，寻求符合不同地区经济发展和人民生活特点的制度整合模式。

自我国城乡各项医保制度建立起，诸多省（区、市）已经开展了整合城乡居民基本医疗保险制度的试点工作，在实践中不断摸索适应本地经济社会发展水平及城乡居民负担和基金承受能力的制度整合形式。目前，全国已有多个省（区、市）完成了城镇居民基本医疗保险和新型农村合作医疗保险制度的整合，建立了统一的城乡一体的居民基本医疗保险制度。

从现有的整合模式来看，第一种是以广东东莞为代表的"三制合一"模式，直接将职工医保、城镇居民医保与"新农合"高度整合。第二种是将城镇居民医保与"新农合"整合为统一的城乡居民医保制度，具体又分设为"一制一档""一制两档""一制三档"等多种模式，城乡居民可在各标准间自主选择，不同的筹资水平对应不同的待遇保障标准。其中，"一制两档""一制三档"模式是为了解决原有城乡制度之间缴费差异较大问题的过渡模式，最终目标都是逐渐形成城乡居民统一缴费标准和统一保障待遇的"一制一档"模式。在城乡医保一体化进程中，上海作为城镇化发展较快、城乡经济发展差距较小、医疗水平较高的发达城市,其医保整合模式相对于中、低城镇化水平的省(区、市)速度更快、效率更高、改革更彻底,在我国目前医疗保险水平非均衡发展的现状下,将为其他省(区、市)的改革提供参照方向。

在整合项目方面,全国各地基本上以"六统一"作为基本指导,即统一覆盖范围、统一筹资政策、统一保障待遇、统一医保目录、统一定点管理、统一基金管理。但也有个别省(区、市)在"六统一"之外又提出"七统一""八统一""九统一"等,包括统一管理体制、经办管理、医保监管、统筹层次、信息系统和大病保障机制等内容。在管理部门层面,黑龙江、山东、重庆、上海、天津、河北等22个省(区、市)和新疆生产建设兵团在将城乡居民基本医疗保险整合后,交由当地人社部门统一管理;陕西省将城乡居民医保归口卫生部门管理;部分地区如福建省在人社与卫生部门之外成立医保办来统筹管理;部分省(区、市)在文件中没有明确提出具体的管理归属,规定设置城乡居民医保统筹协调小组等机构推进实施,或在各地市的实践中自行探索。

关于基本医疗保险的筹资方式,除上海采用比例缴费外,各地根据自身实际情况提出"一制一档""一制两档""一制三档"等定额筹资方式,或是在省级文件中没有规定具体的缴费档次,允许各地级市自行设置差别档次,用两到三年的过渡期最终实现缴费的统一。同时,各地在不同程度上提出要提高个人缴费比例,或者明确个人缴费占筹资总额的比例下限,如福建省提出个人缴费部分原则上不低于总筹资水平的25%。

在待遇给付方面,各地普遍采取"待遇就高不就低、目录就宽不就窄"的原则,强调待遇与整合前相比不降低。从整体上看,在城乡居民医保整合后,住院费用支付比例保持在75%左右,门诊统筹支付比例保持在50%左右,尽可能缩小与实际报销比例的差距。具体的支付比例依就诊医疗机构的级别设置不同标准,原则上向基层医疗卫生机构倾斜,部分省(区、市)还规定了不同医疗机构支付比例的级差。

综上所述,我国全民基本医疗保险的实现步骤可以归纳为"三步走"框架,如图4-6所示。

五、中国特色医疗保险制度完善时期(2017年至今)

经过数年努力,我国已基本上形成了以基本医疗保险为主体,以城乡居民大病保险、职工大额医疗费用补助、公务员医疗补助和企业补充医疗保险等多种形式为补充医疗保险,涵盖以城乡低保家庭成员、五保户及其他经济困难家庭人员为主要对象的社会医疗救助的多层次、多支柱的医疗保险体系。2022年10月,党的二十大报告指出:我们深入贯彻以人民为中心的发展思想,在幼有所育、学有所教、劳有所得、病有所医、老有所养、住有所居、弱有所扶上持续用力,人民生活全方位改善……基本医疗保险参保率稳定在百分之九十五。可以说,我国医疗保险体系建设取得了举世瞩目的伟大成就。

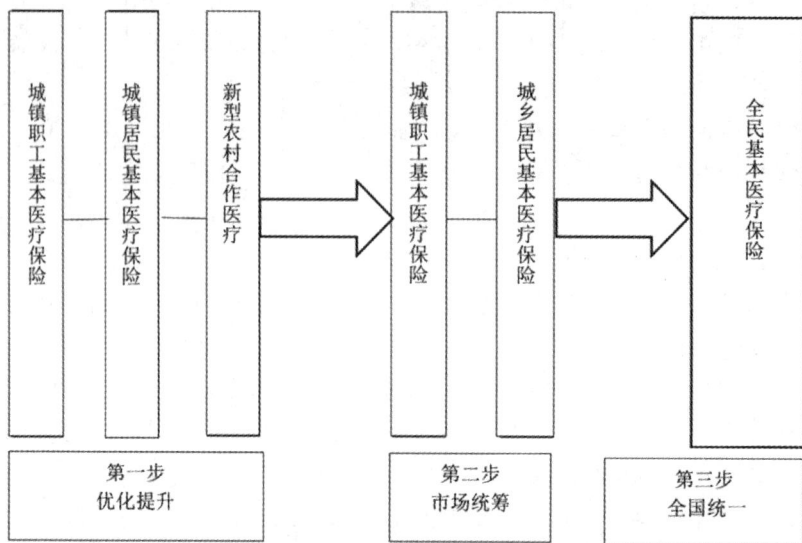

图 4-6　我国全民基本医疗保险"三步走"框架

医疗保险支付是基本医保管理和深化医改的重要环节，是调节医疗服务行为、引导医疗资源配置的重要杠杆。2017 年 6 月，国务院办公厅发布《关于进一步深化基本医疗保险支付方式改革的指导意见》，规定了基本医疗保险支付方式的主要目标：2017 年起，进一步加强医保基金预算管理，全面推行以按病种付费为主的多元复合式医保支付方式。各地要选择一定数量的病种实施按病种付费，国家选择部分地区开展按疾病诊断相关分组付费试点，鼓励各地完善按人头、按床日等多种付费方式。到 2020 年，医保支付方式改革覆盖所有医疗机构及医疗服务，全国范围内普遍实施适应不同疾病、不同服务特点的多元复合式医保支付方式，按项目付费占比明显下降。该指导意见进一步明确了基本医疗保险支付方式改革的内容：实行多元复合式医保支付方式；重点推行按病种付费；开展按疾病诊断相关分组付费试点；完善按人头付费、按床日付费等支付方式；强化医保对医疗行为的监管。

2019 年 4 月，国家医疗保障局、财政部发布《关于做好 2019 年城乡居民基本医疗保障工作的通知》，分别从提高城乡居民医保和大病保险筹资标准①、稳步提升待遇保障水平②、全面建立统一的城乡居民医保制度、完善规范大病保险政策和管理、切实落实医疗保障精准扶贫硬任务、全面做实地市级统筹、持续改进医保管理服务和加强组织保障等方面做出明确规定。

---

①　2019 年城乡居民医保人均财政补助标准新增 30 元，达到每人每年不低于 520 元，新增财政补助一半用于提高大病保险保障能力；个人缴费同步新增 30 元，达到每人每年 250 元。

②　降低并统一大病保险起付线，原则上按上一年度居民人均可支配收入的 50% 确定，低于该比例的，可不做调整；政策范围内报销比例由 50% 提高至 60%；加大大病保险对贫困人口的支付倾斜力度，贫困人口起付线降低 50%，支付比例提高 5 个百分点，全面取消建档立卡贫困人口大病保险封顶线，进一步减轻大病患者、困难群众医疗负担。

医疗保障是减轻群众就医负担、增进民生福祉、维护社会和谐稳定的重大制度安排。党中央、国务院高度重视人民健康，建立了覆盖全民的基本医疗保障制度。党的十八大以来，全民医疗保障制度改革持续推进，在破解"看病难、看病贵"问题上取得了突破性进展。为着力解决医疗保障发展不平衡不充分问题，2020年2月，《中共中央 国务院关于深化医疗保障制度改革的意见》明确了医疗保障制度改革的目标：到2025年，医疗保障制度更加成熟定型，基本完成待遇保障、筹资运行、医保支付、基金监管等重要机制和医药服务供给、医保管理服务等关键领域的改革任务。到2030年，全面建成以基本医疗保险为主体，医疗救助为托底，补充医疗保险、商业健康保险、慈善捐赠、医疗互助共同发展的医疗保障制度体系，待遇保障公平适度，基金运行稳健持续，管理服务优化便捷，医保治理现代化水平显著提升，实现更好保障病有所医的目标。在此基础上，进一步提出完善公平适度的待遇保障机制、健全稳健可持续的筹资运行机制、建立管用高效的医保支付机制、健全严密有力的基金监管机制、协同推进医药服务供给侧改革、优化医疗保障公共管理服务。

2022年10月，党的二十大报告强调：扩大社会保险覆盖面，健全基本养老、基本医疗保险筹资和待遇调整机制，推动基本医疗保险、失业保险、工伤保险省级统筹。促进多层次医疗保障有序衔接，完善大病保险和医疗救助制度，落实异地就医结算，建立长期护理保险制度，积极发展商业医疗保险。

第三节
我国基本医疗保险制度改革的成就及未来发展方向

一、我国基本医疗保险制度改革的成就

可以说，经过数年的建设，我国已经形成了以基本医疗保险为主体，以城乡居民大病保险、职工大额医疗费用补助、公务员医疗补助和企业补充医疗保险等多种形式为补充医疗保险，涵盖以城乡低保家庭成员、五保户及其他经济困难家庭人员为主要对象的社会医疗救助的多层次、多支柱的医疗保险体系，基本上解决了"看病难、看病贵"的问题，实现了病有所医的目标。

我国基本医疗保险制度改革的成就主要表现在以下几个方面。

一是基本医疗保险的覆盖范围不断扩大，基本上涵盖了所有人群。新中国成立之初，我国建立的公费医疗和劳保医疗主要覆盖机关事业单位、国有（或集体）企业等的职工和城镇就业人口，而那些在非公有制企业就业的人员，包括外商投资企业、股份制企业、私营企业的职工和个体工商户等均未纳入保障范围。随着国家财力的逐步增强，2002年、2007年分别建立的"新农合"和城镇居民基本医疗保险将农村居民和城镇居民纳入医疗保障体系。2016年，将"新农合"、城镇居民基本医疗保险整合为城乡居民基本医

疗保险。截至 2022 年底，全国基本医疗保险参保人数为 134592 万人，参保率稳定在 95％以上。其中，参加职工基本医疗保险人数为 36243 万人，参加城乡居民基本医疗保险人数为 98349 万人。

二是基本医疗保险的保障范围不断延伸，病种目录、药品目录持续完善。新中国成立之初，我国建立的公费医疗和劳保医疗制度中，单位可以支付的项目主要包括三个方面：① 治疗、医药、检查、手术；② 因公负伤住院膳费和就医路费；③ 特殊贡献者住院膳费、假肢等。可以说，其保障范围比较有限。一般医疗保险包括普通医疗保险、特种疾病保险、住院保险、综合医疗保险、手术保险等。随着人民生活水平的提高和国家财政能力的增强，我国在城镇企业职工、城乡居民基本医疗保险基础上，又逐步建立健全了包括城乡居民大病保险、职工大额医疗费用补助、公务员医疗补助及企业的补充医疗保险等在内的补充医疗保险，其具有实施形式多样化、保障层次较高、自筹自办和一定程度上的福利性等特征。作为基本医疗保险保障范围体现的病种目录、药品目录，也得到了持续完善。2018 年 8 月，李克强主持召开国务院常务会议，部署完善国家基本药物制度，保障群众基本用药需求、减轻药费负担。会议确定，要及时调整基本药物目录。此次调整在覆盖临床主要病种基础上，聚焦癌症、儿科、慢性病等调入 187 种中西药，其中肿瘤用药 12 种、临床急需儿童药品 22 种，均比原目录显著增加，调整后总品种扩充到 685 种。今后新审批上市、疗效有显著改善且价格合理的药品将加快调入。

三是基本医疗保险的待遇标准不断提高，参保对象就医负担逐步减轻。参保对象的医疗保险报销比例持续提高。截至 2022 年底，参加居民医保人员享受待遇 21.57 亿人次。其中，普通门急诊 17 亿人次，门诊慢特病 2.97 亿人次，住院 1.6 亿人次，次均住院费用 8129 元，其中在三级、二级、一级及以下医疗机构（含未定级）的次均住院费用分别为 13898 元、6610 元、3139 元。居民医保参保人员住院率为 16.3％，次均住院床日 9.2 天。随着参保对象基本医疗保险待遇标准的不断提高，居民就医负担逐步减轻，个人支出占比持续下降。

四是基本医疗保险制度已经基本上实现了体制转型和机制转型。在体制转型方面，完成了从原来的公费医疗和劳保医疗的福利型转为医疗社会保险型；同时，在新制度下，实行了社会统筹与个人账户相结合、费用分担、医疗服务竞争、费用控制以及社会化管理等新的运行机制。在制度层面已经形成了以基本医疗保险制度为主体，以各种形式的补充医疗保险为补充，以社会医疗救助为兜底的多层次医疗保障体系。[1]

二、我国基本医疗保险制度改革的未来发展方向

党的二十大报告强调：健全覆盖全民、统筹城乡、公平统一、安全规范、可持续的多层次社会保障体系……扩大社会保险覆盖面，健全基本养老、基本医疗保险筹资和待

---

[1] 孙光德、董克用：《社会保障概论》，中国人民大学出版社 2000 年版，第 167 页。

遇调整机制，推动基本医疗保险、失业保险、工伤保险省级统筹。促进多层次医疗保障有序衔接，完善大病保险和医疗救助制度，落实异地就医结算，建立长期护理保险制度，积极发展商业医疗保险。加快完善全国统一的社会保险公共服务平台。健全社保基金保值增值和安全监管体系。由此决定了我国基本医疗保险制度改革的未来发展方向。具体表现在以下几个方面。

第一，健全覆盖全民、统筹城乡、公平统一、安全规范、可持续的多层次基本医疗保险体系。基本医疗保险涵盖全体国民，需要庞大的经费。20世纪90年代，我国职工医疗保险就是按照"低标准、广覆盖"的总体要求建立的。如今，基于基本医疗保险责任及风险分摊的基本原则，应进一步健全覆盖全民、统筹城乡、公平统一、安全规范、可持续的多层次基本医疗保险体系。

第二，扩大基本医疗保险的覆盖面，健全基本医疗保险筹资和待遇调整机制。近年来，我国新就业形态劳动者规模持续扩大。据统计，截至2021年底，我国灵活就业人员约为2亿人，其中外卖骑手约1300万人。相对来说，这部分人群缴费能力有限。因此，要进一步加大政府财政投入力度，扩大包括新就业形态劳动者在内的基本医疗保险的覆盖面，并健全基本医疗保险筹资和待遇调整机制。

第三，促进多层次基本医疗保险体系的有序衔接，加快完善全国统一的基本医疗保险公共服务平台。经过努力，我国已经建成了比较规范的基本医疗保险制度，主要包括城镇职工基本医疗保险、城乡居民基本医疗保险以及城乡居民大病保险、职工大额医疗费用补助、公务员医疗补助和企业补充医疗保险等制度。不同人群根据是否就业、户籍情况参加不同的社会医疗保险制度，所享受的医疗保险待遇也有一定的差别。因此，在促进基本公共服务均等化的背景下，促进多层次基本医疗保险体系的有序衔接，加快完善全国统一的基本医疗保险公共服务平台，具有重要意义。

第四，进一步完善医保、医药、医疗"三医联动"。基本医疗保险并不是独立运行的，它与医药卫生体制、医药生产和流通体制密切相关。2015年4月，李克强在深化医药卫生体制改革工作电视电话会议上指出，面对艰巨繁重的改革任务，要牢牢把握保基本、强基层、建机制的基本原则，以公平可及、群众收益为出发点和立足点，坚持医保、医药、医疗"三医联动"，用改革的办法在破除以药养医、完善医保支付制度、发展社会办医、开展分级诊疗等方面迈出更大步伐，在县级公立医院综合改革、实施城乡居民大病保险制度等方面实现更大突破，在方便群众就医、减轻看病用药负担上取得更大实效，不断提高医疗卫生水平，满足人民群众的健康需求。因此，要建设覆盖城乡全体居民的基本医疗保险制度，包括普遍建立比较完善、覆盖城乡全体居民的公共卫生和医疗服务体系，医疗保障体系，药品供应体系，以及比较科学的医疗卫生管理体制和运行机制。可以说，这就是我国基本医疗保险制度进一步完善的方向。

免费医疗国家，看病不花钱？误读！

一直以来，"免费医疗"都是民生领域内的热议话题，不仅见诸报端、电视和网络，也被人大代表、政协委员屡屡提及，国家医保局成立没多久，就曾多次回复关于免费医疗的提案和建议。

2023年，再度引发民众关注免费医疗话题的是几则新闻：一是有网络消息称，巴基斯坦成为世界上第190个实行免费医疗的国家；二是据英国《卫报》报道，截至2023年4月底，仅5600万人口的英格兰地区，就有742万名患者长期排队等待就诊而得不到医治（注：最新报道称截至6月底，排队候诊人数创下新纪录，攀升至760万）；三是一则华人现身说法抨击英国免费医疗的视频，博主在英国出差突发疾病叫救护车无果，自行看急诊被打发吃止疼药，乘飞机辗转马来西亚，最终回到中国才得以住院就医，导致小病拖成大病。

一边是"连巴基斯坦都免费医疗了，中国还有多久？"一边是"说好的免费医疗免除就医后顾之忧呢？""免费医疗难道就是免费，没有医疗？"疑问随之而来：全球真的有那么多国家实现了免费医疗吗？世界上有真正的免费医疗吗？免费医疗真的能解决"看病难、看病贵"问题吗？我国当前为什么不能实行免费医疗？

巴基斯坦成为世界上第190个实行免费医疗的国家？

"2022年初，巴基斯坦政府启动了一项耗资25亿美元的全民医疗计划，在公立和私立医院为国民提供免费医疗"，这则掐头去尾的网络消息成为巴基斯坦实施免费医疗的依据。而实际情况是，巴基斯坦的这项保险计划，目前仅在有限地区的有限人群中推行，且始终是有医疗服务项目限定、有限额的"免费医疗"。巴基斯坦约有两亿零七百万的人口，然而截至2022年8月，该项计划仅覆盖3700多万个家庭。项目规定，每个家庭购买约25000卢比（约635元人民币）的保险后，可以获得5万卢比（约1270元人民币）或25万卢比（约6350元人民币）的免费医疗。

此外，据专业人士考证，关于"世界上有190个国家实行免费医疗"的说法可能来自"国际保险"网站一篇题为《推行免费医疗或全民医保的国家》的文章，"国际保险"及发布报告的源网站"全球资本"都具有一定商业性质，其权威性待考。目前在公开资料中，尚无法找到由权威第三方机构发布的"免费医疗"国家名单。

由此可见，巴基斯坦从未真正实现过全民免费医疗，至于全球有190个国家实行免费医疗更是无稽之谈。

免费医疗真的免费吗？

同样宣称"免费医疗"的还有巴基斯坦的邻居——印度。事实上，印度的"免费医疗"制度也是大打折扣：其免费服务仅包含公共卫生服务及头疼脑热等普通疾病诊治，其余部分则由个人支付费用或由额外的社会医疗保险、商业健康保险覆盖。且公立医疗机构的医疗水平非常有限，免费药品只有348种，还不到我国医保药品目录涵盖药品总数的1/8。民众想要治疗疑难杂症，还是需要到个人支付且价格高昂的私立医院。

世界上有真正的免费医疗吗？

回答这个问题需要澄清一个概念，那就是普通人眼里的"免费医疗"和部分国家实行的"免费医疗"是两回事。

大众谈到的免费医疗是自己不缴费，看病100%报销。而根据国家有关部门收集整理的资料显示，在纳入统计范围的190多个国家的卫生费用支出中，个人卫生支出为零的国家一个也没有。

很多人包括专家口中所说的部分国家实行的"免费医疗"其实是指以英国国民健康服务（NHS）为代表并被福利国家所广泛采取的一种医疗保障模式。在这种模式下，政府主要通过税收的形式为医疗服务筹资，通过财政预算的方式供款，为国民提供医疗服务，国民无须付费或仅支付少部分费用。

"接受医疗服务时无须付费或支付少部分费用"，是不是就是真正的免费医疗呢？

我们以推行"从摇篮到坟墓"的全民免费医疗而享誉世界的英国为例。其卫生服务经费通过税费筹集，主要包括普通税和国民保险费。其中普通税的主要来源为收入所得税、增值税、公司所得税、消费税，是国家卫生服务资金的主要来源。国民保险费则是基于个人劳动收入，对雇主、雇员和自雇者实行强制缴费。目前个人须缴纳占应税工资12%的税金，同时雇主按雇员应税工资总额的13.8%缴纳税金。

由此可见，对于纳税的公民而言，免费医疗相当于个人预支了一部分医疗资金，只是在形式上将患病后个人需支付的医疗费用转变为患病前通过纳税的方式提前预支了，实际上还是"羊毛出在羊身上"，且税收比例不算低。

不仅如此，免费医疗的保障范围是有限的，并没有涵盖所有项目，非免费部分通常需要在服务过程中由患者共付或自付费用。无非是公共卫生支出多的国家保障水平和保障范围高一些，反之则低一些。由此看来，免费医疗并不完全免费。

那些实行免费医疗的国家怎么样了？

目前，世界上实行"免费医疗"（如前所说，免费医疗并不完全免费）的国家并不多，主要有英国、加拿大、澳大利亚、新西兰、古巴等（本文根据一般说法仍将其称为免费医疗国家）。

尽管这些国家在推行免费医疗过程中面临着不同的问题和挑战，但无一例外，都面临着医疗费用持续快速增长的压力，持续增长的巨额公共医疗卫生支出成为财政较主要的支出之一。

还是以英国为例。NHS曾是英国人引以为傲的"国家形象"。2012年伦敦奥运会开幕式上，英国将上百张病床搬到体育场中央，医务人员组成"NHS"三个字母，向全世界展示了全民免费医疗。如今，英国的骄傲——这一建立数十年的免费医疗制度正逐步走向困境。再提起NHS时，英国民众诟病颇多，抨击该体系缓慢滞后、患者无法公平享有医疗保健、医务人员人数长期不足、工作强度过大……

尽管各界都批评英国政府长期对免费医疗投入不足，但据统计，2021—2022年英国财政支出的卫生费用高达2168亿英镑，占政府财政支出的20.8%，免费医疗基本靠政府财政支出支撑。而与此同时，英国政府债务已经相当于100%的GDP，难以更大力度支持高昂的卫生费用。免费医疗已经成为英国财政的不可承受之重。

一方面，全英国NHS系统的排队名单在不断拉长——700多万患者排队等待治疗，平均等待时长超过3个月，就连急诊也面临着前所未有的压力，由于长期床位短缺，急诊部门被迫"定量配给"护理。据报道，2023年5月，有11.3万人在急诊室等待了12个多小时。

另一方面，NHS遭遇成立以来最大规模的医务人员罢工潮。自2022年底以来，NHS的医护工作者陆续举行了多轮罢工，以抗议通胀高企导致生活水平下降、持续恶化的工作条件以及实际工资连续多年不断缩减等状况。

不唯英国，其他一些国家也相继陷入财政不堪重负、经济停滞不前的"全民免费医疗"陷阱之中。所以，随着国家财力的变化，这些国家也在不断调整其保障水平。如英国、意大利等国家对部分医疗服务从不收费调整为收取一定费用，或通过扩大筹资渠道等方式以缓解单一渠道所面临的筹资压力。古巴政府则在长期经济困难的情况下，将主要资源投入初级卫生保健和疾病预防，保持覆盖全民但保障水平相对较低的免费医疗。捷克曾实行免费医疗制度长达数十年，随着政府无力继续承担支撑制度运行的高额资金，自1993年开始转型为社会医疗保险制度。

"免费医疗"真的能解决"看病难、看病贵"问题吗？

抛开经济发展水平和财力因素，实行免费医疗真的能够让我们看病更方便、更满意吗？答案可能并不乐观。

有专家曾经从服务效率、服务可及性、个人自付费用和健康水平等方面对"免费医疗"进行过绩效评估。

服务效率和服务可及性方面，免费医疗普遍存在服务效率低下、患者等候时间较长的问题。以英格兰地区为例，2023 年 4 月，742 万人排队等待就诊时长中位数为 13.8 周，平均每 7 个英格兰人中就有 1 个人排队 3 个月仍看不上病，有 309 万人等待时长已超过 18 周，有 37 万人等待时长已超过 52 周，相当于每 20 个等待就医的病人中就有 1 人等待 1 年以上还没有看上病。这导致很多人无法忍受，转而前往私立医疗机构，所以富裕人群通常都会购买商业医疗保险，以获得更快、更舒适的就医体验。

个人自付费用水平方面，由于不同国家免费医疗的资金投入、支付水平等存在差异，个人自付费用也不等。公共支出比重较低的国家居民医疗负担仍然较重，如印度个人自付费用占卫生总费用的比重高达 63%，俄罗斯是 37%，巴西是 25%。即便是公共支出比重较高的国家，其自付水平也在 13% 以上。而这一水平在其他未采取免费医疗的发达国家也能实现，如 2020 年德国为 12%，法国为 9%，日本为 13%。

健康结果方面，免费医疗国家并没有取得明显优势。英国、意大利、瑞典等公共支出比重较高的国家婴儿死亡率和期望寿命普遍优于印度、巴西、俄罗斯等公共支出比重较低的国家，但是这些国家的健康水平并不比处于相同社会经济发展水平但实行社会医疗保险制度的国家更高。

我国当前为什么不适合免费医疗？

从以上分析可以看出，"免费医疗"制度可能并不是一种理想的医疗保障模式。从国情和现实挑战出发，我国当前不适合推行免费医疗的原因有以下几点。

众所周知，实行免费医疗（真正的免费医疗）需要以足够雄厚的经济基础来做支撑，这在经济高度发达的国家和地区尚难实现，而我国仍处于并将长期处于社会主义初级阶段。即便我们真的举财政之力擎起免费医疗的"大旗"，这一制度也很可能会成为威胁我国经济可持续发展的沉重负担。虽然我国 GDP 总量已经跃居世界第二，但是在人均收入仍然相对有限的前提下，财政收入也自然较为有限。将有限财政收入的大部分投入其中，必然会导致民生领域的其他项目以及其他领域的投入不足，毕竟财政总收入的"盘子"有限。无论是对于国家还是人民，这种选择既不符合当前利益，更不符合长远利益。事实上，阿根廷、捷克等国家的制度选择就是前车之鉴。

除经济基础外，实行免费医疗还需要足够丰富的医疗资源。尽管我国医疗卫生事业取得长足发展，但医疗资源总量不足，区域分布不平衡，尤其是基层医疗卫生机构能力不足，距离群众的期盼仍有一定差距。在这种现状下，实行免费医疗只会给医疗服务体系带来更大的负担，供给更加不足，效率更加低下，反而会对免费医疗服务的可及性造成反向影响，衍生出低水平、免费的公立医院和高水平、高价格的私立医院并存的"二元医疗市场"。对于低收入群体来说，会造成医疗不公，有违我国社会主义制度和医疗保障制度初衷。

知道了所谓的免费医疗其实并不免费之后，我们就可以明白，福利国家型免费医疗与我国社会医疗保险模式的本质区别不在于"免费"与否，而是模式之别，即采取何种筹资机制来解决医疗费用负担问题。任何一个国家和地区的医疗保障制度都必须与实际经济社会发展水平相适应，只有符合国情、量力而行、尽力而为的医疗保障制度才是可以持续稳定并实现高质量发展的制度。对于有着 14 多亿人口的我国来说，坚定不移地继续实行全民医疗保险制度，全面深化医疗保障制度改革和医药卫生体制改革，为全体国民提供更高质量更可持续的医疗保障，才是最务实、最负责的做法。

（资料来源：张琳：《免费医疗国家，看病不花钱？误读！》，"中国医疗保险"公众号，2024 年 1 月 22 日。略有修改）

本章小结

基本医疗保险是社会保险的重要组成部分，它是涉费较多、覆盖面较广的一项社会保险，在整个社会保障体系中占有重要地位。医疗保险制度的模式是医疗保险制度的组织形式。本章首先阐述了我国基本医疗保险体系，包括基本医疗保险、补充医疗保险和社会医疗救助。在此基础上，根据基本医疗保险扩面的进度，梳理了我国基本医疗保险制度的演进过程：我国医疗保险制度从新中国成立初期的传统劳保医疗和公费医疗政策，到城镇职工基本医疗保险，再到新型农村合作医疗、城镇居民基本保险和城乡居民基本医疗保险，经过了漫长的探索，到目前基本上形成了以基本医疗保险为主体，以城乡居民大病保险、职工大额医疗费用补助、公务员医疗补助和企业补充医疗保险等多种形式为补充医疗保险，涵盖以城乡低保家庭成员、五保户及其他经济困难家庭人员为主要对象的社会医疗救助的多层次、多支柱的医疗保险体系。最后，总结了我国基本医疗保险制度改革的成就及未来发展方向。

主要概念

医疗保险；基本医疗保险；补充医疗保险；社会统筹与个人账户相结合；公费医疗；劳保医疗；城乡居民大病保险制度

复习思考题

1. 简述我国基本医疗保险制度的建立与完善过程及其主要内容。
2. 我国基本医疗保险制度的主要特征有哪些?
3. 我国基本医疗保险制度的基本框架是什么?
4. 我国基本医疗保险制度改革的成就有哪些?
5. 我国基本医疗保险制度改革的未来发展方向是什么?

第五章

我国医疗保险支付方式改革

—————— 本章导言 ——————

医保支付方式改革的目的是通过改变医疗服务提供方的激励机制，促使其控制医疗成本和提高医疗质量，使医疗服务提供方的利益与人民群众的健康水平相一致。如何在控制医疗费用增长与提高医疗质量之间取得平衡，是医保支付方式改革所要解决的关键问题。我国目前推行的按病种付费方式能够在控制医疗费用增长方面取得一定的效果。我国医保支付方式改革要加强医疗质量保障体系建设，逐渐引入按医疗质量和绩效付费方式；同时扩大捆绑支付范围，促进形成整合型医疗服务体系，从而提升医疗体系的整体绩效，推动实现健康中国的目标。

—————— 重点问题 ——————

(1) 医保支付方式改革的意义。
(2) DRG 付费的主要内容和特征。
(3) DIP 付费的主要内容和特征。

第一节
医疗支付方式改革的理论基础

一、委托代理理论

经济学中的委托代理关系是指在市场交易中，由于信息不对称，处于信息劣势的委托方与处于信息优势的代理方，通过相互博弈而达成的一种契约关系。理论前提假设是，代理方的私人信息（行动或知识）影响委托方的利益，使委托方承担风险。委托代理关系是一种典型的契约关系。在这种关系中，存在的核心问题为信息不对称，从而导致委托方与代理方利益目标不一致。委托人授权代理人代表其行事，并授予一定决策权。如果双方都追求效用最大化，则可以推出，代理人不会总以委托人的核心利益而行动，甚至会出现牺牲委托人的利益为代价来谋取私利，这样就产生了委托代理风险问题。我国社会医疗保险建立后，形成了参保者、医疗保险机构、医疗机构的三方博弈关系，也同时形成了委托代理关系。

在现代医疗卫生体系中，由于医疗服务的供给方与需求方之间存在医疗信息、知识、专业上的差距，形成信息对称。而医疗技术水平的日益发展，治疗方法与药品的推陈出新，使得信息不对称问题更为严重。另外，由于存在医疗保险第三方支付，改变了单纯的医疗服务供需双方关系，加剧了原本已经存在的委托代理问题。

尽管委托代理关系存在于三方的任何主体之间，但是医患之间的信息不对称所引发的代理风险仍然是其中最关键的问题。医疗机构成为患者的健康代理人，患者出于对其专业的信任和信息不对称的劣势地位，只能委托医疗机构为自己健康利益负责，双方建立委托代理关系。医疗机构在医患关系中起着主导作用，患者拥有较少的主动权和话语权。在这种委托代理关系中，医疗机构不仅是患者的健康代理人，为患者利益考虑，提供相应的治疗方案，还是医疗服务的供给方，作为一名理性的经纪人，医疗机构在提供服务的过程中，会通过诱导需求来满足个人的利益。

医疗保险与患者之间也同样存在委托代理关系。在医疗保险系统筹资过程中，委托人（参保人）希望负担更低的保险费用而获得更广的给付范围，代理人（医疗保险）希望以适度的保额，提供患者所必需的医疗服务，由此存在双方目标不一致的代理风险关系。同时由于存在医疗保险第三方支付，患者对价格缺乏敏感性，导致需求增加，最终引起需求方患者道德风险。

为了弱化信息不对称所带来的代理风险，优化资源配置，需要有效的激励相容机制，对委托代理双方进行激励与约束，在双方利益之间找到均衡点。

二、供方诱导需求

20 世纪 70 年代，Tuchs 和 Evans 提出了诱导需求理论。该理论认为，医疗服务市场有供方垄断和需方被动的特殊性质，医生作为供给方对医疗服务的利用具有决定作用，可以左右患者的选择。在这种信息不对称，患者对医学知识缺乏，而医生具有自身经济利益考虑的服务中，医生作为服务的提供者，可以创造额外需求，向患者推荐更多不必要的服务。Evans 提出了负效用模型来解释供方诱导需求。该模型用于研究医生的收入水平与诱导需求水平之间的关系。医生的效用函数为 $U=U$ $(Y，W，D)$，医生的效用水平 (U)，受到收入水平 (Y)、工作负荷 (W) 和诱导需求行为 (D) 的影响。其中收入的增加会提高效用水平，工作负荷的增加会降低效用水平。医生本身偏好于不诱导需求，因为该行为会违背医生职业道德，有损医生声誉，从而带来负效用。当这种不愉快感被收入的增加所抵消时，诱导需求才会发生。因此，如果存在市场原因导致医生的收入减少，收入的边际效用上升，此时医生可能会通过增加诱导需求的方式用于补偿收入方面的损失。当诱导需求与收入所带来的边际效用相等时，医生才会停止诱导需求行为。

国际上很多卫生经济学家对供方诱导需求也给出了相似的定义。Rice 将供方诱导需求表述为，医生给患者提供的服务是那些在患者具有和医生同等信息水平下所不会选择的医疗服务。Stano 提出，供方诱导需求在所有不完全竞争且存在信息不对称的委托代理关系中都存在。只要消费者处于信息劣势且依赖于卖方信息，都会使处于垄断地位的一方去诱导需求，从而获得自身利益。Mcguire 提出，当医疗服务提供方通过影响患者需求，使其偏离病人的最大利益时，供方诱导需求就此发生。综上所述，诱导需求不仅加重了患者的就医负担，同时带来了医疗资源的低效率使用和严重的浪费，增加了医保基金的负担。

三、第三方支付与道德风险

Arrow 将道德风险定义为个体行为由于受到保险的保障而发生变化的倾向。Pauly 提出，由于参保人过度的医疗费用被医疗保险分担，参保人并不会抑制自身的需求，导致医疗费用居高不下。在现代社会医疗保险中，医疗费用并不由个体所患疾病完全决定，同时还受到医生的处方偏好和个体就医习惯的影响。医疗保险的存在使原有的费用支付从一个主体变为多个主体。第三方付费的存在，使参保人仅需支付部分医疗费用，降低了患者对于医疗服务价格的敏感性。受到第三方支付的影响，参保人往往偏好于扩大医疗消费，形成对医疗服务的过度需求，加大了患者的道德风险。

在没有引入医疗保险时，患者的医疗服务需求曲线为 D_1，医疗服务消费量为 Q_1，价格为 P_1，此时患者医疗服务的边际收益等于边际成本。如果此时引入医疗保险第三方支付且规定了患者的自付价格降低至 P_2，对应的医疗服务量为 Q_2，Q_2 显然大于之前的医疗服务最优消费量 Q_1。相比患者没有医疗保险的情况，医疗保险第三方支付使得参保人的需求曲线向外转动（$D_1 \rightarrow D_2$）（见图 5-1），此时患者道德风险就发生了，从而导致患者过度使用医疗服务。

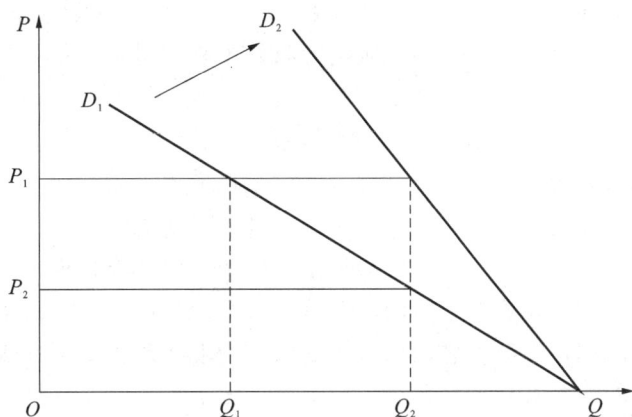

图 5-1　医疗服务需求曲线

第二节
典型的医疗保险支付方式

　　医疗保险支付方式是指参保人从医疗机构接受医疗服务后，医疗保险机构代替参保人向医疗服务提供方支付相关医疗费用的方式。不同的支付方式会对医疗服务供给方带来不同的激励和制约机制。国外学者根据确定支付水平的时间不同，将支付方式分为预期性成分和回顾性成分，即国际上常说的预付制和后付制。预付制是指在服务提供前就确定支付的水平，此时医疗机构作为服务提供者会提前承担一定的经济风险，因此有减少成本的激励；后付制是指在医疗服务提供后才确定支付的费用，会对医疗机构带来增加收入的激励。因此，一种支付方式预期性成分多，为供方带来的经济风险就多，其节约医疗资源使用、控制医疗费用的意识随之增强。预付制支付方式主要包括总额预付制、按人头付费、按病种付费等；后付制主要包括按项目付费。不同的支付方式，会形成医疗服务的供给者、需求者及医疗基金经营者之间不同的制约关系。从世界范围来看，医疗保险支付方式主要有以下几种。

一、总额预算制

　　总额预算制是一种比较传统的医疗保险支付方式，也是一种计划性较强的支付方式。

这种支付方式是由政府部门或保险机构与供方协商确定某一医疗卫生机构一定时期的总额，保险机构在支付供方费用时，不论供方实际发生费用多少，都以预算作为支付的最高限额，卫生机构对参保病人提供规定的服务，并自主决定预算款项的使用。

这种支付方式的优点如下。一是使医院的收入不能随服务量的增加和病人住院日的延长而增加，对医院服务量方面有较强的预算约束，因而能有效地控制费用。二是由于事先确定预算数额，并实行费用封顶，简单易行，且管理成本较低。但这种支付方式也存在弊端。在一个预算期内，总额预算方式会刺激供方通过减少服务来降低成本。然而从长期来看，对成本控制的力度取决于对预算额度的制定方式，如果以上一个预算年度内的支出作为新一个年度预算指标，就会混淆高效率的医院与低效率的医院在资源利用方面的差别。同时，为了有效控制费用，医院会人为地控制住院率或缩短住院日，医疗的质量难以保证。因此，要提高总额预算制的效率，就必须根据医疗服务需求的变化来不断调整预算，既能够提供充足的预算以保证医疗服务的质量，又能够保证足够的预算压力促使医疗机构降低成本以提高医疗服务的效率。总额预算制的实施，还要求有权威的机构来确定预算数额，以保证预算额度的硬性制约。这样既避免了讨价还价，也杜绝了随意变动。因此，这种制度比较适用于由政府提供全民医疗保险和社会医疗保险的国家，世界上一些实施全民福利性医疗保障的国家均采取这种医疗保障支付方式，如英国、德国等。

二、按服务项目支付制

按服务项目支付制是目前世界上许多国家普遍使用的一种后付制医疗保险支付方式。这种方式的实施，是由国家或全国性的医疗价格管制部门制定指导性的医疗价格，由医疗机构和医疗保险组织协商之后，确定医疗服务收费标准，医疗机构按照标准提供医疗服务，保险机构按实际产生的医疗费用来支付。这种支付方式的特点是，医院收入同提供服务项目多少直接相关，医生行医行为不受约束，其好处是能够提高医疗服务利用率和质量。但弊端是，不限定的按服务项目支付会激励医疗服务的过度使用。在医疗信息失衡和第三方付费的情况下，消费者是根据供方提供的信息来决定消费需求的，经济利益的诱因会促使提供者增加服务量，出现"诱导需求"。即使实行价格控制，也会由于医疗机构转而通过分解服务和增加诊次的过度提供服务的行为而达不到效果，医疗费用的上涨难以控制，卫生资源浪费现象严重。按服务项目支付制，比较适用于经济比较发达且社会和商业保险机构积累较多的国家。

三、按人头付费制

按人头付费制是供方在固定的时期内，以预先支付每个入保者的保险费用来补偿其合同规定内的一切医疗费用，不再另行收费。采取按人头支付医疗费用形式的最大好处是，能够从经济上刺激医疗服务的提供者降低成本来扩大收益与支出之间的差额。保险机构和医疗服务机构事先将人头费用确定下来，会促使供给方自觉采取费用控制措施，如疾病预防、健康教育、定期体检等，以最大限度地降低发病率，减少费用开支。这种支付方式的弊端是，可能会诱导供给方选择低风险的入保者以降低服务费用，并限制所提供服务的数量和质量。

按人头付费的方式比较适合医疗管理能力较强的国家，其实施基础是费用支付机构有足够的能力监控医疗服务，同服务集团谈判，通过制定风险平衡计划来合理地确定人头保险费率，等等。同时，这种支付方式也适合作为初级医疗服务机构提供基本医疗的补偿方式。

四、按病种付费制

按病种付费制是根据国际上对疾病的分类方法，将住院病人疾病按诊断分类，再根据有无并发症及轻重程度来分组分级论价。这种付费方式的特点是医院收入与每个病例及其诊断有关，而与治疗每个病例的实际成本无关，从而激励医院为获得利润而主动降低成本。同时也会使保险方对受保人的每次住院费用都有准确的预算，以平衡收支。

这种方式的负面效应在于，可能促使供方愿意或选择接受那些在疾病分类中需要低费用的病人，或者将病人诊断为高费用病例种类而归入医疗记录以增加补偿。按病种付费方式实施的前提条件是，首先要求管理机构科学、合理、详细地设计病例的分组分级，这种分组分级越细越科学，越具有可操作性和效率。同时还需要供给方储存完备的医疗档案资料以供保险方监督，保险方与供给方要保持经常的信息流动，根据医疗技术的变化和新药品的出现，对病种补偿费用进行及时的调整。

综上所述，现有的医疗保险支付方式中，没有一种是完美无缺的，各种方式既有优点又有缺点。其中按服务项目付费作为事后费用补偿方式，弊端更为明显，已趋于淘汰；其他几种方式作为支付制度的不同形式，虽然代表了国际上医疗保险支付方式改革的趋势，但仍然解决不了医疗服务供给不足、重复入院、分解服务等问题。形成这些问题的原因在于，这些支付方式只是对医疗消耗的付费，而缺少对医疗机构效率和质量制约方面的付费方式，因而，医疗费用的上涨不可避免。

第三节
我国医疗保险支付方式改革实践

一、我国医疗保险支付改革历程

2009 年，我国启动了新一轮医药卫生体制改革（以下称"新医改"）。截至目前，新医改取得了许多成绩，其中一项就是建成了全世界最大的全民医保体系。截至 2021 年底，全国基本医疗保险参保人数为 136297 万人，参保率稳定在 95% 以上。我国卫生总费用从 2009 年的 17541.9 亿元增长至 2021 年的 75593.6 亿元。从卫生筹资结构来看，2021 年社会卫生支出占卫生总费用的比重已达 44.9%，而政府卫生支出和个人卫生现金支出所占比重分别为 27.4% 和 27.7%。尽管个人卫生现金支出占卫生总费用的比重有所降低，但由于卫生总费用依然保持高速增长，部分群众的医改获得感并没有那么强烈。控制医疗费用不合理增长、减轻群众看病负担依然任重道远。随着国家医疗保障局的成立，作为卫生筹资的重要组成部分，基本医疗保险基金如何发挥作用一直是社会各界关注的话题。

改革开放以来，随着经济的发展和综合国力的增强，人民对美好生活的愿望越来越强烈。健康是人民幸福和社会发展的基础，是全国人民的共同追求。2017 年 10 月，习近平总书记在十九大报告中提出实施健康中国战略，具体包括：深化医药卫生体制改革，全面建立中国特色基本医疗卫生制度、医疗保障制度和优质高效的医疗卫生服务体系等。医疗保险支付方式作为医疗保障制度重要的激励调控工具，起到规范医疗服务行为、提高医疗服务质量、调节医疗服务资源合理配置的作用，是深化医药卫生体制改革的关键内容，更是实现健康中国战略的重要措施。

2009 年新一轮医改正式启动，目标是到 2020 年建立起覆盖全民的公平有效的医疗卫生体系。国家高度重视医保支付方式改革的重要性，出台多项政策指导文件。2009 年3 月，中共中央、国务院发布《关于深化医药卫生体制改革的意见》，明确指出：强化医疗保障对医疗服务的监控作用，完善支付制度，积极探索实行按人头付费、按病种付费、总额预付等方式，建立激励与惩戒并重的有效约束机制。2011 年 2 月，国务院办公厅发布《医药卫生体制五项重点改革 2011 年度主要工作安排》，强调"改革医疗保险支付方式，大力推行按人头付费、按病种付费、总额预付"。该阶段为支付方式改革的开端期，主要工作是完善顶层设计并开始初步的改革探索，为后续政策推广实施打下牢固基础。

2012 年 3 月，国务院发布《"十二五"期间深化医药卫生体制改革规划暨实施方案》，要求改革完善医保支付制度。加大医保支付方式改革力度，结合疾病临床路径实施，在全国范围内积极推行按病种付费、按人头付费、总额预付等，增强医保对医疗行为的激励约束作用。以基本医疗保险为主体的多层次医疗保障体系进一步健全，支付方式改革进一步完善。2015 年 5 月，国务院办公厅发布《关于城市公立医院综合改革试点的指导意见》，强调：充分发挥基本医保的基础性作用，强化医保基金收支预算，建立以按病种付费为主，按人头付费、按服务单元付费等复合型付费方式，逐步减少按项目付费。鼓励推行按疾病诊断相关分组付费方式。该阶段为系统改革期，这一时期以全面深化支付方式改革为核心，致力于医疗机构、患者、医疗保险部门协同推进支付方式改革。2017 年 6 月，国务院办公厅发布《关于进一步深化基本医疗保险支付方式改革的指导意见》，要求：2017 年起，进一步加强医保基金预算管理，全面推行以按病种付费为主的多元复合式医保支付方式。各地要选择一定数量的病种实施按病种付费，国家选择部分地区开展按疾病诊断相关分组付费试点，鼓励各地完善按人头、按床日等多种付费方式。

到 2020 年，医保支付方式改革覆盖所有医疗机构及医疗服务，全国范围内普遍实施适应不同疾病、不同服务特点的多元复合式医保支付方式，按项目付费占比明显下降。

2020 年 2 月，中共中央、国务院发布《关于深化医疗保障制度改革的意见》强调：建立管用高效的医保支付机制，持续推进医保支付方式改革。完善医保基金总额预算办法，推行以按病种付费为主的多元复合式医保支付方式，推广按疾病诊断相关分组付费，医疗康复、慢性精神疾病等长期住院按床日付费，门诊特殊慢性病按人头付费。该阶段为创新深化期，这一时期的主要目的是进一步提高医疗保险支付方式的引导作用，结合各地实际情况，开展多元复合式医保支付方式改革，提高保险基金的使用效率。

二、深化医保支付方式改革的意义和目的

深化医保支付方式改革是保障群众获得优质医药服务、提高基金使用效率的关键环节。作为联结医疗和医保的重要桥梁，真正有效的支付方式应让双方都能接受并感到满意，可以同时实现医疗和医保各自的价值目标。医保支付方式改革的意义和目的主要包括以下三个方面。

第一，这是医保制度发展的必然要求。医疗保障是减轻群众就医负担、增进民生福祉、维护社会和谐稳定的重大制度安排。医保制度发展到今天，已经进入提质增效阶段，更加强调管理能力的提升。中共中央、国务院发布的《关于深化医疗保障制度改革的意见》明确提出，要健全待遇保障、筹资运行、医保支付和基金监管等重要机制。医保支付是保障群众获得优质医药服务、提高基金使用效率的关键机制。如何能够把筹集到的医保基金更有效率地支付出去，是医保工作者的一项重要职责。制定支付方式政策不能只看眼前，更要着眼于长远，毕竟改革的目的不是一味省钱，而是要提高医保基金平稳健康运行的可预期性。支付方式是一套精细、高效的管理工具，医保工作者要用好这一工具，聚焦临床需要、合理诊治等，在不断适应医疗服务模式发展创新的背景下，通过实施更有效率的医保支付，把过去难以相互比较的医疗服务行为变得可见、可比，通过对医疗服务质量进行科学评价，不断增强医保对医药服务领域的激励和约束作用。

第二，这是医保、医疗协同改革的客观要求。信息不对称是医疗领域的一大显著特点。由于医患信息不对称问题及医疗卫生服务行业的弱可替代性，就医者处于依赖地位，且难以判断医疗服务的质量。国家建立医疗保障制度的目的，除了要通过大数法则分散参保人罹患大病时的费用负担风险外，更要建立起科学合理的管理约束机制，在面对相对强势的医疗服务机构时，可以最大限度地增强参保人员的话语权，从而实现参保人利益最大化。社会各界普遍认为，目前我国医改的难点在于供给侧改革，其重点在于完善医疗机构的运行机制。医保支付是医改领域协同推进需求侧管理和供给侧改革的有效杠杆，可以对医疗卫生事业持续健康发展起到深远影响，既能够在促进医院主动控本降费中发挥引擎作用，也能够在分级诊疗制度建设中发挥出协同作用。当前我国医疗机构的运行机制已经进入不得不改的阶段，比如我国每千人床位数已经高于很多发达国家，简

单、粗放地建医院、建分院、扩院区已经不可能成为医疗机构持续发展的长久之计，医疗机构的运行机制亟须转变，这既需要自身的主动转型，也要有外部的有效推动。

第三，这是更好保障参保人医疗待遇的实际要求。习近平总书记强调：我们建立全民医保制度的根本目的，就是要解除全体人民的疾病医疗后顾之忧。以人民健康为中心，是医改的根本出发点。提供公平适度的待遇保障是增进人民健康福祉的内在要求，也是医保工作者的初心与目标。现阶段参保群众最关心的，就是如何有效破解"看病难、看病贵"的问题。过度诊疗是当前参保群众反映强烈的看病痛点，而支付方式改革不仅可以帮助参保人员减轻医疗负担，缩减住院费用和住院时长，基于规范临床路径管理的DRG/DIP支付方式还可以在保障参保患者医疗服务质量和安全的同时，减少过度诊疗和不合理支出，使群众就医满意度不断提升。与此同时，DRG/DIP支付方式还可以促成医疗机构实现"同病同治同付"，更好地体现出公平性和均等化，提升群众就医服务的可及性。

医保基金是全国参保人的"看病钱""救命钱"，基金运行是否平稳对于整个医疗行业具有十分重要的意义。把钱花出去并不难，难的是如何实现更有效率地支付，为参保人提供稳定有力的费用保障，为医疗机构提供持续稳健的资金来源。

三、按照疾病诊断相关分组付费与按病种分值付费的比较

2018年，国家医疗保障局成立以后，全面推进医保支付制度改革，积极探索按病种付费方式。全国不同地区主要进行了两种按病种付费方式的改革试点与推广，分别是按疾病诊断相关分组付费（DRG）与按病种分值付费（DIP）。这两种付费方式的本质区别并不是所划分的病种（组）不同，而是医保支付价格形成机制和风险分担情况不一样。这里对DRG与DIP进行比较分析。

（一）DRG

DRG本质上属于捆绑付费方式的一种。其基于"临床特征相近、资源消耗相近"的原则，根据住院病人患病类型、病情严重程度、治疗方法以及病人个体特征、并发症等因素，将患者分为不同的疾病诊断相关组。DRG既可以用于医院服务管理，也可以用于医保结算。医保部门事先为各种疾病诊断相关分组确定支付价格，该支付价格就会成为一种指导价格，并对医院和医生的行为产生影响。医院和医生为了获得更多利润，会主动控制医疗成本，提高服务效率，否则一旦治疗成本超过支付价格，医疗服务供给方会遭受损失。DRG的基本假设是不同医院对于给定DRG的治疗成本差异是由效率差异造成的。但这个假设显然会遭受诸多挑战，例如不同医院的医疗投入、医疗质量、所接诊病人的收入情况和疾病严重程度均可能存在较大差异。所以，在不同医疗机构成本差别较大的地区实行DRG是有一定难度的，容易引起不同医疗机构的争议。

许多国家结合当地参保人的住院情况设计了不同版本的DRG。不同国家的DRG分

组情况存在一些差异。即使在我国不同的 DRG 试点城市，其分组也不完全一样。除了分组以外，更为关键的问题是如何事先确定 DRG 的支付价格。一些国家在推行按 DRG 付费之前，花了较长时间进行医疗成本的监测与调查，能够比较准确地估计不同 DRG 的医疗成本范围，并以此为基础测算不同 DRG 的支付价格。由于我国医保部门并不掌握医疗机构的成本数据，许多试点地区是将用于 DRG 病例的医保基金总预算与 DRG 的权重结合起来确定支付价格，即所谓的费率法。首先，根据历史数据计算不同 DRG 的权重，其权重等于该 DRG 的平均费用除以本地区所有病例的平均费用，反映该组别相对于其他组别的临床技术难度和资源消耗程度。然后，将不同 DRG 的权重乘以其期望发生的病例数，并加总得到总权重。接下来，利用当年用于 DRG 病例的医保基金总预算除以总权重，得到单位费率。最后，将单位费率乘以不同组别的权重，得到某具体 DRG 的医保支付价格。

我国目前实行的 DRG 主要应用于短期急性住院病例，对门诊、康复、长期照护、精神类疾病等并不适合。由于具有捆绑预付的特点，它可以激励医生控制成本，降低费用增长速度，但不可避免地会导致出现挑选病人等情况。对于医保支付方来说，要准确预测所有 DRG 的发生病例数也是一件具有挑战性的工作。参保人的患病概率有可能会影响医保基金的支出水平。此外，如何对医疗服务进行合理公平的定价，需要医院的真实成本数据，而不能依赖过去几年波动较大的费用数据。我国医保部门现阶段很难判断不同 DRG 的医保支付价格与其真实成本之间的差距。不同医疗服务提供者的治疗成本和医疗质量差异越大，则推广 DRG 所面临的挑战越大。

（二）　DIP

由于推行 DRG 对医保信息化和数据质量要求比较高，我国一些城市另辟蹊径，自行探索 DIP 改革，比如江苏淮安、江西南昌、广东中山等地。经过多年的实践与讨论，DIP 最终得到国家医疗保障局认可，并于 2020 年在全国较大范围内选择试点城市进行推广。从理论上讲，DIP 是在按病种分组的基础上将区域总额预算和点数法结合在一起的复合医保支付方式，基本遵循"总额控制、病种赋值、月预结算、年终清算"的原则进行制度设计。

从病种分组情况看，DIP 与 DRG 存在差异。DIP 是在疾病诊断与治疗方式组合穷举和聚类的基础上，确定分组并纳入统一目录管理。病种分组以后，通过测算各病种的次均费用与某基准病种的比例关系确定相应的病种分值。基准病种为在全市定点医疗机构近几年社会医疗保险住院病例中普遍开展、临床路径明确、并发症与合并症少、诊疗技术成熟且费用相对稳定的病种，通常将基准病种的分值设为 1 000 分。病种分值越高，反映治疗该病种所耗费的医疗资源越多且难度系数越高。另外，考虑到不同医疗机构的治疗成本存在差异，许多地方根据不同医疗机构的级别、病种次均基本医疗费用以及绩效考核情况，确定了不同医疗机构的权重系数。通常，DIP 将病种分为三类：基层病种、常见病种、综合病种。基层病种是指适宜在基层治疗，医保部门不考虑医疗机构系数，采用同一分值与所有医疗机构结算的病种。设立基层病种的目的主要是促进分级诊疗，让三级医院集中精力去承担难度较大的手术治疗，不与小医院竞争。常见病种是指病种库中排除基层病种后，在统筹地区全年实际病例数达到一定数量（5 例或 10 例以上）的病种。综合病种是指因发生例数较少而在建立病种库时未单列，将其归为一个并使用统一分值的病种。由于治疗费用差异较大，综合病种统一分值的做法容易引起争议。

为了维持医疗机构的正常运转，医保部门通常会按照某种方式与医疗机构进行月预结算。每年年初，各地区将对上一年度纳入 DIP 结算范围的病例进行最终结算。首先将各定点医疗机构的年度分值（考虑医院系数）进行加总，得到整个地区的总分值。然后利用区域内 DIP 的总预算金额除以总分值，计算出病种分值的单位价格。最后将各定点医疗机构的年度分值乘以每单位分值价格，得到各定点医疗机构 DIP 应支付金额（A），并将其与各定点医疗机构的住院统筹基金发生额（B）进行比较，再按照一定的规则决定最终的结算金额（C）。对于如何在医保部门和定点医疗机构之间分担风险，不同地区的规定也不一样，因而所产生的激励会存在差异。以广州市为例，若 B/A 小于 80%，则 $C=B$；若 B/A 的值处于 [80%，100%]，则 $C=A$；若 B/A 大于 1，则超出 10% 以内的部分，由医保基金按 70% 的比例进行补偿。为了促进医疗机构实现"合理检查、合理治疗、合理用药、合理收费"，许多地方的医保部门会考虑按照"结余留用、风险分担"的原则进行制度设计，其目的是一方面鼓励医疗服务提供方控制成本，另一方面支持医疗服务提供方承担风险，尽量不将高成本推给病人。但是，无论如何，确定合适的边界是一件很难的事情。

无论是 DRG 还是 DIP，其基本流程均如下：① 根据一定规则进行病种分组；② 收集费用/成本信息来决定不同病种间的相对权重；③ 运用转换机制将病种的相对权重转换成货币价格，进行医保支付。DRG 与 DIP 的病种分组原理不一样，但这并不是它们的本质区别。一些地方例如广东佛山将两种支付方式结合起来，实行按 DRG 分组的病种分值付费方式。两种支付方式的本质区别在于病种医保支付价格的形成机制不一样。按 DRG 付费是医保部门按照预先确定的病种价格与医疗机构进行结算。在 DIP 方式下，病种分值的单位价格无法事先确定，而是由该地区内所有医疗机构相互竞争、共同决定，不同病种最终的医保支付价格要到年终结算时才能最终确定。由于实行总额预算管理，很有可能会出现地区内总分值增加，每单位分值的价格下降，医疗机构最终获得的医保支付金额反而减少的情形。在 DRG 方式下，医保支付价格是事前确定的；而在 DIP 方式下，医保支付价格是事后确定的，对于医疗服务提供方来说更具有不确定性。通过病种分值的变化，模糊了每个病种与具体医疗费用间的直接对应关系，可以倒逼医院合理利用医疗资源，健全成本核算体系。

由于 DIP 和按 DRG 在医保支付价格形成机制上的差异，其对医疗机构、医保基金、参保人的影响程度也会不同。从财务风险角度来看，与 DRG 相比，DIP 更容易将财务风险转移给医疗机构。从控制成本角度看，在这两种支付方式下，不管是否事先知道具体病种的支付价格，医疗机构和医生都有内在动力去加强成本控制和提高效率，DRG 会具有更加明确的标杆效应。同时，过度的成本控制可能会对医疗质量、病人满意度带来负面影响。如何在医疗成本控制与质量保障之间取得平衡，是医保部门需要重点关注的问题。

四、完善我国医保支付方式改革的建议

全民健康是建设健康中国的根本目的。医保支付方式改革不应局限于控制医疗费用增长，而应与医疗卫生体系的整体目标关联起来。医保支付方式改革的最终目的是为医疗服务提供者提供恰当的激励，使其能够根据病人的需要提供适宜的服务，使医疗服务提供者的利益与人民群众的健康水平相一致。为了控制医疗费用过快增长，传统的医保支付方式改革从按服务项目付费转向按人头付费或捆绑支付，但依然面临着控制医疗费用增长与提高医疗质量之间难以平衡的问题，未能有效满足建设健康中国的要求。在医保基金支出面临较大压力的背景下，我国推行按病种付费方式是大势所趋。从试点情况来看，现阶段的医保支付方式改革对于降低医疗费用增速、促进医疗机构精细化管理具有积极作用。然而，正如前文所分析的那样，任何单一支付方式都存在局限性，需要必要的前提条件和配套改革，才能使改革达到预期目标。要实现全民健康的宏伟目标，我国医保支付方式改革要与医疗服务供给侧改革协同发展、相互促进，逐渐考虑将支付金额与医疗质量、健康绩效挂钩，建立起更加综合全面的复合支付方式。[1]

第一，进一步完善按病种付费的基础技术条件。无论是 DRG 还是 DIP，病案首页的数据质量决定了支付方式的运行效果。建议医保局和卫健委紧密合作，促进疾病诊断和操作编码的统一使用，加强病案首页数据管理，确保病案首页信息的真实有效。合理的医保支付价格是按病种付费方式能够顺利实行的关键所在。目前，不同病种之间的相对权重是基于最近几年的医疗费用数据而非医疗成本数据计算得到的。由于历史医疗费用数据的波动性较大，有时很难客观比较不同病种的资源消耗程度，容易导致一些医生行为的扭曲。当然，收集医院不同病种的成本信息不可能一蹴而就。从长远来看，医保局和卫健委应建立一套制度，鼓励医院申报其治疗成本和医疗质量。这些工作对于完善按病种付费方式有积极深远影响，同时也是未来实行医保支付与医疗质量、健康绩效挂钩的基础条件。此外，由于医疗技术的不断更新发展，医保局每年需要根据外部环境和医疗成本或费用的变化，动态调整病种分组和相对分值，并与医疗机构、专业人士等保持密切沟通，及时纠正不合理之处。

第二，扩大捆绑支付范围，促进形成整合型医疗服务体系。目前，医保局主推的 DRG 和 DIP 主要针对的是急性住院阶段的医疗服务。而要实现全民健康并不能仅仅依靠住院治疗，还需要疾病预防、门诊、康复等多个环节的提升与配合。长期制约我国医疗体系绩效的原因主要包括"重治疗、轻预防"和分级诊疗难以实现。由于病人的异质性和医生可选择的治疗手段与方案越来越丰富，分割的医疗服务体系容易造成多个医疗服

---

① 彭浩然：《医保支付方式改革与健康中国建设》，载于《中山大学学报（社会科学版）》2023 年第 2 期，第 14—22 页。

务提供者的分工协作出现问题，不利于提高质量和控制成本。例如，仅对住院医疗服务进行捆绑支付，可能造成医疗费用向门诊和其他部门转移，整个医疗体系的成本未能有效减轻；如果不重视疾病预防，则可能导致人群发病率提高，住院治疗需求大幅上升；基层医疗服务提供者若不能真正发挥"守门人"角色，医疗费用分布的倒金字塔结构就不可能得到根本性扭转。应通过扩大医保捆绑支付范围，加强不同医疗机构或部门之间的合作，促进整合型医疗服务体系的形成，强化预防保健的作用，减少医疗住院需求，提高整个医疗体系的绩效。如何在不同医疗服务提供者之间扩大捆绑支付的范围，一直是医保支付方式改革中极具挑战性的问题。关键在于怎样定义捆绑支付的范围，从哪里开始到哪里结束；不同医疗服务提供者如何进行合作以降低协调成本；如何评估不同医疗服务提供者的绩效，等等。我国目前正在大力推进医联体、医共体建设，医保支付方式改革应当与医疗组织结构的变化相适应。同时，公共卫生体系与医疗卫生体系的分割不利于健康中国目标的实现，建议以健康为导向统筹使用医保基金和公共卫生服务资金，通过支付方式改革，提升医疗体系的整体绩效。

第三，加强医疗质量保障体系建设，逐渐引入按医疗质量和绩效付费方式。如何在控制医疗费用增长速度的同时提高医疗质量，是医保支付方式改革需要面对的难题。以往对从按项目付费转向按病种付费的担忧主要在于过度控制成本给医疗质量带来的负面效应。为了减轻这种负面效应，主管部门应加强医疗质量保障体系建设，比如重视临床路径管理、规范医疗行为等。近年来，许多国家在支付给医疗服务提供方的金额与医疗服务质量和效率之间建立联系，希望降低可避免的再入院率，提高诊断和治疗的质量。我国一些前期基础较好的地区也可以尝试引入按医疗质量和绩效付费方式。目前存在的主要障碍在于医保部门很难客观、全面、完整地对医疗机构的质量和成本进行监测和评估。但是，随着信息技术的发展，持续评价医疗服务过程和结果的能力会越来越强，医保支付与医疗质量和绩效的关联必然会越来越紧密。

专栏

中国医保支付体系改革 25 年：成就、问题与展望

一、我国医保支付方式改革的现状与成就

1999 年 1 月我国城镇职工基本医疗保险制度开始运行，正式进入社会医疗保险制度阶段以来，门诊和住院医疗服务在就诊人群、费用结构和医保支付管理方面始终存在较大差异，在支付方式改革时需针对各自特点，分别采取不同的支付方式。为提高医保基金的使用效率、减轻群众的就医负担，在住院费用结算方式上，我国先后推行按病种付费、总额控制、DRG 和 DIP 等支付方式改革，各地纷纷进行探索实践，推动我国支付方式改革不断向纵深发展。经过 25 年的探索和改革，在我国医保制度改革的整体布局框架下，伴随着医保制度改革进程的不断深入，医保支付方式改革从无到有、从点到面、从面到全，成为

深化医保制度改革的主战场之一，同时为推动"三医联动"改革、助力医药健康产业供给侧改革、提高人民群众就医的满意度和获得感做出贡献。

（一）深化医疗保障制度改革

支付机制作为医保待遇政策的核心环节，为各项政策的协同提供了耦合点，有利于克服按服务项目付费模式下医保政策碎片化的问题，统筹发挥医保政策的合力，深化医疗保障制度改革。第一，改革覆盖范围不断扩大。截至2022年，DRG/DIP支付方式已覆盖过半统筹地区，实际付费地区定点医疗机构DRG/DIP覆盖率达52%，病种覆盖率达78%，住院医保基金支出覆盖率达77%。第二，基金监管水平不断提升。DRG/DIP支付方式促进了医保基金监管手段的迭代升级，以大数据技术为依托的智能化监管体系不断健全与完善，对违规行为定位的精准度和执法效率得以提高。第三，基金使用效率持续提高。改革实施后，部分统筹地区基金超支的局面得以扭转，基金结算率得到提高，基金管理的精细化程度有效提升。第四，中医支付方式改革实现突破。部分地区探索开展了基于DRG/DIP的中医按病种支付方式改革，建立起基于价值和疗效的中医临床路径和评价体系，实现中西医"同病同效同价"，为中医病种纳入医保支付体系的难题提供了解决方案，推动了中医事业的传承与发展。

（二）推动"三医联动"改革

医保在"三医联动"改革中处于基础地位，对医疗、医药资源的合理配置具有核心杠杆作用，对"三医"有效联动客观上起到促进作用。在DRG/DIP支付模式带来的竞争机制下，医疗机构的管理方式由粗放式转为精细化、信息化，在医务管理上规范诊疗行为、提高技术水平，在财务管理上加强成本控制，在病案管理上提高编码质量，在薪酬分配上优化绩效考核体系，有力推动了公立医院综合改革的进程，引导医疗、医药资源优化配置和医疗机构高质量发展。部分试点地区的医疗机构运用成本作业法开展全病种成本核算，通过精细化的财务核算科学制定控费措施，部分医疗机构建立基于循证药学的药物治疗临床路径，探索保证用药安全和合理控费的有效途径。还有部分医疗机构积极改革绩效管理机制，从技术、疗效、效率等方面建立符合各科室病种特征的绩效考核机制，引导和激励医务人员规范行为、提高技术。

（三）助推医药健康产业供给侧改革

支付方式改革通过对医疗服务行为的引导和规范，进而对医药健康产业的发展产生深远影响。首先，医疗机构加强临床路径管理和财务核算，对药品和医用耗材的性价比提出更高要求，从而将压力传导至医药行业，促进企业在保证产品质量的同时注重成本管理，推动医药行业供给侧改革。其次，多数地区设置了特例单议或除外支付机制，支持创新医药产品和新型诊疗技术的应用，解除医疗机构和医药企业对开展新技术的顾虑，促进相关产业创新发展。最后，支付方式改革对商业健康保险的发展也起到促进作用。数据显示，2019年，商业健康保险赔付占基本医保基金支出的比重达 11.8%，部分商保公司还参与了地方医保体系的运作，如当前已在多地试点的长期护理保险，以及总参保人次 2.98 亿、覆盖 29 个省（区、市）的"惠民保"项目等。支付方式改革促进医疗服务降本增效的导向和支付数据的公开，有利于商保公司赔付成本的控制，也为商业健康保险的业务模式发展提供了机遇。

（四）提高群众就医满意度

"看病难、看病贵"是多年来群众反映强烈的焦点问题，也是我国医改要解决的核心问题。造成该问题的主要原因，一是优质医疗资源分布不均，导致患者就医不便；二是医疗费用居高不下，造成患者负担过重。经过多年的改革探索，特别是 DRG/DIP 支付方式改革实施以来，"看病难、看病贵"得到了初步缓解。一方面，很多医疗机构，特别是县级及以下基层医疗机构在支付方式改革的激励下，积极引进和开展先进诊疗项目、提高收治能力，技术水平和服务能力得到提高，群众就医的便捷度得以提升。另一方面，医疗费用过快增长的势头得到控制，患者负担随之减轻。一项基于我国 19 个地区 2013—2019 年的抽样数据研究显示，DRG 和 DIP 两种支付方式均显著降低了参保患者的单次住院费用。上述两方面双管齐下，群众就医的满意度不断得到提高。

二、我国医保支付方式改革存在的问题

25 年来，我国的医保支付方式改革取得了阶段性成就，但现行的 DRG/DIP 支付方式在政策设计和支付管理上还存在一些不可忽视的问题，如支付体系与定价体系衔接不畅，在引导医疗资源配置方面无法发挥二者的互补作用；多数地区的改革重点集中在对医疗费用的把控上，价值导向偏弱；对新技术应用和患者的优质优价需求保障不足；覆盖各种诊疗形式、全疾病周期、全人群的支付体系不够健全。这些问题不仅仅是支付机制的问题，还涉及筹资、待遇、监管等多个方面，对这些问题进行分析和界定，将有助于理清我国医保支付体系的优化方向，进一步推动我国支付方式改革进程。

（一）支付体系与定价体系衔接不畅

我国目前的 DRG/DIP 支付方式改革，病组（病种）支付标准的测算主要基于历史次均费用，而非实际诊疗成本。这种计算支付标准的方式，造成一些病组（病种）的权重（分值）存在偏差，出现病组（病种）间的权重（分值）倒挂等比价关系不合理的情况。上述问题的出现，虽然有历史病案数据质量不高、部分医疗机构收费不够规范等因素的作用，但更多的是医疗服务的定价体系不完善、与支付体系未能有效协同造成的，主要表现为：一是医疗服务的定价偏离成本，医疗机构的收费不能完全反映医疗资源的实际消耗情况；二是医疗服务价格改革与支付方式改革未能协同推进，无法发挥二者在引导医疗资源有效配置方面互相支撑、互相促进的作用。由于医疗服务市场中医患双方的信息不对称，医疗机构和医务人员往往掌握更为完备的信息，成为疾病治疗过程中的主导方，在医疗服务的收费方面掌握主动权。要引导医疗资源合理配置，关键在于调节医疗机构和医务人员的医疗行为，而调节医疗行为的抓手，则在于医疗服务的定价和支付两个关键环节。我国目前的医疗服务定价主要以历史费用为基础，依靠专家咨询、参考周边地区情况来制定医疗服务价格，缺乏基于成本核算的医疗服务价格形成和调整机制，定价与成本的偏离导致医疗机构存在逆向补偿、过度诊疗等问题，也给医疗行为和医保支付的监管带来困难。而支付制度以历史收费为基础确定支付标准，则难免出现偏差。因此，建立科学合理的医疗服务成本核算机制和基于成本核算的医疗服务价格监督体系，统筹推进医疗服务价格和支付方式改革，才能更好地实现提高医疗资源和医保基金使用效率的目标。

（二）支付制度的价值导向偏弱

目前，我国医保支付的管理重点仍然放在费用管理上，大多数统筹地区的支付方式未与诊疗质量挂钩。一些已探索开展按价值付费改革的地区，也存在评价指标过于简单、病种覆盖面较窄等问题。支付方式改革的目标，绝不仅仅是控制医疗费用的不合理增长，而是要在控费的同时保障诊疗质量，这也是改革的难点所在。如果支付方式改革的指标体系仅考虑医疗费用的控制，以费用高低决定医疗机构的盈亏，长此以往容易导致医疗机构治疗不足、挑选患者等道德风险问题，既损害患者的利益，也降低医疗资源和医保基金的使用效率。因此，将质量指标纳入支付方式改革的政策设计之中，引导医疗机构在控制成本的同时提高诊疗质量，应成为我国支付方式改革下一步的重点方向之一。而按价值付费的政策体系的设计，涉及医疗过程、质量评价、患者满意度等多方面指标的设置，以及待遇政策、监管执法等配套政策体系，需要建立专业化的医保管理队伍和专家咨询团队，并与医疗机构开展协商谈判，这也是目前我国多数地区医保管理的薄弱环节。

（三）新技术和优质优价需求保障不足

DRG 和 DIP 病组（病种）的形成机制，导致使用创新药品、耗材及新型诊疗技术的病例（以下统称"新技术病例"）及存在患者优质优价需求的病例，容易由于医疗费用明显高于病组（病种）平均水平而在结算中产生亏损。对新技术病例设置特殊结算政策以促进新技术推广应用，已成为很多统筹地区的共识。但在具体政策设置上，大多通过特例单议的方式进行处理，即对总费用超过病组（病种）平均值一定倍数的病例（包括但不限于新技术病例）进行专家评议后，按实际发生的医疗费用进行补偿。该方法在一定程度上解决了新技术病例亏损的问题，但由于该方法属于特例特议，无法解决新技术病例推广应用所需的常态化结算问题，且由于各地为防止医疗机构滥用特例单议规则，通常会设置可申请特例单议的病例数量上限，医疗机构需要在全院的重症、新技术等费用超高病例之中进行选择，不能完全保障新技术的使用。目前，北京、上海已率先出台专项政策对新技术病例予以保障，明确符合条件的创新药械和诊疗项目可进行除外支付或不设高倍率病例控制比例，但并未明确新技术成本核算及后续常规纳入 DRG/DIP 结算的具体办法。而对于优质优价需求病例，同样由于 DRG/DIP 付费模式下医疗机构成本管理的需要，导致部分患者的需求无法得到满足，降低了患者的就医体验。该问题虽涉及人群范围较窄，目前并不凸显，但在实践中已有相关反映，也应引起重视，在支付方式改革的政策设计中，应注意在"保基本"的原则与患者优质优价需求之间寻求平衡。

（四）覆盖各诊疗形式、全疾病周期和全人群的支付体系不够健全

尽管我国支付方式改革正在向着区域、机构、病种和医保基金"四个全面覆盖"的目标迅速迈进，但仍存在未能覆盖各诊疗形式、全疾病周期、全人群的问题。在诊疗形式覆盖方面，DRG/DIP 及已开展的按价值付费的探索以住院为主，未覆盖就诊人次更多的普通门诊及门诊慢性病，特别是在当前各地快速推进普通门诊统筹的情况下，住院和门诊支付方式改革如果未能统一协调推进，则可能出现医疗机构向门诊转移费用的问题。在疾病周期的覆盖方面，目前 DRG/DIP 主要针对急性期住院的病例，需要长期治疗的康复、护理等病例未纳入其中，无法实现提高疾病全周期诊疗效果的引导作用。在人群的覆盖方面，当前的支付方式改革多限于统筹地区内的本地就医，除少数地区试点将部分医疗机构的省（区、市）内异地就医病例纳入改革体系外，大多数异地就医病例未纳入改革范围，存在医疗机构区别对待本地和异地就医患者的可能。出现上述问题的原因，一是我国基层医疗卫生服务体系不够健全，大医院虹吸效应明显，无法形成有效的上下转诊格局，打通急性期住院与长期康复、住院与门诊的支付机制的条件不够成熟。二是医保基金统筹层级较低，除海南、上海、北京等少数地区实现省级统筹外，其他地区仍以市级统筹为主，且各地的待遇和支付政策存在较大差异，为异地就医支付方式改革的实施带来困难。

三、中国特色医保支付体系改革的发展取向

医保支付方式改革，归根结底是医保战略性购买理念和方式的变革。在当前"全民医保"的制度背景和群众医疗健康需求不断上涨的现实背景下，医保基金在医疗健康市场中的购买力大大增加，成为可以影响医疗健康市场运行规则的重要支付方。从购买理念上看，我国医保支付方式经历了从"被动买单"到"主动定价"的转变，在医疗费用支付上掌握了主动权。展望未来，我国医保支付方式改革存在 5 个较为明显的发展趋势：第一，从后付制到预付制，医保基金的使用效率不断提高；第二，从总额控制到总额预算，医保支付管理更加科学、合理；第三，从西学中用到中西结合，逐步探索建立起一套适合中国国情的本土化医保支付体系；第四，从单一方式到多元复合，实现不同支付方式的优势互补；第五，从数量支付到价值购买，形成医、保、患共赢的良性循环。总体而言，我国支付方式改革在实现从无到有、从点到面、从面到全的基础上，正在向着从全到优的方向迈进。

（一）从后付制到预付制

与国外发达地区经历的改革过程类似，我国支付方式改革也体现出鲜明的

从后付制向预付制发展的趋势。在按服务项目付费的后付制模式下，由于医保结算完全按照患者实际发生的费用计算医保支付金额，医疗机构和医务人员没有控制医疗成本的动力，反而可以通过过度检查和治疗提高诊疗收入，患者在此情况下也容易存在"搭车检查"的行为，从而导致医疗费用过快增长，甚至出现基金当期收不抵支的情况，对医保基金的持续运行带来风险和挑战。在此背景下，实行预付制成为支付方式改革的必然选择。预付制通过制定较为明确的付费标准，促进医疗机构加强成本管理，从而实现节约医保基金、提高基金使用效率的效果。

（二）从总额控制到总额预算

自 2011 年人社部要求开展总额控制以来，总额控制已经成为国内多数地区医保基金管理的主要手段之一。但在执行过程中，出现了医疗机构因总额控制指标不足推诿患者、降低服务质量等问题。另外，总控指标的制定完全依赖医保部门的裁量，一方面如果指标分配不合理，则容易导致医患、医保之间的矛盾；另一方面也存在寻租设租的违法空间。近年来，随着 DRG 和 DIP 支付方式的推广应用，越来越多的地区开始从总额控制向总额预算过渡，不再对单个医疗机构制定控制指标，而是对整个统筹地区的医保基金总额进行预算管理，医疗机构在统筹地区医保基金总额的"大盘子"里通过有序竞争获得医保基金的分配额度，从而更加有利于医疗机构的良性发展。

（三）从西学中用到中西结合

在学习借鉴国外经验推行 DRG 付费的过程中，我国一些地区由于信息化水平偏低、中西医诊疗体系不匹配等原因，遇到了很多阻力。在此过程中，通过自下而上的政策创新与经验总结，我国在形成本土化 DRG 政策体系的同时，也创立了具有中国特色的 DIP 支付方式，实施门槛较低，易于迅速推开，很多 DIP 试点城市在改革初期即实现统筹区域内符合条件的住院定点医疗机构全覆盖。另外，在中医医保支付方式改革方面，部分地区开始探索将中医病种纳入 DRG/DIP 实施范围，进一步扩大改革覆盖面，初步摸索出一条适应我国现状的支付方式改革的实施路径。

（四）从单一方式到多元复合

医保制度启动之初，由于医保部门管理能力有限，多采取较为单一、便于操作的付费方式，如广泛使用的按服务项目付费。随着医保制度的完善和医保管理能力的提高，支付方式不断丰富。从当前实践来看，各地大多采取 DRG/DIP、按服务项目、按服务单元等多种付费方式并用的复合支付方式，并与总额预算、点数法等模式叠加。形成了多元复合式的医保支付格局，充分发挥不同支付方式的制度优势，在不同人群、不同病种和不同医疗机构之间进行综合配置，在分级诊疗、慢性病管理和整个医疗服务领域发挥调节作用。

（五）从数量支付到价值购买

传统支付方式下，医保基金根据医疗服务的数量来进行支付，而不对实际疗效进行区分。新一轮支付方式改革以来，"价值购买"的医保战略性购买理念逐渐凸显，按绩效、按价值付费逐渐兴起。在改革先行地区，医保支付不再单纯依据医疗服务的数量，而是将疗效和参保人的健康收益等质量指标纳入医保支付体系，医保支付的着眼点从当前的一次治疗变为一个治疗周期甚至更长时间，并根据质量指标进行差异化支付，从而引导医疗机构更加注重诊疗质量，提高患者的健康收益。从本质上讲，从数量支付到"价值购买"其实就是进一步强化医保支付方式改革的"价值导向"。从长远来看，"价值购买"秉持的"价值导向"支付理念更加有利于维护参保人的健康权益，参保人健康水平的提升又有助于节约诊疗成本、提升医保基金支出绩效，形成医、保、患共赢的良性循环。

四、中国特色医保支付体系改革的政策建议

经过 25 年的探索和发展，我国的支付方式改革从地方自主探索到全国统一推动，从借鉴国外经验到开展本土化改革，取得了控制医疗费用过快增长、减轻群众就医负担、推动医药健康产业高质量发展等一系列成就。同时我们也应认识到，我国以 DRG/DIP 为代表的新一轮支付方式改革还处于初级阶段，运行机制和政策设计尚不健全，存在定价与支付体系脱节、价值导向弱、疾病全周期全人群覆盖不足等问题。如不采取合理方法加以解决，将对改革的深入实施产生不良影响，也不利于发挥支付方式对医疗服务及相关产业的引导、规范作用。

（一）加强医疗服务价格与支付方式改革的协同机制

2018 年机构改革前，医疗服务的定价、使用和监管等职能分散在物价、人社、卫健等部门，定价与支付脱节，难以形成协同推进的合力。2018 年国家医保局成立后，医疗服务价格管理职能从物价部门划入医保部门，为统筹推进医疗服务价格和支付方式改革提供了条件。一方面，要建立科学合理的成本核算机制，这是推进医疗服务价格和支付方式改革的共同基础。在具体机制的设计方面，可借鉴国际经验，建立医疗机构成本信息定期报告制度，并利用外部审计、故障排除算法等方法对医疗机构报送的成本信息进行核实，同时充分考虑未来经济发展、消费水平提高、疾病谱变化等情况，建立配套的医疗服务价格动态调整机制，为医疗服务的定价和支付政策的设置提供参考。另一方面，要建立价格改革和支付方式改革的协同联动机制，统筹推进医疗服务价格和支付方式改革。价格是支付的基础，但只实施价格改革而忽视支付方式改革，会重走按服务项目付费下过度诊疗的老路；只实施支付方式改革而忽视价格改革，则会由于支付与成本的脱离造成医疗机构收入结构的失衡，不利于医疗服务体系的健康发展。因此，在目前我国多数地区价格改革滞后于支付方式改革的情况下，应在国家层面建立健全医疗服务价格和支付方式改革的协同推进机制，明确实施路径，指导地方尽快补齐短板，提升改革实效。

（二）建立健全价值导向的支付机制

从国际经验来看，实施价值导向的支付机制已成为支付方式改革的发展方向。我国的支付方式改革尚处于起步和发展阶段，多数地区仍以费用管理为主，建立较为成熟的价值导向的支付机制任重道远。从各地支付方式改革的进展情况来看，不同地区之间改革的深度和广度进展不平衡，医保管理、信息化水平等基础条件差距较大，统一推进按价值付费的条件尚不成熟。因此，从实现路径上，可分三步走：首先，以DRG/DIP改革基础条件较好的地区作为先行地区，在已有的支付制度框架内嵌入诊疗质量评价指标，改变单纯以病组（病种）次均费用确定医保基金支付金额的计算机制，在与医疗机构协商谈判的基础上，制定与质量评价指标相匹配的医保支付调节机制，根据费用管控和诊疗质量综合确定支付金额，引导医疗机构注重诊疗质量管理；其次，在综合先行地区探索经验的基础上，在国家层面上建立用于医保支付的诊疗质量评价共性指标体系，为各地推行按价值付费提供基础框架，允许各地根据实际增设本地化特色指标，并进一步扩大试点范围；最后，制定按价值付费的时间表和任务图，自上而下大力推进价值导向的支付方式改革，实现区域全覆盖，并建立诊疗质量评价指标的动态调整机制，以适应经济社会发展和医疗技术更新迭代。

（三）制定适度、公平、可持续的支付政策

按照适度、公平、可持续的原则，建立新技术病例申报补偿机制和优质优价服务除外支付机制，合理保障新技术发展和患者高质量需求。从国外实践经验来看，美国建立了高值创新医疗技术补充支付机制，短期内通过附加支付、异常值支付和共同支付（即前两者兼具），对新技术、高成本病例进行补偿；后续则在2~3年运行的基础上，根据实际情况将符合条件的新技术病例纳入常规DRG病组中，实现长期常态化支付。在我国DRG/DIP改革中，可借鉴该做法，建立本土化的新技术病例申报补偿机制，科学测算新、旧技术的成本差异，合理设定新技术病例的补偿标准，而不是简单进行据实结算。同时，配套建立新技术病例跟踪监测机制，将在一定监测周期（如2~3年）内技术成熟、费用稳定且达到一定数量的新技术病例纳入DRG/DIP常规病组（病种）结算范围。对于优质优价服务，则建议参照新技术病例的申报机制，对优质优价需求较为集中的病种，建立优质优价服务除外支付机制，对符合条件的优质优价服务按同类普通服务的价格计入病例总费用，超出同类普通服务价格的患者个人自费部分不纳入DRG/DIP结算的统计范围，避免由于该类患者特殊需求导致医疗机构亏损。但与此同时，应注意对新技术及优质优价病例的监督管理，避免出现医疗机构诱导患者选择新技术及优质优价项目以规避财务风险的新问题发生。

（四）探索建立统一高效的中国特色医保支付体系

《中共中央 国务院关于深化医疗保障制度改革的意见》指出，深化医疗保障制度改革要坚持以人民健康为中心，增强医疗保障的公平性和协调性。从这个意义上来讲，支付方式改革应着眼于全民健康的总体目标，立足我国实际，推动建立覆盖各诊疗形式、全疾病周期、全人群的改革体系。第一，应加快完善我国基层医疗卫生服务体系，推动医共体、医联体建设，提高基层医疗卫生机构的诊疗水平，为进一步落实分级诊疗制度奠定基础。第二，探索实施基于价值付费的整合医疗服务的有效路径。借鉴美国、德国等国家的实践经验，将疾病预防、慢病管理等过程整合纳入医保支付机制中，激发医疗机构、医务人员及卫生服务团队的内在协作动力，从疾病周期的全过程提高诊疗质量、降低整体医疗费用。第三，提高医保基金统筹层次，扩大省（区、市）级统筹的覆盖范围，逐步实现省（区、市）内医保待遇政策与支付机制"同城化"，并在此基础上，探索跨省（区、市）异地就医支付方式改革的可行方法。第四，建立统一的医保支付体系。在推进普通门诊统筹的同时，同步推进门诊支付方式改革，并与住院支付方式改革相衔接。同时进一步健全多元复合式医保支付机制，根据不同类型医疗服务的特点选择适宜的医保支付方式，实现不同医保支付方式的优势互补。另外，目前 DRG 和 DIP "双轨制"并行的改革路径在短期内是我国地区间改革基础差异较大的情况下的最优选择。但从长期来看，由于二者的原理相近、基础数据来源相同，加之二者与中医医保支付方式改革的不断兼容适配，未来存在双轨融合的可能，从而探索建立统一高效的中国特色医保支付体系。

（资料来源：郑秉文、韦玮：《中国医保支付体系改革 25 年：成就、问题与展望》，《社会保障评论》2024 年第 3 期，第 75—89 页。略有修改）

📖 本章小结

党的二十大报告明确了要深化医药卫生体制改革，促进医保、医疗、医药协同发展和治理。这既体现了党中央对我国医疗保障领域过去几年政策实践的充分肯定，同时也赋予了医保在引导"三医"协同治理上的重要任务。医保支付方式是医保基金发挥战略购买作用，协调医疗服务供给、引导医疗卫生资源配置的重要工具，不断推进的医保支付方式改革正在对中国医改整体格局、医疗医药行业生态产生重大而深远的影响。

📖 主要概念

总额预算制；按服务项目支付制；按人头付费制；按病种付费制

📖 复习思考题

1. 我国医保支付方式改革的意义和目的是什么？
2. DRG 和 DIP 有何异同？
3. 未来应该从哪些方面进一步完善我国医保支付方式改革？

第六章

我国基本医疗保险病种目录、药品目录制度

—————— 本章导言 ——————

2009年，我国启动了新一轮医药卫生体制改革（俗称"新医改"）。新医改取得了许多成绩，其中一项就是建成了全世界最大的全民医保体系。随着国家医疗保障局的成立，我国政府一直致力于完善医疗保障体系，除了建立健全基本医保药品的目录管理和药品耗材集中带量采购机制外，还重点推动了医保支付方式改革，推行以按病种付费为主的多元复合式医保支付方式，积极推广按疾病诊断相关分组付费。2020年以来，从药品、医用耗材集中带量采购使用到医保药品目录准入谈判，再到医保基金支付方式改革，医疗保障制度事实上已经发挥出了战略性购买作用，在有效抑制药品与医用耗材虚高的同时，使医疗机构的医疗服务价值得以提升，从而更加紧密地形成医保、医药、医疗之间的良性互动和协同发展。

—————— 重点问题 ——————

（1）我国基本医疗保险病种目录制度的发展。
（2）我国基本医疗保险病种目录的内容。
（3）我国基本医疗保险药品目录制度的发展。
（4）我国基本医疗保险药品目录的内容。
（5）我国药品采购机制的发展。
（6）我国药品采购机制的特征。

● **第一节** ●

我国基本医疗保险病种目录制度

基本医疗保险病种目录是医保支付的主要依据。在我国新时代医疗保障制度建设的过程中，建立管用高效的医保支付机制是重要目标。以 DRG/DIP① 为代表的按病种付费方式已成为当前医保改革的主要方向。2020 年 2 月，《中共中央 国务院关于深化医疗保障制度改革的意见》提出，要"持续推进支付方式改革"，"大力推进大数据应用，推行以按病种付费为主的多元复合式医保支付方式"。

● 一、我国基本医疗保险病种目录的发展过程

医保支付方式作为医保基金代表参保人对医疗服务提供方进行经济偿付的制度安排，对降低患者看病负担、控制医疗费用、调节医疗服务行为和促进医疗资源配置起到重要的经济杠杆作用。我国医保支付方式的制度演进历程伴随社会医疗保险制度的建立、改革和完善而不断发展。

我国医保基金支付医疗费用的结算方法大体可分为后付制和预付制两大类。后付制指医保在定点医疗机构提供医疗服务后按一定标准偿付医疗费用的支付方法，以项目付费法为代表；预付制指医保根据事先与定点医疗机构协商谈判确定的支付标准进行费用

---

① DRG 是一种病例组合分类方案，要根据患者的年龄、疾病、并发症、治疗方式、资源消耗等因素进行分组，按照分组打包付费。DIP 利用大数据优势建立完整管理体系，发掘"疾病诊断＋治疗方式"的共性特征对病案数据进行客观分类。之后再结合统筹区内医保基金总额，确定每个病种的付费标准。DRG 和 DIP 都是按照病种打包付费，区别就在于病种的分组依据不一样。DIP 强调存在即合理，适合评价重病病组，实施合理超支分担的支付原则。两者有机结合，可以在病患之间找到平衡点。DRG 并非我国首创，早在 20 世纪 70 年代便已经运用于美国的医疗体系，主要用来评估短期住院医疗及管理医保支付。随后 DRG 在世界范围内广泛运用，并产生积极的影响。2017 年 6 月，国务院办公厅发布《关于进一步深化基本医疗保险支付方式改革的指导意见》，提出选择部分地区开展按疾病诊断相关分组付费试点。2018 年 12 月，国家医保局办公室发布《关于申报按疾病诊断相关分组付费国家试点的通知》，在多个城市开展试点，DRG 付费体系进入快速发展阶段。2020 年 6 月，国家医保局公布了国家医疗保障疾病诊断相关分组（CHS-DRG）细分组方案（1.0 版），确立了 376 组核心 DRG（ADRG）和 618 组 CHS-DRG 细分组。2021 年 3 月，北京、天津等开展 DRG 付费国家试点工作的城市已全部通过模拟运行前的评估考核，进入模拟运行阶段。DIP 支付方面，2020 年，国家医保局办公室发布《关于印发区域点数法总额预算和按病种分值付费试点工作方案的通知》，随后发布多个文件建立 DIP 支付体系，最终在 71 个城市启动试点工作。推广 DRG/DIP 付费方式，就是为了实现"医、保、患"三赢的局面：改善医院诊疗水平，提高医保基金使用效率，减轻参保患者治疗负担。

偿付的支付方式，包括人头付费法、服务单元付费法、病种付费法和总额预算法等。按病种付费是指公立医疗机构在提供医疗服务过程中，以病种为计价单位向患者收取费用。按病种收费标准包含患者住院期间所发生的诊断与治疗等全部费用，即从患者入院按病种治疗管理流程接受规范化诊疗最终达到临床疗效标准出院过程中所发生的诊断、治疗、手术、麻醉、检查检验、护理以及床位（普通床位）、药品、医用耗材（含植入材料）等各种费用。

按病种收费在国际上较为常见。美国、德国、澳大利亚及日韩等国家在医保支付中都不同程度地采用了该模式。与我国常见的先问诊再按实际发生的医疗项目支付不同，预付方式下医疗保险在患者接受医疗服务前就已确定支付费用，因此服务提供方承担较多的经济风险，有主动压缩费用、节约开支的动力。

（一）单病种付费阶段

单病种付费是指仅以疾病主要诊断或主要手术操作作为病例组合的要素，不对合并症和并发症进行归类分组，将相对独立、单一的疾病进行诊疗全过程的独立核算和费用总量控制，按单病种制定付费标准的付费方式。

2004 年 8 月，卫生部办公厅发布《关于开展按病种收费管理试点工作的通知》，河南、内蒙古、福建等省（区、市）先行开启了按病种付费的地方试点。2011 年 4 月，国家发展改革委和卫生部联合印发《关于开展按病种收费方式改革试点有关问题的通知》，公布《按病种收费推荐目录》，推荐了 104 个病种目录。同年 5 月，人力资源和社会保障部发布《关于进一步推进医疗保险付费方式改革的意见》，指出：住院及门诊大病医疗费用的支付，要结合医疗保险统筹基金支付水平的提高，探索实行以按病种付费为主的付费方式。按病种付费可从单一病种起步，优先选择临床路径明确、并发症与合并症少、诊疗技术成熟、质量可控且费用稳定的常见病、多发病。同时，也要兼顾儿童白血病、先天性心脏病等当前有重大社会影响的疾病。具体病种由各地根据实际组织专家论证后确定。2017 年 1 月，国家发展改革委、国家卫生计生委等联合发布《关于推进按病种收费工作的通知》，全面推进按病种收费改革，通知公布了 320 个病种目录，供各地推进按病种收费时选择。2018 年 2 月，人力资源和社会保障部办公厅发布《关于发布医疗保险按病种付费病种推荐目录的通知》，在各地已开展按病种付费工作和医保大数据聚类分析的基础上，经专家论证制定了《医疗保险按病种付费病种推荐目录》。

单病种付费的病例组合要求必须是诊断和治疗相对规范单一，且疗效判定标准明确的病种，因此一般覆盖范围较窄，难以实现住院病人的全覆盖。单病种分组付费是在单病种付费的基础上，根据病情严重程度对单病种做出进一步划分。总体上来说，二者由于先天局限，难以成为按病种付费主流。

（二）DRG 付费阶段

2018 年，在国家医疗保障局成立之后，改革的步伐明显加快，开始推进 DRG 试点。

2018 年 12 月，国家医疗保障局办公厅发布《关于申报按疾病诊断相关分组付费国家试点的通知》，探索建立 DRG 付费体系。

2019 年 5 月，国家医保局、财政部等联合发布《关于印发按疾病诊断相关分组付费国家试点城市名单的通知》，DRG 付费国家试点工作组确定北京市、天津市等 30 个城市作为 DRG 付费国家试点城市[①]，2020 年模拟运行该付费方式，2021 年启动实际付费。

2019 年 10 月，国家医疗保障局发布了《国家医疗保障疾病诊断相关分组（CHS-DRG）分组与付费技术规范》，在综述国内外不同版本 DRG 经验做法基础上，对于 DRG 分组和付费技术进行了统一表述，并制定了核心疾病诊断相关组（ADRG）目录。分组方案明确，国家医疗保障疾病诊断相关分组（CHS-DRG）是开展 DRG 付费工作的统一标准。包括 26 个主要诊断大类（MDC），376 个核心疾病诊断相关组（ADRG），其中外科手术操作组 167 个、非手术操作组 22 个，内科组 187 个。2020 年 6 月，国家医疗保障局发布《国家医疗保障疾病诊断相关分组（CHS-DRG）细分组方案（1.0 版）》，国家 DRG 付费改革高效推进。2021 年 5 月，国家医疗保障局发布《国家医疗保障疾病诊断相关分组（CHS-DRG）分组方案（1.1 版 ICD 2.0）》，1.1 版相对于 1.0 版修改较大，核心疾病诊断相关组（ADRG）仍保持 376 组，但对其中 101 个条目进行了修订，更改了 43 个 ADRG 组名称，并按照新的 ADRG 组重新测算了并发症（CC）表、严重并发症（MCC）表及排除表，细分组结果为 628 个，其中外科手术操作组 235 个，非手术室操作组 34 个，内科诊断组 359 个。

（三） DIP 付费阶段

2020 年 10 月、11 月，为深化医保支付方式改革，提高医疗保障基金使用效率，国家医疗保障局办公室先后发布了《区域点数法总额预算和按病种分值付费试点工作方案》《国家医疗保障按病种分值付费（DIP）技术规范和 DIP 病种目录库（1.0 版）》，启动新一轮支付方式改革试点。DIP 病种目录库（1.0 版）分为核心病种近 11553 组，综合病种 2499 组。

按病种分值付费的特点是突出区域总额预算管理，不再以医疗机构为单位确定医保额度。区域总额预算，一是强调统筹区内"同病同治同价"的基本原则，即同一病种在同一统筹区内病种费用大致相近（因医疗机构等级及收治病人结构不同设调节系数）；

---

① 2021 年 12 月，国家医疗保障局办公室《关于印发 DRG/DIP 付费示范点名单的通知》确定的 DRG/DIP 付费示范点名单如下。①DRG 付费示范点（18 个）：北京市、河北省邯郸市、山西省临汾市、辽宁省沈阳市、黑龙江省哈尔滨市、江苏省无锡市、浙江省金华市、山东省青岛市、河南省安阳市、湖北省武汉市、湖南省湘潭市、广西壮族自治区梧州市、四川省攀枝花市、贵州省六盘水市、云南省昆明市、甘肃省庆阳市、青海省西宁市、新疆维吾尔自治区乌鲁木齐市（为新疆维吾尔自治区和新疆生产建设兵团联合示范点城市）。②DIP 付费示范点（12 个）：河北省邢台市、吉林省辽源市、江苏省淮安市、安徽省宿州市、福建省厦门市、江西省赣州市、山东省东营市、湖北省宜昌市、湖南省邵阳市、广东省广州市、四川省泸州市、贵州省遵义市。③综合（DRG/DIP）示范点（2 个）：天津市、上海市。

二是对统筹区内 DIP 付费基金实施总额预算管理，防范基金超支风险；三是用区域基金总控和病种分值、点值计算、结算办法等，调控、引导区域卫生资源配置总量和结构趋于合理，尤其对资源过度配置、医疗服务费用总额过高，起到约束作用。

二、我国基本医疗保险病种目录的内容

（一）单病种付费目录

单病种付费是依据疾病诊断诊疗本身，不对合并症和并发症进行归类分组，对独立单一的疾病进行诊疗全过程的独立核算和费用总量控制。

1. 2011 年版病种目录

2011 年 3 月，国家发展改革委和卫生部联合公布了《按病种收费推荐目录》（以下简称"2011 年版病种目录"），推荐了 104 个病种（见表 6-1）。在目录中，主要选择了临床路径规范、治疗效果明确、并发症与合并症少、诊疗技术成熟、质量可控且费用稳定的常见病、多发病，同时兼顾白血病、心脏病、肿瘤等当前有重大社会影响的疾病。

表 6-1　2011 年版病种目录

专业	病种数/个
妇产	20
普外	15
肿瘤	13
泌尿外科	10
骨科	9
眼科	7
胸外	7
心外	7
血液	4
儿外	4
消化	2
口腔	2
神外	2
肾内	1
耳鼻喉	1
总计	104

2. 2017 年版病种目录

2017 年，国家发展改革委等联合发布《关于推进按病种收费工作的通知》，并公布了《320 病种目录》（以下简称"2017 年版病种目录"）。

2017 年版病种目录合计有 320 个病种（见表 6-2），其中消化系统疾病的病种数最多，共 66 个；其次是呼吸系统疾病 47 个；肌肉骨骼系统和结缔组织疾病是 38 个，占比 47.8%。

表 6-2　2017 年版病种目录

项目	病种数/个
消化系统疾病	66
呼吸系统疾病	47
肌肉骨骼系统和结缔组织疾病	38
循环系统疾病	25
女性生殖系统疾病	22
神经系统疾病	20
肾脏和泌尿道疾病	14
眼和附器疾病	14
皮肤、皮下组织、乳腺疾病和烧伤	13
口腔、颌面疾病	12
内分泌、营养及代谢疾病	11
血液、造血器官、免疫系统疾病	10
男性生殖系统疾病	9
耳和乳突疾病	8
鼻咽喉疾病	6
妊娠、分娩和产褥期疾病	4
新生儿、孕期导致的婴儿疾病	1
总计	320

与 2011 年版病种目录相比，2017 年版病种目录新增了姑息治疗和社区诊治管理。姑息治疗对应 6 个病种，全是癌症，分别为原发性肺癌、结肠癌、直肠癌、食管鳞癌、胃癌和乳腺癌。新增原因在于，我国癌症新发病例和死亡人数较多，姑息治疗体现出对患者的人文关怀。社区诊治管理对应 5 个病种，分别是 1 型糖尿病、2 型糖尿病、原发性高血压（低、中危）、原发性高血压（高危）和高血压＋2 型糖尿病。同时，新增病种顾及地方特色的差异性。比如：福建省饮食多海鲜且水质较硬，因此目录增加了肾结石。

3. 2018 年版病种目录

中共十九届三中全会以来，我国全面推进医保改革，着力进行高效率、多方位、有力度的医疗保障体系建设。2018 年 2 月，人力资源和社会保障部办公厅发布《关于发布医疗保险按病种付费病种推荐目录的通知》，并公布《医疗保险按病种付费病种推荐目录》（以下简称"2018 年版病种目录"）。该版目录包含 130 个病种，包括病种名称、疾病代码、主要操作/治疗方式和手术代码。其中绝大多数是针对手术治疗的，仅有少数为非手术治疗。

（二）　DRG 目录

疾病诊断相关分组（DRG）根据患者年龄、疾病诊断、合并症、并发症、治疗方式、病症严重程度及转归等因素，将患者分入若干诊断组（DRG 组）进行管理。以疾病诊断相关分组为单位打包确定的医保付费标准，改变了传统的项目付费方式，是目前世界范围内推行的医保支付方式之一。

1. DRG 的分组过程

DRG 分组遵循逐层细化、大类概括的原则。患者疾病类型不同，通过诊断区分开；同类病例但治疗方式不同，通过操作区分开。这两个因素构成了 DRG 分组的第一个层次，即核心组 ADRG。在此基础上，同类病例同类治疗方式，但病例个体特征不同，则应通过年龄、并发症或合并症、出生体重等因素区分开，最终形成 DRG 细分组，这是 DRG 分组的第二层次。

核心组 ADRG 只是 DRG 分组的中间阶段，它体现了 DRG 分组中的疾病诊断和临床过程相似的原则，是以临床经验为主要考虑因素，辅以少量数据统计来判定分组的。ADRG 分组首要考虑的是临床过程相似，而不过多考虑资源的消耗。这意味着在同一 ADRG 组的患者，其实际资源消耗可能存在较大差异，表现在临床上就是同一 ADRG 组患者的住院时间和医疗费用差异较大。而 DRG 细分组就是要在核心组 ADRG 的基础上，使用回归分析、聚类分析、因子分析、决策分析等统计学方法，寻找关键分组因素和分组节点，如并发症或合并症、年龄等，对 ADRG 进行进一步的细分，最终形成临床过程相似、资源消耗相近的 DRG 细分组。表现在统计学上就是完成细分组以后，住院患者之间的资源消耗差异更多地表现为 DRG 组间差异，而组内差异较小，亦即 DRG 组内差异占总差异的比例变小。形成细分组以后，同一 DRG 细分组内的患者医疗费用基本相近，具备了使用统一支付标准进行医保支付的基础。

2. CHS-DRG 细分组方案的内容

2019 年 10 月公布的《国家医疗保障疾病诊断相关分组（CHS-DRG）分组方案（核

心组 ADRG）》，将所有住院病例划分为 376 个核心疾病诊断相关组（ADRG），包括 167 个外科手术组、22 个非手术操作组及 187 个内科组。本次公布的 CHS-DRG 细分组方案就是在此 ADRG 方案的基础上，对 30 个试点城市 2016—2018 年的历史数据进行统计分析，编制了 MCC/CC 列表、并发症或合并症排除列表，以及最终的细分组目录。

在 CHS-DRG 细分组方案中，主要诊断大类（MDC）和核心疾病诊断相关组（ADRG）基本上与 2019 年 10 月公布的《国家医疗保障疾病诊断相关分组（CHS-DRG）分组方案（核心组 ADRG）》保持一致。MCC/CC 表示患者病案的其他诊断中，经统计分析对医疗费用有重要影响或一般影响的并发症或合并症。同时，由于患者的一些其他诊断与主要诊断关系密切，所以这些其他诊断不能作为 MCC/CC，应当予以排除，细分组方案中每一个 MCC/CC 都对应着一个排除表的表号，每个排除表中都包含若干疾病诊断，表示当这些疾病诊断作为主要诊断出现的时候，相应的 MCC/CC 应该被排除。

（三）DIP 目录

按病种分值付费（DIP）是利用大数据优势所建立的完整管理体系，发掘"疾病诊断＋治疗方式"的共性特征对病案数据进行客观分类，在一定区域范围的全样本病例数据中形成每一个疾病与治疗方式组合的标化定位，客观反映疾病严重程度、治疗复杂状态、资源消耗水平与临床行为规范。DIP 可应用于医保支付、基金监管、医院管理等领域。

DIP 目录库是在疾病诊断与治疗方式组合穷举与聚类的基础上，确定稳定分组并纳入统一目录管理，支撑分组应用常态化的基础应用体系。根据数据特征聚类，DIP 目录库可分为主目录与辅助目录。

1. 主目录

在 DIP 主目录体系中，包含三个级别的目录，以满足不同的应用需求。其中，基于大数据对同一诊断下不同治疗方式共性特征（相同诊断、治疗方式的资源消耗相近）的聚类组合，是 DIP 的基础目录库。三级目录按例数维度收敛形成。核心病种与综合病种。三级目录的功能定位为支付补偿、个案监管；应用定位为医保支付与监管；应用工具涉及按病种分值支付、个案审计。

二级目录是在三级目录基础上的聚类，是诊断相同、不同治疗方式的收敛，保证同一诊断下的可比，既要符合需求的客观，又要考虑治疗方式的适宜性。二级目录全部将治疗方式内敛，其中的相关手术组就会是具体的手术。二级目录的功能定位为资源配置、运行评价；应用定位为公立医院监管；应用工具涉及质量评价、绩效评价、画像系统、BI 平衡等。

一级目录是基于诊断学对疾病分类的解读，与疾病诊断分类及代码（ICD-10 医保 V1.0 版）的类目（前 3 位）相吻合，只考虑诊断。一级目录功能定位为规划设置（区域资源规划、医院学科规划等）；应用定位为宏观调控；应用工具涉及预估模型、全面预算。

2. 辅助目录

由于医疗的不确定性，患者个体差异、医院管理、医生行为等诸多因素均会对疾病的资源消耗造成直接影响，以分组的单一维度对应于疾病的复杂成因与医疗服务的多元供给方式，难以精准评估医疗机构医疗服务产出的合理性，受此影响会出现熟悉规则的医疗机构采取有针对性的方式来争取利益最大化的现象，包括交叉互补、组别高套、诱导住院、风险选择、分解住院、抑制需求等，最终使得医保的支付难以取得预期成效。因此，在主目录病种分组共性特征的基础上，建立反映疾病严重程度与违规行为监管个性特征的辅助目录。

辅助目录以大数据提取诊断、治疗、行为规范等的特异性特征，其与主目录形成互补，对临床疾病的严重程度、并发症/合并症、医疗行为规范所发生的资源消耗进行校正，客观拟合医疗服务成本予以支付。其中，疾病严重程度辅助目录又包括 CCI 指数、疾病严重程度分型辅助目录、肿瘤严重程度分型辅助目录、次要诊断病种辅助目录以及年龄特征病种辅助目录，具体如下。

1）CCI 指数

CCI 指数是为了解决当一个病例有多个严重程度较高的并发症/合并症时，如何更好地反映医疗成本，对病例进行精准支付的问题所构建的辅助目录。《国家医疗保障按病种分值付费（DIP）技术规范》中提到，当一个病例有多个并发症时，可通过严重程度的权重值对其量化，从而使其具有数学上的可比性。

通过 CCI 指数，可以将病例的并发症/合并症严重程度分为极严重、严重、一般和无4 个等级。一个病例的 CCI 指数是由这个病例所有次要诊断的 CCI 分数累加起来的。

2）疾病严重程度分型辅助目录

疾病严重程度分型辅助目录可根据是否有并发症/合并症、并发症/合并症危及范围及死亡状态等疾病数据特征，将 DIP 内的病例区分为轻度、中度、重度及死亡 4 级不同的疾病严重程度，客观反映疾病的复杂程度以及资源的消耗水平，进一步降低组合变异系数（CV），更好地契合成本，避免交叉互补。

3）肿瘤严重程度分型辅助目录

肿瘤严重程度分型辅助目录是针对肿瘤 DIP 的特异化校正目录，其是在疾病严重程度分型辅助目录的基础上叠加肿瘤转移、放化疗等将病例按照严重程度分为 5 级，以不同治疗方式对应的疾病发展阶段更加精准地反映疾病严重程度对资源消耗的影响。

4）次要诊断病种辅助目录

将经综合评价确定为疾病严重程度较轻的病例纳入次要诊断病种辅助目录进行管理，结合住院天数可划分为不同的级别。

5）年龄特征病种辅助目录

利用疾病与年龄之间的关系建立年龄特征病种目录，重点针对 18 岁以下及 65 岁以上的病种进行筛查，对个体差异、疾病严重程度等原因进行分析以确立合适的校正权重，实现基于数据特征的医保支付调节,引导医院针对患者的病情采取合理的治疗方案,从而避免推诿危重病人。

第二节
我国基本医疗保险药品目录制度

一、我国基本医疗保险药品目录制度的发展过程

国家基本医疗保险药品目录是保障广大人民群众基本医疗保障权益的重要制度,也是国家药品监管的重要手段。我国基本医疗保险药品目录制度经过专家评估、医疗机构申报、公示等程序,由国家医保局确定一份具有普遍性、可操作性的药品目录清单,涵盖人民群众常见病和多发病的基本治疗药品,以保障基本医疗保险参保人员的医疗需求。

(一)基本医疗保险药品目录的制定背景

我国基本医疗保险药品目录制度的建立旨在提高基本药物的供应保障和合理使用,保障人民群众的基本医疗需求,治理药品市场混乱现象,同时考虑经济的可负担性。2011 年 7 月 1 日起施行的《中华人民共和国社会保险法》第二十八条规定:符合基本医疗保险药品目录、诊疗项目、医疗服务设施标准以及急诊、抢救的医疗费用,按照国家规定从基本医疗保险基金中支付。

1. 药品市场管理不健全

在市场经济发展过程中,药品市场的价格波动较大,人民群众对医疗保障的需求逐渐增加。基本药物的供应保障和合理使用,能够满足人民群众常见病、多发病的药物需求,提高医疗保障的公平性和可及性。药品市场存在药品质量参差不齐、药品滥用等问题,亟须加强管理。通过建立基本医疗保险药品目录制度,可以规范药品市场,控制药品价格,提高药品质量,减少药品滥用,保护人民群众的合法权益。总体而言,我国基本医疗保险药品目录制度的建立旨在构建合理、健全的基本医疗药品供应保障机制,为人民群众提供更好的医疗保障服务。

2. 医保基金收支平衡压力较大

药品费用支出是基本医疗保险基金支出的重要组成部分。基本医疗保险是按照"低水平、广覆盖"的原则建立起来的保障基本医疗需求的社会保险制度,基本医疗保险基金的总量有限,必须在维护基金收支平衡的前提下,最大可能地发挥基金的利用效率,

对在基金支出中占主要部分的药品费用进行控制。我国上市的药品数量大、品种多。药品生产企业众多，生产成千上万种西药制剂和多种中成药。由于药品流通体制管理不健全，同一药品在不同医疗机构之间、国产药与进口药之间价格差异较大，有些药品的零售价格相差几十倍。在药品市场管理中还存在着上市药品的质量不一、治疗性药品与一般保健性药品混同管理等现象。基本医疗保险如果不根据药品的性质、疗效和价格，将参保人员的用药限制在一定范围内，基本医疗保险基金将出现浪费，收支难保平衡。因此，需要通过限定药品的使用范围来控制医疗保险药品费用的支出。

3. 创新药品可及性较低

从全球趋势来看，慢性病对人类的威胁已十分严重。《2019 世界卫生统计报告》显示，2016 年，全球估计有 4100 万人死于非传染性疾病，占总死亡人数的 71％。就我国而言，随着人口老龄化逐渐加剧，工业化和城镇化进程不断加快，疾病模式正发生重大转变。其中，恶性肿瘤作为居死因首位的慢性病，已经成为严重威胁我国人民健康的主要公共卫生问题。创新药品为恶性肿瘤等其他罕见病患者带来希望。然而，创新药品具有高技术、高健康效益和高价格的特点，在延长患者生存时间或有效改善患者生命质量的同时，高昂的价格也为患者带来沉重负担。多数用于治疗癌症的药品尤其是新药平均价格在万元以上，直接影响到患者的使用。没有进入医保药品目录，不能报销是创新药品可及性较低的重要原因。因此，国家在制定和调整药品目录的过程中，瞄准重大疾病治疗用药需求，力争将新上市的药品纳入医保。

（二）基本医疗保险药品目录的历史沿革

我国基本医疗保险药品目录制度的雏形源于 1951 年，当时医疗保险制度还没有社会化，对于政权建立之初、财力有限的新中国而言，如何用药成了大问题。劳动部会同卫生部、全国总工会和部分大企业按照党中央、国务院要求，起草了一个医疗药品分类名单。经多部门的讨论之后，最终形成了《适用于实行劳动保险条例企业的医疗药品分类名单（草案）》，共涵盖 498 种药品，这一草案在各实行劳动保险条例的企业中试行了 3 个月。试行结果表明，它符合当时的实际需要，所以没有再作修改，一直实行到自然失效。这个医疗药品分类名单的最大特点，是以价格、需要和疗效为条件，综合考虑分别界定为贵重药品、管制药品和普通药品三大类，并给以定义，这也反映了我国当时的经济负担能力和制药技术水平。

我国基本医疗保险药品目录制度的发展历程大致可分为以下三个阶段。

1. 初期探索阶段

我国的医保药品目录管理工作早期由劳动和社会保障部承担。1999 年 5 月，劳动和社会保障部等发布《城镇职工基本医疗保险用药范围管理暂行办法》。2000 年，劳动和社会保障部发布《国家基本医疗保险药品目录》（以下简称《2000 年版药品目录》），该目录规定了在基本医疗保险范围内，医保基金可以承担的药品种类、规格、剂型、用药频次和限定使用范围等。这是我国建立基本医疗保险制度的重要举措，标志着我国医疗保险制度改革配套措施的正式启动。2004 年，劳动和社会保障部发布《国家基本医疗保险和工伤保险药品目录》（以下简称"2004 年版药品目录"），2004 年版医保药品目录较 2000 年版药品目录增加了工伤保险项目及 700 多种新药，并对部分药品的剂型和支付费用进行了明确。2009 年，人力资源和社会保障部发布《国家基本医疗保险、工伤保险和生育保险药品目录》（以下简称"2009 年版药品目录"），适当扩大了用药范围，提高了用药水平。与 2004 年版药品目录相比，2009 年版药品目录覆盖范围更广、制定过程更科学、分类标准更详细，并且在控制医保费用的基础上更加注重基本药物的使用。可以说，在初期探索阶段，我国建立了基本医疗保险制度，并开始探索药品目录的管理。

2. 过渡和完善阶段

医保药品目录分为甲类目录和乙类目录。甲类药品由国家统一规定，各地不得调整；乙类药品由各统筹地区按规定报人社部备案，并对调整品种总数（含调入、调出和调整限定支付范围的药品品种）进行限制。这一时期，人社部引入了药品价格谈判机制，由于各统筹地区具备乙类药品的调整权限，因此部分地区如青岛、浙江、江苏等，均尝试采用谈判准入的方式对医保药品目录进行调整，并取得了一定成效。与初期探索阶段相比，医保药品目录中的药物遴选和确定不再仅限于专家经验，而是开始综合考量客观数据、科学证据以及专家意见等多维度的证据支持决策。其中，基本药物目录对基本医疗保险药品目录的制定和调整起到了重要指导作用，使医疗保险药品目录向更加循证、科学、合理发展起到了关键性的过渡作用。2009 年 8 月，《关于建立国家基本药物制度的实施意见》《国家基本药物目录管理办法（暂行）》《国家基本药物目录（基层医疗卫生机构配备使用部分）2009 年版》同时发布，这标志着以法律为依据、政府为主导、市场为助力的基本药物生产、流通、供应、使用和监管体系开始建立。2017 年 2 月，人社部发布《国家基本医疗保险、工伤保险和生育保险药品目录（2017 年版）》（以下简称"2017 年版药品目录"），新增加药品 339 个，同时可适用于工伤保险和生育保险参保人员。调整目录中，给予儿童用药、创新药、癌症等重大疾病治疗药物更多的侧重。

3. 目录调整常态化阶段

随着 2018 年国家医疗保障局正式成立，我国医疗保障制度的职责、职能和功能在组织架构上进行了重新定位。2019 年 8 月，国家医保局、人力资源和社会保障部发布《国家基本医疗保险、工伤保险和生育保险药品目录》（以下简称"2019 年版药品目录"）。2019 年版药品目录调整幅度相比此前大大增加。对于目录的调整工作尤其是药品准入谈判工作，着力引导药品评审"从主观到客观"，重视客观数据、证据。在药品准入谈判过程中，首先由综合组专家对谈判药品的综合价值予以评估，然后对综合价值较高的创新药品由测算组专家通过药物经济学测算支持以价值为基础的定价。同时，对企业的申报资料要求也在不断更新和完善，对于证据数量及质量的考察更为严格。可以说，这一发展阶段的医保药品目录调整工作进入常态化、制度化和规范化的轨道。2024 年 11 月，国家医保局、人力资源和社会保障部发布《国家基本医疗保险、工伤保险和生育保险药品目录（2024 年）》（以下简称"2024 年版药品目录"）

总体而言，我国基本医疗保险药品目录制度的发展过程是一个不断完善和优化的过程，旨在保障人民群众的基本药物需求，促进合理用药和医疗资源的优化配置。从 1999 年至今，我国基本医疗保险药品目录制度经历了建立初期的摸索和依靠专家主观经验支持决策的阶段，到过渡时期要求主观、客观相结合的评审方式，再到目前的基于客观数据和证据、考虑多维度综合价值、更加公开透明的常态化、动态化调整机制，一系列的探索、深化改革使得我国基本医疗保险药品目录制度日臻完善。

二、我国基本医疗保险药品目录制度的内容

药品目录是指在医疗保险政策覆盖下，可以纳入报销范畴的药品和可以采用的医疗技术手段的总称。历史上，我国医保药品目录在 2000 年发布后，分别于 2004 年、2009 年、2017 年、2019 年进行了修订。在 2018 年国家医保局成立后，我国逐步形成了"一年一调"的动态调整机制。截至 2023 年，药品目录已经过 5 次调整。目录内药品总数量由 2000 年的 1488 种增加至 2022 年的 2967 种。

（一）医保药品目录的分类

医保药品目录主要包括凡例、西药部分、中成药部分、中药饮片部分等。西药部分和中成药部分采用"准入法"制定，所列药品为基本医疗保险准予支付的药品。中药饮片部分采用"排除法"制定，所列药品为基本医疗保险不予支付费用的药品。其中，西药部分和中成药部分又分为甲类目录和乙类目录。

1. 甲类目录

甲类药品是全国统一规定的、能够保证临床治疗基本需要的药物，使用范围广、疗效好，且在同类药物中价格相对低廉。医保患者使用的甲类药品可以被全额纳入报销范围，通过基本医疗保险基金规定比例进行报销。各地不得对国家制定的甲类目录进行调整。

2. 乙类目录

乙类药品也可供临床治疗时选择使用，在同类药品中比甲类药品价格略高。医保患者在购买乙类药品时，要先按照各地规定的比例扣除个人自付费用后，将剩下的费用纳入报销范围，并且按照规定比例报销。各地可根据本地的经济水平和需求，对乙类目录进行适当的增减，但调整幅度不得超过目录药品总数的 15％。

将西药和中成药分为甲、乙两类，主要是考虑到我国各地区经济水平和医疗消费水平的差异。一方面，通过甲类目录，保障大多数职工基本的医疗需求，又能使职工根据用药适应证的个体差异和经济能力选择使用乙类目录的药品，保证职工获得有效的药品。另一方面，通过甲类目录可以控制全国用药的基本水平，可以宏观调控药品费用支出，同时通过乙类目录给各地留出根据用药习惯和经济水平进行调整的余地。

（二）医保药品目录的药物名称

根据我国药品上市情况和管理的需要，医保药品目录中，西药部分和中成药部分采用药品通用名进行表述，并标明剂型，不涉及具体企业，同一通用名（含剂型）下，无论规格和生产企业，均纳入报销范围。

药品一般有三种名称，即化学名、通用名和商品名。

1. 化学名

化学名是根据药品的化学成分和结构来进行命名，具体是以母体名称作为主体名，再连上取代基或官能团的名称，并按规定顺序注明相应序号。

2. 通用名

通用名也称国际非专利药品名称（INN）。INN是世界卫生组织推荐使用的名称，通常是指有活性的药物物质，而不是最终的药品，因此一个药物只有一个药品通用名，使用起来较为方便。通用名是国家市场监督管理总局核定的药品法定名称，与国际通用的药品名称、我国药典及国家药品监督管理部门颁发药品标准中的名称一致。

3. 商品名

商品名是生产厂家或企业的产品注册的名称，是由药品生产厂商自己确定，经国家药品监督管理部门核准的产品名称。商品名和商标一样可以进行注册和申请知识产权保护。在通用名不能得到保护的情况下，生产厂家利用商品名来保护自己并努力提高产品的声誉。

在一个通用名下，由于生产厂家的不同，可有多个商品名称。药品的通用名是经卫生部备案的药品法定名称，具有强制性和约束性。规定西药和中成药主要使用通用名，一是为了保证目录中药品名称符合国家药品监督管理部门的行业规范，二是为了在同一通用名下使不同厂家生产的药品都能纳入基本医疗保险给付范围，促进生产企业在药品质量和价格上进行竞争，也可避免生产厂家为了使自己的产品进入目录而诱发在制定目录中的不良行为。

（三）医保药品目录的药物剂型

医保药品目录中的西药和中成药要标明剂型。根据药品的应用途径，药品的剂型分为口服和吸入剂型、注射剂型和外用剂型等。按照药物的性状，口服和吸入剂型又可分为片剂、糖衣片剂、泡腾剂、颗粒剂、控释剂、喷雾剂等，注射剂型又可分为粉针剂、溶液剂等，外用剂型可分为膏剂、油剂、霜剂等。不同的剂型，价格差异较大。特别是随着药品生产技术的发展，各种新的药品剂型层出不穷，一些采用新剂型的药品比同类药品的其他剂型的价格要高出许多，如泡腾剂、控释剂等。因此，在药品目录中要标明剂型，将同类药品中疗效相当、价格较低的剂型纳入基本医疗保险的用药范围。

（四）医保药品目录内药品的支付范围

根据《基本医疗保险用药管理暂行办法》规定，参保人使用医保药品目录内药品发生的费用，符合以下条件的，可由基本医疗保险基金支付：

（1）以疾病诊断或治疗为目的；

（2）诊断、治疗与病情相符，符合药品法定适应症及医保限定支付范围；

（3）由符合规定的定点医药机构提供，急救、抢救的除外；

（4）由统筹基金支付的药品费用，应当凭医生处方或住院医嘱；

（5）按规定程序经过药师或执业药师的审查。

（五）不纳入医保药品目录的药品

根据《基本医疗保险用药管理暂行办法》规定，以下药品不纳入医保药品目录：

（1）主要起滋补作用的药品，如十全大补膏等；

（2）含国家珍贵、濒危野生动植物药材的药品；

（3）保健药品；

（4）预防性疫苗和避孕药品；

（5）主要起增强性功能、治疗脱发、减肥、美容、戒烟、戒酒等作用的药品；

（6）因被纳入诊疗项目等原因，无法单独收费的药品；

（7）酒制剂、茶制剂，各类果味制剂（特别情况下的儿童用药除外）、口腔含服剂和口服泡腾剂（特别规定情形的除外）等；

（8）其他不符合基本医疗保险用药规定的药品。

三、我国基本医疗保险病种目录制度的实施

（一）目录制定

根据早期的管理暂行办法（1999 年发布的《城镇职工基本医疗保险用药范围管理暂行办法》），药品目录的制定及遴选工作由劳动保障部等部门组成评审领导小组，并在全国范围内选择聘请临床医学、药学、医疗保险、卫生管理等方面的权威专家，负责评审药品目录及删补工作。因此，在医保目录的初期探索阶段，药品目录的制定主要以咨询建议的方式，依据专家的经验来支持决策，并未对客观证据材料做出要求。

早期药品目录的制定主要包括以下程序。

1. 申报阶段

《城镇职工基本医疗保险用药范围管理暂行办法》规定，纳入《基本医疗保险药品目录》的药品，应是临床必需、安全有效、价格合理、使用方便、市场能够保证供应的药品，并符合下列条件之一：①《中华人民共和国药典》（现行版）收载的药品；② 符合国家药品监督管理部门颁发标准的药品；③ 国家药品管理行政部门批准正式进口的药品。同时，《城镇职工基本医疗保险用药范围管理暂行办法》中排除的药品，即使符合三个基本条件，也不能纳入药品目录。另外，在药品目录实施的过程中，人力资源和社会保障部根据有关部门对药品质量和市场管理监测的结果，对一些质量检测不合格的药品做出规定，这部分药品也不能被纳入目录。

2. 分类阶段

成立《基本医疗保险药品目录》专家咨询小组，由专家咨询小组根据药品准入名单确定药品的分类，保证药品目录分类的科学性。专家咨询小组由专业技术水平较高的临床医学、药学、药品经济学和医疗保险、卫生管理等方面的专家组成，主要负责对药品目录的制定工作提出专业咨询和建议、药品目录的分类和目录初稿的论证，不对备选药品的品种进行调整。

3. 遴选阶段

按照药品类别分别交各专业类别的遴选专家投票。遴选专家小组由专业技术水平较高的临床医学和药学专家组成，并分为西药和中成药两部分，分别负责西药和中成药的投票遴选。药品遴选专家名单由各省、自治区和直辖市劳动保障行政部门按照药品分类进行推荐，各省的专家名单汇总后建立专家档案，在药品目录遴选时，参加投票的专家从专家档案中随机抽取产生。在药品分类的主要类别下，每省、自治区和直辖市均有数名来自不同层次医疗机构的专家参加投票。采用在全国范围广泛选择专家投票，对药

目录的药品进行遴选的办法，主要是为了使药品目录符合大多数地区职工的基本医疗需求，保证药品目录的公正性。

4. 目录发布

根据遴选专家投票的统计结果，形成药品目录初稿，交专家咨询小组进行论证和领导小组评审。评审领导小组由劳动保障、计委、经贸委、财政、卫生、药品监督管理和中医药管理等部门的有关人员组成，主要目的是根据《城镇职工基本医疗保险用药范围管理暂行办法》规定，在制定药品目录过程中能够充分进行政策协调，保证药品目录的权威性和公正性。评审领导小组负责评审药品目录以及每年新增补和删除的药品，审核药品目录遴选专家组和专家咨询小组成员名单，以及协调药品目录评审和实施过程。在评审领导小组对药品目录审核通过后，由劳动保障部发布。

（二）目录调整

根据《城镇职工基本医疗保险用药范围管理暂行办法》规定，《基本医疗保险药品目录》原则上两年调整一次，新药增补工作每年进行一次。原因在于，新药开发和投入生产的发展速度很快，每年有大量的国产新药和进口药品投入市场。在这些新药中，不乏大量的治疗必需的药品，在治疗效果、价格和质量上优于药品目录中已有的同类药品，有的可能是新的药品种类。同时，临床治疗技术发展和参保人员的医疗需求的变化，也对临床用药提出了新的要求。因此，必须对药品目录进行调整，但同时考虑到对药品目录全面调整的复杂性，调整的周期不能太短。自2018年国家医保局成立以来，基本已经建立了较为成熟的目录调整工作机制和工作程序，初步形成了"一年一调"的动态调整机制。

经过不断的实践探索，目录的调整工作完整的工作流程已逐步固定，主要包括5个阶段，分别是准备阶段、申报阶段、专家评审阶段、谈判阶段和公布结果阶段。这5个阶段环环相扣，互为支撑，形成了一套"报、选、评、谈"的目录调整工作体系。

1. 准备阶段

这一阶段是"蓝图规划"的过程。这个准备过程主要是起草工作方案并征求各方意见，完善相关管理规范和技术规则，构建专家库，完善信息系统等，做好组织和技术等方面的准备。在此基础上，收集地方医保、"新农合"、国家基本药物、军人免费药品等目录纳入情况及市场价格、临床使用数据等信息，经过标准化和分类后形成供后续评审使用的基础数据库。这一阶段的工作需要具有前瞻性，每年目录调整的流程和技术创新都需要在这个阶段提前进行设计和论证。

2. 申报阶段

这一阶段是"筛选"的过程。该阶段主要是指导并组织企业按要求和程序做好药品申报工作，组织力量开展形式审查，并对申报信息和形式审查结果进行公示。在这一过程中，通过不同行政部门间的信息协作，按照形式审查的明确要求进行申报合规性研判。由于医保目录涉及药品数量多，社会关注度高，这就对调整工作中的规范性、真实性和透明化提出了较高要求。国家为满足后续专家循证信息需求，要求企业在这一阶段提供充分完备的信息和科学的支撑证据。另外，针对透明化的要求，企业申报信息（除经济性信息外）在2021年首次向全社会公示，主动接受社会各界监督，并广泛征求各界意见和建议。

3. 专家评审阶段

该阶段主要是组织临床、药学、药物经济学、医保管理等方面的专家，从安全性、有效性、经济性、创新性、公平性等维度对药品综合价值进行评审，确定通过评审的药品名单及谈判主规格、参照药品、医保限定支付范围等。这个阶段是一个"精挑细选"的过程，不同领域专家根据循证证据、专业判断和评审技术要点，在筛选的基础上给出拟直接调入、拟谈判或竞价调入、拟直接调出、拟按续约规则处理等评审意见。近年来，为了提升专家评审工作的科学性和循证性，专家们对每一种评审药品均进行定量打分，助力药品目录的评审工作向更具规范性的定量决策转变。

4. 谈判阶段

该阶段主要包括两个环节：一是组织专家从药物经济学与医保基金承受能力两个角度，科学测算确定每一种药品的谈判底价；二是组织谈判专家与企业进行现场磋商，当场确认结果，谈判成功的药品纳入国家医保目录并确定全国统一的医保支付标准。这个阶段考验了价格测算的专业性和准确性。其中，科学公正地测算谈判底价是谈判成功的基本保证。因此，国家医保局通过实施"背对背"机制，通过两名药物经济学专家对同一种药品进行价格测算，有效保证药物价格测算的准确性。

5. 公布结果阶段

该阶段主要是与企业签署协议、发布新版目录等。这个阶段是整个目录调整工作的总结收尾阶段，也是新版目录落地实施的起点。

基本医疗保险药品目录的调整工作在科学化、规范化、透明化、机制化、信息化等方面不断发力，取得了良好的工作成效和社会效益。随着医保制度改革的不断深入，目录调整工作也需要结合实践经验，继续开拓创新、不断完善。

（三）目录管理

《基本医疗保险药品目录》的制定和管理的实施过程中涉及多个主体，各级劳动保障行政部门在管理《基本医疗保险药品目录》中的权限是不同的。

1. 国家医保局

国家医保局负责制定和调整全国范围内的《基本医疗保险药品目录》。制定和调整程序主要包括企业申报、专家评审、谈判或准入竞价、公布结果。其中，药品的增补由国家医保局医药服务管理司负责。

2. 省、自治区、直辖市劳动保障行政部门

各省、自治区、直辖市劳动保障行政部门可根据当地经济水平、医疗需求和用药习惯，对国家制定的乙类目录适当进行调整。对本省、自治区、直辖市药品乙类目录中易滥用、毒副作用大的药品，可按临床适应症和医院级别分别予以限定。但各省、自治区、直辖市不得自行进行新药增补。增补进入国家乙类目录的药品，各省、自治区、直辖市可根据实际情况确定是否纳入本省、自治区、直辖市的乙类目录。

3. 各市劳动保障行政部门

各统筹地区劳动保障行政部门的主要责任是执行国家制定的甲类目录和本省、自治区、直辖市的乙类目录，并对乙类目录中的药品，根据当地实际，制定个人自付比例。可根据实际情况，制定急救、抢救期间药品使用的管理办法。

第三节
药 品 采 购

人类在医疗卫生领域取得重要成就之一就是药品的创新和发展。尽管药品的创新和发展让治疗更加有效，但也让医疗费用更加昂贵。如何更合理地采购和支付药品，成为医疗改革的重点任务。

药品采购是一个系统工程。良好的药品供应管理是为患者提供支付得起的有效的医疗保健服务的关键因素。根据世界卫生组织的界定，药品供应管理是涉及药品的选择、采购、配送及相关管理支持的一个体系。药品不是普通的消费品，药品的采购也就和一般商品的采购有所不同。对药品采购机制的探索，成为医疗改革中较为复杂的任务之一。

一、我国药品采购机制的发展历程

新中国成立后，我国通过公立医疗卫生机构形成集预防、医疗、保健功能于一身的城乡三级卫生服务网络，提供免费和低费的公共卫生和基本医疗服务，有效地解决了生产力低下、物资匮乏客观条件下的缺医少药问题，满足了广大人民群众最基本的医疗需

求。当时公立医疗卫生机构的药品实行"统购统销"（统一定点生产、统一购买、统一配送）的方式；药品价格被物价部门统一掌控。改革开放后，随着计划经济向市场经济转型，医疗卫生机构也在管理体制、经营机制乃至产权体制等方面开始改革，药品采购机制也随之必须改革。我国药品采购机制改革大致经历了以下四个阶段。

1. 探索试点阶段：以医院自行分散采购药品为主

2000年以前，药品采购以医院自行分散采购为主，政策的重点是规范整顿市场竞争。从20世纪90年代初期开始，已经有部分地区自发开始对集中采购（简称"集采"）的探索。比如1993年，河南省率先采取定点采购方式进行药品集中采购，选中7家制药厂商作为定点采购企业。这种定点联合采购模式是我国公立医院药品由分散采购向集中采购转变的最早探索。1998年，江苏省镇江市对企事业单位医务所（室）实行集中供药，市医疗保险管理局核定定点医务所（室）的全年总控指标，委托市药业集团为其供药，由市医疗保险管理局和市药业集团进行药品费用结算，从各医务所（室）的总控指标中扣除，批零差价和让利年终根据用药量的多少全额返还，用于医务所（室）的发展。

2. 制度建立阶段：以地市政府主导的集中招标采购为主

我国从2000年开始，以地市为单位，以第三方机构为服务机构开展药品的集中采购，一些地区还出现了地市联盟采购。2000年2月发布的《关于城镇医药卫生体制改革的指导意见》，提出了药品集中招标采购的基本框架。2001年，卫生部先后颁布了两个工作规范，基本形成了药品集中招标采购的政策框架、工作规范和评标体系。但刚起步的药品集中招标采购多以地市级甚至县级作为组织平台，存在投标手续繁杂、主要以低价中标等问题，医药企业意见较大，要求停止药品集中采购的呼声不断。2004年，卫生部发布《关于进一步规范医疗机构药品集中招标采购的若干规定》，坚定了药品集中采购的政策态度。同年，国家发展改革委发布《集中招标采购药品价格及收费管理暂行规定》，进一步规范药品集中采购。相关政策出台的同年，逐渐出现更多药品集中采购的地方创新，部分地区的药品集中采购开始向以省为单位的实践探索。比如四川省于2004年成立了药品集中招标采购交易监督管理中心，在国内率先组织实施了省级药品集中招标挂网采购。广东省在2007年规定所有药品采购及采购过程通过网上采购系统完成，这一方案的实施标志着药品网上集中采购的开始。

3. 制度完善阶段：以省级政府主导的药品集中招标采购为主

2008年发布的《关于2008年纠风工作的实施意见》明确了省级药品统一采购基本方针。在新医改全面推进的大背景下，省级药品集中招标采购成为不可逆转的改革方向。2015年，国务院办公厅发布《关于完善公立医院药品集中采购工作的指导意见》，开始了药品分类采购的探索。根据省级药品统一采购基本政策，针对不同类别的药品，采用招标采购、谈判采购、医院直接采购等方式，标志着我国药品招标采购制度更加具有针对性，制度框架基本形成。全面推行省级集中招标采购后，很多地方开展了药品集中采购模式的改革创新，跨区域地市联盟也成为一种新的形态，从原来的地市联盟采购发展到省级联盟，比如京津冀联合采购、西部 13 省（自治区、直辖市）联合采购等。在招标方式上，探索了双信封法、"两票制"等措施。2010 年卫生部发布的《关于进一步深化治理医药购销领域商业贿赂工作的通知》，2017 年国务院办公厅发布的《关于进一步改革完善药品生产流通使用政策的若干意见》等文件，强调进一步规范药品采购工作。

4. 医保治理阶段：以国家主导的集中招标和谈判采购为主

2018 年 3 月，国务院机构改革方案正式发布。根据该方案，药品价格和招标采购由新组建的国家医保局统一负责。国家医保局成立以后，在药品采购方面推出了两项重要的改革举措。一是实施国家谈判采购。2018 年 6 月，国家医保局启动目录外抗癌药医保准入专项谈判。国家医保局从专家库抽取了来自山东、云南、北京、江苏等地的谈判专家和相关企业，就 17 种药品进行谈判。2018 年 10 月，国家医保局发布文件，将 17 种药品纳入采购范围，并确定了医保支付标准，同时规定，各省（自治区、直辖市）医疗保险主管部门不得将谈判药品调出目录，也不得调整限定支付范围。经过和供药企业谈判，17 种谈判药物价格显著下降，与平均零售价相比，平均下降了 56.7%，扩大了用药量，有效减轻了老百姓的用药负担，提高了医疗质量。二是试点国家集中带量招标采购。以"4+7"带量招标采购试点为开端，开创了国家集中带量招标采购的新格局。

二、我国药品采购机制发展的特征

药品招标采购机制改革探索经历了一些波折和调整。自 2018 年国家医保局成立以来，集中、带量的采购模式逐渐成为我国药品和医疗耗材采购的主流方式，其对医药行业产生了深刻影响，总体上，我国药品采购机制的发展趋势较为清晰，主要呈现出以下几个特征。

1. 从分散到集中

从医院自主采购，到地市政府主导集中招标采购和地市联盟集中采购，再到省级政府主导集中招标采购和跨区域联盟，最终走向国家组织集中招标采购，体现出统筹力度不断提高、规模不断扩大，有利于以量换价。

2. 从招价到量价齐招

从只对药品采购量做出原则性规定却没有保障实施的措施，到明确采购量并通过多种机制保证实现承诺的采购量，药品集中采购中长期讨论的议题终于开始解决，体现了更加尊重规律的发展趋势。

3. 从普通用药到创新药

对于医保目录内药品，逐渐形成了以集中招标采购为主的分类采购机制。在此基础上，逐渐推进创新药采购机制改革，实施国家谈判机制，体现了药品采购机制更加全面发展的趋势。

4. 从药品集采到器械耗材集采

在药品集中招标采购的实践过程中，医疗器械也逐步被集中招标采购覆盖。2004年，卫生部在北京、天津、辽宁等8个省（市）进行高值医用耗材集中采购试点，试点采购范围是普遍使用的心脏起搏器、心脏介入类器材、人工关节等几大类产品。2006年，国家发改委计划对高值医用耗材价格进行监管，向社会征求意见。2007年，卫生部发布《关于进一步加强医疗器械集中采购管理的通知》，指出，心脏起搏器、心脏介入类等高值医用耗材临床应用的医疗机构少，各地采购价格差异大，价格虚高问题较为突出，由卫生部统一负责组织，拉开了器械耗材全国实施集中采购的序幕，实际上这一全国统一招标只在2008年实施过一次。2013年，卫生部等六部门出台《高值医用耗材集中采购工作规范（试行）》，明确包括血管介入、骨科植入、心脏起搏器等高值医用耗材必须全部集中采购。

总体而言，经过30多年的不断探索和完善，药品集中采购制度发展到以"国家组织、联盟采购、平台操作"为总体思路和"带量采购、量价挂钩、招采合一、保证使用、确保质量、保障供应、保障回款"为基本原则的带量采购模式，并将在2025年前成为我国最主流的药品采购模式。

三、我国药品采购机制的工作进展

集中带量采购如星星之火可以燎原，正如火如荼开展，在全国形成了国家、省级、跨省联盟采购协同推进的工作格局。2019年9月，国家医保局等发布《关于国家组织药品集中采购和使用试点扩大区域范围的实施意见》（以下称《实施意见》），意味着国家组织药品集中采购和使用试点（下称"4+7"试点）实施近半年后，将在全国范围内推开。2021年1月，国务院办公厅发布《关于推动药品集中带量采购工作常态化制度化开展的意见》，标志着药品集中带量采购工作进入常态化、制度化、规范化的新阶段。

1. 药品集中采购

截至2022年2月底，各地开展44批省级药品集中采购工作，28批为省级独立开展集采，16批为省级联盟采购，每个省（自治区、直辖市）平均开展5批药品集中采购工作，平均每省（自治区、直辖市）集采50种药品。湖北牵头19省（自治区、直辖市）联盟开展中成药集采、重庆牵头9省（自治区、直辖市）短缺药集采等项目扩展了药品集采范围。截至 2022 年 8 月底，国家组织药品集中带量采购已开展 7 批。在地方层面，所有省（自治区、直辖市）均以独立或联盟形式开展药品集中带量采购。集中带量采购通过挤出药品价格虚高水分，促进价格回归合理水平。从整体工作进展趋势来看，我国药品集中采购具有以下特点。

1）国家集采持续推进，规则迭代完善，趋于成熟

经历了 7 批国家集采的探索和试点，集采规则不断完善。不变的是基本逻辑，如最高有效申报价格、50%降幅规则、1.8 倍限价、0.10 元入围、低价中选、顺位选择市场、优先使用中选产品等；变化的是操作细则，如第 7 批国家集采中设置的中选备选两家、差价比前六熔断等规则，有效解决了临床产品供应和同组中选产品价格差距过大的问题。第 8 批国家集采再次将 100 个品种纳入报量，未来的品种数量将会不断增加。

2）联盟采购范围逐步扩大

2022 年省际联盟项目数量有所下降，但联盟平均涵盖省（自治区、直辖市）数量明显增加。例如，辽宁省牵头的"8 省 2 区"省际联盟集采涵盖 13 省（自治区、直辖市），三明中药材联盟涵盖 12 省（自治区、直辖市），河南牵头的国采续标联盟涵盖 16 省（自治区、直辖市）等。省际联盟范围逐渐扩大。分析省际联盟集中带量采购方案，可以发现涉及品种多为通过一致性评价产品，纳入数量差异较大，且重叠性不高；同时，在约定采购量比例、评审方式、质量划分或分组、限价、价格联动方式、报价方式、中选规则、中选数量、分量规则、中选使用管理、未中选管理、医保结算比例等方面存在较大差异，而综合评议方法被越来越多的联盟采用。

3）中成药带量采购启动试点，范围逐步扩大

2022 年 9 月 8 日，《全国中成药联盟采购公告（2022 年第 1 号）》发布，中成药联盟带量采购正式启动，涉及 16 个品种。2022 年 9 月 10 日，全国中成药联合采购办公室成立，湖北省牵头的 19 省（自治区、直辖市）组成的中成药联盟升级为全国性采购联盟组织，共涉及 29 省（自治区、直辖市），标志着中成药集采进入快车道。未来中成药带量采购范围将进一步扩大，更多的省（自治区、直辖市）和省际联盟将参与其中。

4）国采续标常态化操作

为平稳实施国家组织药品集中带量采购协议期满后的接续工作，2021 年 11 月，国家医保局发布《关于做好国家组织药品集中带量采购协议期满后接续工作的通知》（以下简称《通知》），要求接续工作着眼于稳定市场预期、稳定价格水平、稳定临床用药，以省（自治区、直辖市及新疆生产建设兵团）或省际联盟为单位开展。2022 年，大部分省（自治区、直辖市）按照《通知》要求，采用询价方式开展续标工作，如山东、河北、辽宁、江苏、黑龙江等；也有部分省（自治区、直辖市）继续沿用上一批中选品种，如浙江、内蒙古、吉林等。此外，还有一些省（自治区、直辖市）进行了重新招标，如双向选择询价的北京模式、综合评价竞价的上海模式、分组竞价的广东模式、"双信封"竞价的湖北模式等。从各省（自治区、直辖市）续标结果来看，中选产品的品种、价格和数量等较之前变化较大，价格有降有升，临床市场结构和格局也因此发生改变。

5）挂网规则完善升级，规范供采各方行为

国家医保局 2022 年工作重点提出，完善省级平台阳光挂网采购制度，规范挂网撤网规则，促进信息联动，逐步实现公立医疗机构全部从省级平台采购所需药品和医用耗材。这一年，31 个省（自治区、直辖市）陆续对当地药品挂网规则进行了修订完善或重新制定，医保编码成为挂网的先决条件。综合分析各地挂网政策，主要特点集中体现在"分类挂网、分层限价、最低价联动、同类品种价格限制、动态调整"等方面，部分省（自治区、直辖市）还对挂网准入提出了个性化要求，建立了医疗机构与供应商议价机制，鼓励双方通过挂网平台议价成交，如上海、江苏、江西、海南、四川等。

2. 医用耗材集中带量采购

国家组织高值医用耗材集中带量采购已开展多批，包括冠脉支架、人工关节和骨科脊柱类采集。2021 年，国家医保局等联合印发《关于开展国家组织高值医用耗材集中带量采购和使用的指导意见》。该指导意见的出台为开展国家高值医用耗材集中带量采购指明了方向。为促进高值医用耗材价格回归合理水平，减轻患者负担，降低企业交易成本，净化流通环境，引导医疗机构规范使用，更好保障人民群众病有所医，起到了指导性作用。

1）冠脉支架

2020 年 11 月，国家组织的首次高值医用耗材冠脉支架集中带量采购工作在天津进行。本次集采产品为铬合金载药冠脉支架，首年意向采购总量为 107 万个。微创、乐普、美敦力、波科等企业的 10 个品种中选，价格由均价 1.3 万元下降到 700 元左右。截至 2021 年底，已经采购使用中选冠脉支架 169 万套，达到全年协议采购量的 1.6 倍。

2）人工关节

2021 年 9 月，国家组织人工关节集中带量采购工作在天津产生中选结果。此次人工关节集中带量采购主要针对人工髋关节、人工膝关节，全国共有 5804 家医疗机构参加，首年意向采购量共 54 万套，占全国医疗机构总需求量的 90%。本次集采共有 48 家企业参加，其中 44 家中选，拟中选人工髋关节平均价格从 3.5 万元下降至 7000 元左右，人工膝关节平均价格从 3.2 万元下降至 5000 元左右。

3）骨科脊柱类

2022 年 9 月，第三批国家组织高值医用耗材集采聚焦骨科脊柱类耗材，这是继冠脉支架、人工关节后启动的第三批国家组织高值医用耗材集采。集采纳入 5 种骨科脊柱类耗材，拟中选产品平均降价 84%，预计每年可节约费用 260 亿元。据不完全统计，截至 2023 年 5 月底，已经有北京、天津、山东、山西、江西等 25 个省（自治区、直辖市）和新疆生产建设兵团正式落地降价后的骨科脊柱类耗材中选产品，其余省（自治区、直辖市）也将于近期陆续开始执行。具体来看，占脊柱手术量三分之一的胸腰椎后路固定融合术，其耗材平均每套价格从 3.3 万元下降至 4500 元左右；技术较新的胸腰椎微创手术所使用的耗材，平均每套价格也从近 4 万元下降至 5600 元左右。

多地将辅助生殖技术项目纳入医保
完善医保政策 促进生育友好

近年来，我国每年通过辅助生殖技术出生的婴儿超过 30 万人。为了让辅助生殖技术项目惠及更多不孕不育患者，2023 年以来，北京、广西、内蒙古、甘肃等地先后将这一项目纳入基本医疗保险，给许多家庭带来了幸福。

"2 月 22 日，我从生殖科'毕业'啦！"翻看"怀孕笔记"，30 岁的卢女士告诉记者，经历半年多的治疗，这一天她终于如愿成为一名准妈妈。

卢女士来自广西壮族自治区南宁市，因为不孕，2023 年 6 月起陆续跑了 20 多次医院。2023 年 9 月，她花费 3.2 万元第一次尝试接受辅助生殖治疗，但以失败告终。"当时压力很大，如果需要'种'三四次，经济上确实难以承受。"

"辅助生殖移植周期治疗费用为 3 万至 4 万元，半数以上女性需要再次甚至多次接受辅助生殖治疗，经济负担较重。"广西医科大学第一附属医院广西生殖医学研究中心副主任杨一华说。

2023 年 11 月，广西壮族自治区医保局、人力资源和社会保障厅、卫生健康委联合发文，将部分治疗性辅助生殖类医疗服务项目纳入基本医疗保险和工伤保险基金支付范围，不设基金起付标准，职工基本医疗保险、城乡居民基本医疗保险报销比例分别为 70%、50%，计入参保人员年度基金最高支付限额。这一政策出台，有效减轻了不孕不育患者的负担。

北京是全国最早将辅助生殖项目纳入基本医保的地区。"三孩政策出台后，我们就启动了辅助生殖项目纳入医保的可行性调研。"北京市医保局医药服务处负责人韩波告诉记者，2022 年，北京市医保局将体外受精胚胎培养等辅助生殖技术项目进行了统一定价。"价格政策公布当天，我们在可以实施辅助生殖项目的 15 家医院都派驻了工作人员，向患者解释有关价格政策，但是否能纳入医保还需要进一步测算论证。"

2023 年 7 月 1 日，北京市将 16 项治疗性辅助生殖技术项目正式纳入基本医疗保险报销范围。

"辅助生殖花费最高的环节是麻醉取卵、胚胎培养、移植手术，这些费用正好纳入北京医保覆盖范围，占全程费用的 55% 左右。"北京大学第三医院副院长、生殖医学科主任李蓉告诉记者，有些患者需要做胚胎植入前遗传学诊断，也在医保报销范围内。

政策发力，辅助生殖项目相关费用也在下降。2023 年 6 月，国家医保局印发《辅助生殖类医疗服务价格项目立项指南（试行）》，将各地原本五花八门的辅助生殖类项目分类整合为 12 项。截至目前，20 个省（自治区、直辖市）将定价方式由市场调节价改为政府指导价，进一步规范辅助生殖类医疗服务项目价格，内蒙古价格调整后平均降幅达20%。

支持生殖健康，医保基金运行安全可控

初夏的早晨，北京大学第三医院生殖医学中心楼前人流如织。李蓉告诉记者，中心近10年的门诊量在45万至65万人次之间波动。"北京医保政策实施后，中心2023年初诊患者约3.3万人次，较2022年有所增长。"李蓉表示，辅助生殖技术纳入医保范围，从一个侧面传递了国家对生殖健康的支持态度，鼓励不孕不育人群早发现、早诊断、早治疗，育龄女性适龄生育、尽早生育。

"这项政策对进一步提升妇女生育意愿有良好的促进作用。"杨一华告诉记者，政策施行以来，医院迎来患者咨询小高峰。

中国社会科学院经济研究所公共经济学研究室主任王震表示，我国医疗保险的保障内容是疾病治疗发生的费用，辅助生殖能不能进入医保，需要界定辅助生殖所要解决的问题是不是一种"疾病"。从目前看，不孕不育被普遍认为是一种疾病。由此，辅助生殖技术作为不孕不育的治疗手段，有纳入医保的理论依据。我国医保依旧为属地化管理、地级市统筹为主，各地在经过卫生技术评估、基金安全评估等环节后，可以在国家政策范围内将其纳入医保。

将辅助生殖项目纳入医保，是否会给基金运行带来压力？"我们在制定政策过程中，对需求人群和基金承受能力进行了精密的测算，做到尽力而为、量力而行。"韩波告诉记者，《北京市人类辅助生殖技术应用规划（2021—2025年）》根据常住人口、已婚育龄女性数量、分娩量、不孕不育情况及技术服务需求分析，北京市约4万对夫妇有人类辅助生殖技术治疗服务需求。政策实施7个月以来，北京市职工就诊2.7万人，总费用2.2亿元，职工医保基金支出1.5亿元，在年度测算基金安全运行范围内。

"一般患者经过两个周期可实现怀孕。广西这项政策规定患者可两次享受医保报销，这既考虑了医保政策的公平性、可持续性，确保更多刚性需求患者获得报销机会，也有利于引导患者审慎选择，避免盲目追求生育而浪费医疗资源。"广西壮族自治区医保局医药服务管理处处长吕圣表示，广西医保基金预计每年因此增加支出4.51亿元，基金运行安全可控。政策实施5个多月以来，广西已开展治疗性辅助生殖医疗服务项目门诊结算7.02万人次，医保基金支出1.43亿元，平均报销比例58.94%。

医保政策保驾护航，促进生育友好型社会建设

虽然不孕不育群体总量庞大，但在全国依旧是个小群体。从这个角度说，辅助生殖技术进医保这一政策，受益面还较为有限。专家建议，建立完善多部门联动、全人群覆盖、全周期保障的生育支持政策体系和服务体系，以医保政策推动生育友好型社会建设。

生育保险是社会保险的重要组成部分，覆盖用人单位及其职工，为孕产妇提供从怀孕到分娩的全周期医疗保障。2019年起，生育保险和职工基本医保合并，生育保险参保率持续提升，2023年生育保险参保人数达2.49亿人。据统计，2022年全国生育保险参保女职工人均享受生育医疗费用报销5899元。

对于职场妈妈来说，生育后享受带薪产假是重要保障。参保女职工生育后可享受产假，此间的工资由发放生育津贴代替，这笔钱同样来自生育保险基金。数据显示，2023年生育保险基金共支出1069亿元，参保女职工人均生育津贴达2.4万元。

"用手机就可以填资料申请，不用拿着一堆资料来回折腾，孩子出生后马上就能享受医保待遇。"近日，广东省江门市全面启动新生儿预参保工作，在工作人员的协助下，"二孩妈妈"张晓莹花了不到5分钟就办好了新生儿参保登记手续。

国家医疗保障局办公室、教育部办公厅等发布的《关于开展儿童参加基本医疗保险专项行动的通知》明确提出，力争到2024年底，80%以上新生儿在出生当年参保。同时强调优化新生儿参保流程，鼓励地方探索凭出生医学证明办理新生儿参保。

"我国生育保险进一步完善健全，促进了生育友好型社会建设，更加符合当前的人口结构变化和人民群众的需求。"王震表示，当前医保仍以保住院为主，对门诊保障尚显不足。不管是怀孕期间的医疗服务还是婴幼儿医疗服务，多数发生在医院门诊和社区全科，这就需要医保调整结构，增加医院门诊和社区全科服务的保障待遇。

国家医保局局长章轲明确表示，将继续指导有关省（自治区、直辖市）进一步完善辅助生殖类医疗服务立项和医保支付管理，并加强部门协同，推动基本医疗保险、生育保险和相关经济社会政策配套衔接，共同促进人口长期均衡发展。

（资料来源：孙秀艳、祝佳祺：《多地将辅助生殖技术项目纳入医保 完善医保政策 促进生育友好》，《人民日报》2024年5月17日第19版。略有修改）

📖 本章小结

本章以我国新一轮医药卫生体制改革为背景，对我国基本医疗保险病种目录、药品目录制度的基本概念、历史沿革和基本内容等进行介绍。在国家医疗保障局建立之后，我国多元复合式的医保支付框架基本形成，在总额预算管理下，该框架能够适应不同疾病和不同服务特点，这是医保支付方式走向科学、精准的标志。我国医保支付方式改革，旨在保障患者医保权益，同时也使医疗机构合理诊疗具有内生动力。医疗服务的价值正在得到认可，从而使医保管理科学化、规范化及医疗服务管理精细化踏上新的台阶，并对"三医"有效联动起到促进作用。药品、医用耗材集中带量采购使用促使药价虚高现象得到抑制,在惠及普通患者的同时也减轻了大病患者的负担。同时,通过组织开展药品谈判准入和完善医保报销制度,使涉及癌症、罕见病等重特大疾病患者的医疗费用得到实质性降低。

主要概念

基本医疗保险病种目录;DRG;DIP;基本医疗保险药品目录;甲类目录;乙类目录;药品采购

复习思考题

1. 我国基本医疗保险病种目录的发展经历了哪几个阶段?
2. 我国基本医疗保险病种目录的分类和特征是什么?
3. 我国基本医疗保险药品目录的发展经历了哪几个阶段?
4. 简述我国基本医疗保险药品目录的内容和结构。
5. 简述我国药品采购机制的发展及特征。

第七章

我国基本医疗保险基金管理

―――― 本章导言 ――――

　　医疗保险基金（又称"医疗保障基金"）是指为了保障参保人能够负担患病期间需要支付的基本医疗费用，由医疗保险经办机构按照保险经营原理，根据国家有关规定，向参保单位和个人收缴保险费，以及国家拨付、转移支出所构成的专项资金。或者说，医保基金是为了实施医保制度而专门建立起来、为社会成员提供基本医疗保障的资金。医疗保险基金是医疗保险制度得以正常运行的基本保证，关系着医疗保险制度目标的实现、公民的切身利益、国家的稳定以及社会发展的大局。医疗保险基金监督和投资运营管理活动是医疗保险基金的公平、可持续发展的重要保障。本章将首先介绍医疗保险基金的概念、特征和功能；阐述医疗保险基金管理的概念、特征、原则、内容和模式。然后，论述医疗保险基金监管的概念、原则、内容和方式，以及我国医疗保险基金监管现状；最后，论证医疗保险基金投资运营的必要性、原则和投资环境，医疗保险基金投资的理论基础以及投资渠道。

―――― 重点问题 ――――

（1）医疗保险基金管理内容。
（2）医疗保险基金管理模式。
（3）医疗保险基金监管的内容。
（4）医疗保险基金监管的方式。
（5）医疗保险基金投资的理论基础。
（6）医疗保险基金投资的投资渠道。

第一节
医疗保险基金管理

一、医疗保险基金概述

（一）医疗保险基金的含义

医疗保险基金可分为商业健康保险基金和社会医疗保险基金。本章所讲的医疗保险基金主要指社会医疗保险基金。医疗保险基金是医疗保险制度得以正常运行的基本保证，关系着医疗保险制度目标的实现、公民的切身利益、国家的稳定以及社会发展的大局。

医疗保险基金是指为了保障参保人能够负担患病期间需要支付的基本医疗费用，由医疗保险经办机构按照保险经营原理，根据国家有关规定，向参保单位和个人收缴保险费，以及国家拨付、转移支出所构成的专项资金。或者说，医保基金是为了实施医保制度而专门建立起来、为社会成员提供基本医疗保障的资金。[①]

以基金的功能为依据，医疗保险基金包括基本医疗保险基金、地方补充医疗保险基金和生育医疗保险基金。基本医疗保险基金由统筹基金和个人账户组成。统筹基金由大病统筹基金、社区门诊统筹基金和调剂金组成。

以基金的来源为依据，医疗保险基金一般可分为个人医疗账户基金、企业医疗调剂金（暂由企业管理支付，最终并入社会统筹医疗基金）、社会统筹医疗基金三部分。基金主要来自用人单位和职工个人缴纳的医疗保险费，还有国家拨付、转移支出的资金，体现了国家、用人单位和劳动者个人三方对医疗保险成本的分摊。

（二）医疗保险基金的特征

1. 筹集和管理具有强制性

医疗保险基金是依据法律向参保单位或劳动者个人征集医疗保险费，并严格按照法律的规定管理和使用。所有参保对象都应足额缴纳医疗保险费，拒缴、欠缴都属违规甚至违法行为。同样，医疗保险基金征缴和管理机构，也必须依法合规进行医疗保险基金筹集和管理。

---

① 张梦遥：《城镇职工基本医疗保险基金收支失衡与应对策略研究》，辽宁大学博士学位论文，2018 年。

2. 筹集和管理具有广泛性

医疗保险基金是老百姓的"养命钱"，影响人数广，涉及领域宽，是社会保险中覆盖面较广、较普遍的保险。

3. 互济性

在医疗保险中，参保人缴付少量保费，一旦发生重疾则可以得到巨额赔偿；医疗保险参保人均需长期缴费，不过其中年轻的、健康的参保人在较长时期内获得保险给付概率较小、数额较小，而年老的、多病的参保人获得的给付概率较高、数额较大。每个个体享受的医疗保险待遇与其对医疗保险基金的贡献并不对等。总体来说，是多数人共济少数人，年轻人共济老年人，健康者共济患病者，病少、病轻的共济病多、病重的。医疗保险帮助个体分摊损失、互助共济，避免因重大疾病带来的经济风险，这就是医疗保险基金互济性的体现。

4. 社会化

医疗保险制度使医疗保障社会化，个体、企业间互助共济，帮助个体抵御疾病风险，使企业从繁杂的医疗保障管理事务中解脱出来，变企业行为为社会行为。

5. 公益性与福利性

首先，医疗保险基金必须切实保证用于患者的治疗而不会移作他用。其次，国家或企业为个体缴纳大部分的医疗保险费，体现了医疗保险基金的公益性与福利性。

6. 医疗保险基金运行的收支平衡性

医疗保险基金所筹集的资金有限性，决定了其支付的有限性。因此，医疗保险基金的运行重视收支平衡性。

（三）医疗保险基金的功能

1. 保障功能

这是医疗保险基金最基本的功能，通过国家、集体和个人的基金积累，保障公民个体遭遇疾病风险时最基本的医疗需求，如提供医疗费补贴和医疗服务。

2. 互济功能

聚集分散性的小额资金，建立统一的医疗保险基金，由国家进行统筹规划管理，协调安排基金使用与支出，可使个体遭遇疾病风险时获得社会共济，降低风险。

3. 稳定社会功能

当公民个人遭遇疾病风险时，国家和社会向医疗保险参保人给付相应的款项，帮助个人和家庭渡过难关，有利于减少社会不稳定因素，缓和社会矛盾，维护社会安定。

4. 推动社会文明进步功能

通过多种渠道筹集医疗保险基金，体现了社会成员互相帮助的精神，体现了敬老爱幼、扶贫济困、友爱互助的精神，体现了个人利益与社会利益、眼前利益与长远利益的协调关系。因此，医疗保险基金具有推动社会文明进步功能。

二、医疗保险基金管理概述

（一）医疗保险基金管理的定义

狭义上，医疗保险基金管理是指对医疗保险基金的筹集、支付和使用等环节进行计划、组织、协调、控制、监督等工作的总称。医疗保险基金的管理是一项综合性的管理工作，一般来讲，包括基金的筹集、分配、使用、核算、审计、给付、监督、管理及保值增值等方面。

广义上，医疗保险基金管理是指为实现医疗保障目标和保证制度稳定运行，对医疗保险基金的运行条件、管理模式、基金收支、投资运营、监督途径等进行全面规划和系统管理的总称。

（二）医疗保险基金管理的特征

医疗保险基金管理具有以下特征。

1. 社会政策性

医疗保险基金管理始终把服务于社会政策目标放在首位。无论是基金管理模式的选择、运行机制的确定，还是监督管理的实施，都要围绕实现社会政策目标这一核心来完成。

2. 法律规范性

医疗保险基金管理的全过程都体现其依法管理的特征，即医疗保险基金的筹集、支付、使用和监督等环节都应依法进行。

3. 长期性

医疗保险基金管理需贯彻安全、可持续发展的管理理念。如果基金管理出现问题，则医疗保险制度难以为继，社会成员的基本医疗需求得不到保障，影响社会稳定和经济发展。

4. 综合性

医疗保险基金管理要与有关部门和市场主体相互配合、相互支持，需要联系企事业单位、公众、市场，又与政府有密切关系。

5. 公平性

同一个统筹地区内的所有参保人员享受医疗保险的待遇是平等的，医疗机构在公平的原则下为每一位参保人提供基本医疗服务。

6. 平衡性

确保医疗保险基金的收支平衡，才能更好地完善医疗保险制度，并维持其长远有效发展。

7. 科学性

管理过程和管理手段科学化是实现医疗保险费用管理与控制的基本保证，以确保最大限度地实现医疗保险基金管理的战略目标。

（三）医疗保险基金管理的原则

1. 依法管理，保障规范进行

法治化原则是基金管理遵循的首要原则，医疗保险基金管理是一项难度很大，政策性很强的工作，必须坚持国家的有关法律法规及政策方针，依法进行管理。

2. 专款专用

医疗保险基金只能用于职工的基本医疗保障，严禁挪用医疗保险基金，杜绝基金运行中的浪费现象，严格防止冒领医疗保险待遇。

3. 医疗保险基金要纳入财政专户，实行收支分离

医疗保险基金的征收系统和支出系统应当保持分离，可以是两个部门分别承担征收

与支出职能，也可以是一个部门中的两个独立系统，分别承担征收与支出职能，收支分离以保证基金安全。医疗保险基金的筹集、支付、运营等各个环节都在劳动保障部门、财政部门和金融部门的监管下，形成了三者之间相互协作、相互约束的局面，有利于建立起完善有效的相互制约机制。

4. 以收定支、收支平衡、略有结余

医疗保险基金管理需正确处理好收、支、余等方面的平衡关系。医疗保险基金的使用必须量入为出，国家要通过各种政策和调控手段来达到基金的收支平衡，避免赤字和过多盈余引起的利益矛盾和管理的低效率。

5. 统筹基金与个人账户要分别核算和使用，各自平衡，不得互相挤占

统筹基金与个人账户要严格界定各自的支付范围和责任，分别核算，不得挤占。个人账户的全部资金（本金和利息）归职工个人所有，可以结转和继承，但只能专款专用，不得提取现金和挪用。

三、医疗保险基金管理内容

（一）医疗保险基金的业务管理

医疗保险基金的业务管理是指医疗保险经办机构在医疗保险基金业务方面的管理过程和管理活动。其工作内容主要包括代表政府征缴医疗保险费，支付医疗保险待遇，执行医疗保险财务会计制度及统计制度等，具体包括投保登记与申报缴费核定、费用征集待遇核定、待遇支付、费用记录处理，以及基金的会计核算与财务管理等环节。

1. 医疗保险基金的缴费管理

医疗保险基金的缴费管理主要包括受保人的确认与登记造册、医疗保险的缴费、申报缴费数据的核定、医疗保险费的征集以及费用记录处理等。

2. 医疗保险基金的存储管理

医疗保险基金的存储管理主要包括医疗保险档案管理、医疗保险数据库管理、医疗保险个人账户管理等。

3. 医疗保险基金的支付管理

医疗保险基金的支付管理主要包括医疗保险待遇的审核和医疗保险待遇的支付。

4. 医疗保险基金运行的稽核

医疗保险基金运行的稽核主要包括对用人单位和个人参加社会医疗保险及缴费的情况进行稽核检查，对医疗保险待遇享受者的领取条件和待遇支付情况进行稽核检查。

（二）医疗保险基金的财务管理

1. 医疗保险基金预算的财务管理

医疗保险基金预算是指医疗保险机构根据医疗保险制度实施计划和要求，按年度编制的经法定程序审批的医疗保险基金财务收支计划。医疗保险经办机构要定期对预算的执行情况进行分析、检查；财政和劳动保障部门要对基金收支执行情况进行监督检查，发现问题及时研究对策和措施，保证基金的收支平衡及安全完整。

2. 医疗保险基金收入的财务管理

收支两条线管理，是指基金的征集和支付业务分别由两个不同的职能部门负责操作，亦即通过两个不同的业务渠道实施。其关键在于建立一种能使基金的征集和支付相互制约的运作机制，加强财政专户的管理。此外，需要注意的是，医保基金筹集与医保基金收入的范围不同。医保基金筹集一般是指医疗保险机构按规定向征缴对象按照规定比例和标准收缴医疗保险费的过程。医保基金收入是指所有增加医保基金来源的渠道和过程，包括医保基金筹集，也包括政府补助、医保基金投资收入、慈善捐助等多种方式[1]。

3. 医疗保险基金支付的财务管理

医保基金支付是指医保基金按照医保规定对被保险人因医疗服务需要支付的医疗费用给予的部分或全部经济补偿。

4. 医疗保险基金资产的财务管理

国家规定基金资产由医疗保险机构经办，机构管理只是受托管理，基金资产的所有权并不属于经办机构。虽然基金资产是通过国家的法律和制度强制性地从有关方面收取的，但它不是国有资产，它是受益人的共有财产，其所有权归受益人。国家和医疗保险经办机构对基金资产管理要对受益人负责。基金资产一般以流动资产的形式存在，而非以固定资产、无形资产的形式存在。

---

[1]　张梦遥：《城镇职工基本医疗保险基金收支失衡与应对策略研究》，辽宁大学博士学位论文，2018 年。

5. 医疗保险基金负债的财务管理，包括借入款项管理和暂收款项管理

暂收款项是指医疗保险经办机构在开展社会医疗保险业务过程中发生的属于社会医疗保险收入之外的暂收款项，如缴费单位多缴纳的医疗保险费及收到的不能确定资金性质的其他资金。

（三）医疗保险基金的监督管理

医疗保险基金的监督管理是对基金运行全过程所进行的安全性、合规性、效益性、流动性活动，以及机制建设等实施监控、审核、分析和评价的活动，其意义在于维护参保人员的合法权益，确保医疗保险基金的安全完整，健全医疗保险运行机制。监督体系由法律体系、行政体系和工作体系组成。监管措施包括查询、记录、复制、证据封存、调查询问、责令改正等。

（四）医疗保险基金的风险管理

医疗保险基金在运行过程中涉及筹集、运营和使用等多个环节，同时也涉及基金管理者、参保人、医疗机构和药品经销商等多个利益主体，多环节与多利益主体交织在一起，由于各利益主体价值取向、行为方式等非同向、非对等，由此必然导致风险的产生。为此，医疗保险基金的风险管理强调识别风险、评估风险、防范与化解风险。

我国医疗保险基金管理的风险主要来自以下几个方面。[1]

1. 老龄化风险

医疗保险的收入、支出与人口的结构密切相关。一方面，在现行制度下，城镇职工医疗保险的缴费主体是 60 岁以下的职工。在城镇居民医保和"新农合"中，一些地区对低收入家庭老人或高龄老人也实行免缴保费的优待。另一方面，在一般情况下，老年人的医疗支出高于非老年人许多。老龄化进程加快将同步影响"全民医保"体系的参保结构，使医疗保险制度的缴费筹资能力退化，基金支付压力大幅增加。

2. 患病率提高的风险

患病率提高的风险主要包括发病率提高和疾病种类结构变化的风险。

---

[1] 刘俊霞：《我国基本医疗保险制度可持续发展面临的风险及对策》，载于《财政研究》2013年第 10 期，第 27—30 页。

3. 医疗技术进步的风险

医疗技术进步有助于更好地发现疾病和治疗疾病，但客观上通常要求增加医疗成本支出。

4. 医疗成本上涨的风险

医疗成本上涨可能来自医疗机构人为的提价行为。在自发状态下，医疗服务市场是供方主导的市场，价格容易受供方的左右。

5. 诱导消费风险

医患之间的信息具有不对称性，医生相对于病人拥有更多的专业知识。医院或医生可能出于赢利的动机诱导病人过度检查和过度治疗。

6. 经济下行风险

经济发展状态对医疗保险收入有多方面的影响：一是影响就业，从而影响城镇职工医疗保险缴费人数；二是影响职工工资收入，从而影响城镇职工缴费基数；三是影响财政收入，从而影响财政可能提供的补贴。

7. 基金贬值与投资风险

在通货膨胀条件下，基金会因贬值而造成损失。

8. 医疗保险管理风险

医疗保险管理风险主要包括医疗保险管理需要支付较高的管理成本，保险资金可能被挪用，基层管理人员可能与病人或医院串谋而骗取保险资金和政府补贴，等等。政府将部分管理服务外包，可能导致新的委托代理风险。

四、医疗保险基金的管理模式与管理体制

（一）医疗保险基金的管理模式

依据政府在医疗保险基金管理中的地位和作用程序，医疗保险基金的管理模式可分为以下几种。

1. 政府直接管理模式

政府是医疗保险制度最重要的责任主体，需要直接出面管理医疗保险基金，它通常通过政府财政部门、医疗保险主管部门等来行使管理职责，并将财政性医疗保险资金和医疗保险基金的运行管理作为重点。直接管理体制对应的是国家预算性医保基金管理方法。政府的财政部门和医疗保险主管部门主导医疗保障体系建设与运行管理，卫生部门直接参与医疗保障服务计划、管理及医疗服务供给。直接管理模式下，医保基金筹集和给付具有高度集中的特点，强调社会公益性，便于宏观调控。不过，这种模式排斥私人部门介入，缺少竞争压力，服务效率可能比较低。[1]

政府对医疗保险基金的管理方式与内容主要包括以下几个方面。

（1）预算管理：政府预算管理是医疗保险基金管理中极为重要的组成部分，预算管理涉及的分配与选择，受到国家特定时期经济、政治和社会发展要求及国家整体资源和国民承受能力的影响与制约。

（2）财务监督：政府财政部门、审计部门与社会保障主管部门对医疗保险基金的运行全过程通过日常监督与定期或不定期审计进行财务监督，确保基金的安全运行。

（3）投资管理：对于可供运营的医疗保险基金，为减少投资风险，政府通常对此类基金的投资实行较为严格的管理，包括制定相应的规则；为严格挑选优质的投资机构，对投资过程进行严格监控等。

2. 政府与社会公共组织共同管理模式

共同管理模式一般是由政府所属的事业机构或者由政府委托、批准的民间组织机构作为政府授权的非营利性机构负责医保基金管理工作。这类机构区别于医疗保障的行政主管部门，同时也不同于以营利为目的的商业组织。与共同管理模式相适应的是社会保险型医疗保险基金管理模式。政府授权非营利性机构根据国家关于医保的法律法规和政策方针等独立形式职能，负责医保基金的筹集、运营、给付等具体管理工作。共同管理体制下，管理方法的特点是多方筹资，政府参与程度往往与政府出资多少相关。大部分福利型国家由政府负担大部分医疗保险费用，因此政府拥有较大的管理权力。而政府出资较少的国家，政府参与直接管理较少，的主要由社会保险机构自行管理，政府的主要作用是制定医保政策法规。显然，这种方式涉及的管理主体较多，管理权限具有相当大的弹性，有利于调动各方积极性。管理主体较多会带来涉及利益方较多，需要协调、平衡各方利益。[2]

---

① 张梦遥：《城镇职工基本医疗保险基金收支失衡与应对策略研究》，辽宁大学博士学位论文，2018年。

② 张梦遥：《城镇职工基本医疗保险基金收支失衡与应对策略研究》，辽宁大学博士学位论文，2018年。

3. 医疗保险基金的自治管理模式

自治管理，意味着虽然政府通过立法确立了其向国民提供基本医疗保障的责任，但是医疗保险的具体运行和管理并不是由政府的行政机关来执行，而是由医疗保险基金机构及协会来管理。医疗保险的自治管理，实际上是政府对社会组织的一种分权。

自治管理模式有利有弊。相对于国家行政机关而言，医疗保险的自治管理使其更加接近参保人，进而能够获得参保人的参保能力、参保意愿、保障需求及就医行为等信息，有助于提高医疗保险基金管理的效能。同时，自治管理一般适用于商业性医疗保险服务。医保各方通过市场竞争机制进行调节，各医疗保险机构分散管理。这种管理模式下，政府很少干预，医保基金经营效率较高。但是，商业性医疗保险服务逐利性强，社会公平性弱，低收入人群往往难以获得基本医疗保障。在自治管理模式下，医保基金筹集往往采用自愿原则，费用支出有上涨冲动且不易控制。[①]

（二）医疗保险基金的管理体制

现阶段，我国医疗保险基金的管理体制是国家财政总监督下按照分类负责原则确立的部门分管体制。

行使医疗保险基金管理职能的主要有民政部、人力资源和社会保障部、财政部、国家卫生健康委员会等政府职能部门，此外，一些半官方机构、民间团体在自己的职责范围内行使着对一些基金的管理权。

民政部管理着多项财政性社会保障基金，包括救灾救济资金、国家福利资金、优抚安置资金等，各级民政部门既是行政管理职能部门，又是分配上述资金的部门，但在资金的调度方面，多数情况下需同级政府的财政部门共同实施。

人力资源和社会保障部管理着包括养老、医疗、失业、工伤等基金在内的各项社会保险基金，该部设置专门的社会保险事业管理中心作为基金管理组织，还专门设置基金监察组织。

财政部直接管理着部门财政性保障基金，同时参与管理社会保险基金等，该部门从中央到地方设置了专司社会保障财务的组织，其职责是对财政性社会保障基金进行预算，对社会保险基金通过设置财政专户进行直接监察。

此外，国家卫生健康委员会管理着公共卫生基金。全国社会保障基金理事会作为中央社会保障（储备性）基金的管理机构，承担着对公共卫生基金的直接管理职责。但它又不是一个完全独立的基金管理机构，凡是这一基金用于社会保障支出时，它服从财政部、人力资源和社会保障部的指令；而在这一基金进行投资运营时，它承担着直接的管理职责。

---

① 张梦遥：《城镇职工基本医疗保险基金收支失衡与应对策略研究》，辽宁大学博士学位论文，2018 年。

第二节
我国基本医疗保险基金监管

一、医疗保险基金监管概述

（一）医疗保险基金监管的定义

我国医保的发展趋势是建立更加公平、可持续的全民基本医疗保险，而医保违规行为损害了医保的公平性和可持续发展。医保违规行为直接造成医疗费用支出上涨，降低了基金的使用效率，影响了基金的运行安全，损害医保的可持续发展。医保违规行为扰乱医疗市场，对于遵守医疗保险秩序的其他医疗机构和个人来说是一种不公平的行为。同时，医保违规行为危害医保基金的安全性，损害了其他参保人的权益，也是一种不公平的行为。为减少乃至杜绝医保违规行为的发生，加强医保监管至关重要。①

狭义上，医疗保险基金监管是指医疗保险基金监管部门，对经办、运营、医药等基金运行相关机构，在征缴、支付、投资、结余使用等基本运行环节中的违约违规行为，所进行的监控、审核、分析和评价等活动。监管主体主要是行政部门，监管对象主要是医疗保险基金运行的各个机构，监管内容主要是医疗保险基金各种违约违规行为，监管过程更倾向于事中与事后监管，监管手段更强调法律、行政等正式的制度手段。

广义上，医疗保险基金监管是指医疗保险各利益相关方借助一系列正式和非正式的制度和规则体系，对预算、征缴、支付、投资、结余、使用等基金运行环节中基金账户的安全性、可持续性、收益性、流动性、有效性，与经办机构、医药机构、参保者等医疗保险基金运行涉及的有关主体行动的合规性所进行的全方位的计划、协调、监控、审核、分析、评价与干预等活动。广义的医疗保险基金监管主体，不仅包括有监管权限的行政部门，还包括第三方机构、行业协会、公众等非政府组织；监管对象既关注机构，也关注个体；监管内容既关注行为的合规性，也关注基金账户的安全性、可持续性、收益性、流动性、有效性等；监管过程强调事前、事中与事后全方位监管；监管手段注重法律、行政、市场、信息技术、文化等正式与非正式手段的综合应用。

---

① 付晓、唐昌敏、张霄艳等：《基本医疗保险监管效率评价研究》，载于《中国卫生经济》2016 年第 6 期，第 19—21 页。

（二）医疗保险基金监管的原则

1. 科学性原则

医疗保险基金监管必须依托完善的监管法律法规体系和科学规范的监管组织体系，建立专家会审机制、高效监管机制、监管检查机制、争议解决机制等管理机制，不断学习并运用先进的科学管理理念和方法，才能不断提高监管的质量和效率。

2. 法治性原则

医疗保险基金的有效监管需建立在翔实严谨的法律法规和规章制度基础上。政府监管机构利用法律手段来管理医疗保险基金经办机构和运营业务。主要体现在三个方面：一是用法律确定监管对象的权利、义务，以及管理和运营的行为标准；二是用法律确定监管机构的法律地位、监管权威与监管职责，以及行为标准和管理办法；三是用法律确定监管机构与其他机构之间的关系，这涉及政策制定部门、中介机构等。法治性原则的确定，使得基金监管具有严肃性、强制性和权威性等特点。[①]

3. 安全性原则

在宏观上确保医疗保险制度的安全运行，为医疗保险事业保驾护航。从微观上保护各参保方合法权益，防止监管机构出现以权谋私、徇私舞弊等行为；防止被监管方出现违法违规行为，避免医疗保险基金损失及由此引发的支付困难，保证医疗经办机构、定点医药机构的正常秩序。

4. 公正性原则

医疗保险基金监管机构在履行监管职能时，须遵循公正公开的原则，提高执法的透明度，在履行监管职责的同时最大化保障被监管方的合法权益，以客观事实为依据，以法律法规为准绳，综合运用行政、经济和法律等手段，对经办机构及有关机构的违规违纪行为予以监督检察。

5. 独立性原则

在医疗保险基金监管过程中，作为监管主体的机构和人员应当保持独立地位，不受其他行政机关、社会组织和个人的干预。医疗保险基金监管机构不能直接参与监管对象的具体管理运行活动，如与监管对象有利害关系和亲属关系，则应予以回避，以保证监管活动的独立性。

---

① 姜晓兵：《农民工医疗保险研究》，西北农林科技大学博士学位论文，2008 年。

6. 审慎性原则

医疗保险基金监管机构必须进行审慎监管,包括审慎地加入与退出,审慎地定论与处理,做到宽严适度,创造一个良好的监管环境。医疗保险基金监管机构按照安全性、流动性、效益性三大原则,合理设置有关监管指标,进行评价和预测,最大限度地控制风险。

7. 协同性原则

医疗保险基金监管的协同性体现为政府监管、社会监督、行业自律和个人守信的协调与合作;医疗保障行政部门与卫生健康、中医药、市场监督管理、财政、审计、公安等部门需保持高效的沟通合作,及时发现问题、解决问题;建立统一信息交互系统,与医疗保障大数据监控实时结合,实现信息共享;针对不同监管部门建立相关的组织协调机制,明确多方权责利分配,提高监管工作的有效性等。

二、医疗保险基金监管的内容和方式

(一)医疗保险基金监管的内容

1. 医疗保险基金征缴监管

医疗保险征收机构须依照法律、行政法规和国务院规定中的医疗保险费的费基、费率,对征缴范围内的各利益相关方按时足额征收医疗保险费。征缴的医疗保险费将全额纳入医疗保险基金专户,专款专用,任何利益相关方都不得挪用。医疗保险接收机构应当每年至少向缴费机构或个体提供缴费凭证,接受缴费查询。同时各缴费机构应当定期将缴费情况与机构涉及各利益相关方进行公示。医疗保险基金监管机构应当对基金征缴全过程进行监管,保证应缴尽缴、应收尽收。

2. 医疗保险基金支付监管

支付环节是医疗保险与其他类别保险差别较大的一个环节,医疗保险基金流向复杂,各利益相关方容易发生违约违规行为,是监督管理的重点和难点。在对基金支付环节所涉及的各方组织机构进行监管时,须瞄准频发、易发的违约违规行为展开重点监管。比如对于社会办医疗机构,需重点查处诱导医疗、过度医疗、虚构医疗服务、伪造有效医疗文书票据材料以获取医疗保险基金支持等行为;针对参保人员,重点查处以隐瞒事实真相、虚构领取要件、伪造编造相关材料等方式骗取或协助他人骗取医疗保险金的行为;医疗保险基金受益人对其提交的真实性要负法律责任,严禁使用伪造、编造的虚假证明文件和单据骗取、冒领医疗保险金;针对医疗保险经办机构、医疗保险金发放机构、医疗保险服务机构，则需关注其与自然人、法人串通，以欺诈、伪造证明材料或者其他手段骗取医疗保险待遇的问题。

3. 医疗保险基金运营监管

医疗保险基金运营监管，须对参保对象的资质认定、参保范围设立、费用支付范围等内容进行审核；对医疗保险经办机构的内审制度、基金稽核工作、履约检查，以及内部人员"监守自盗"等行为进行监督。同时，监督检查医疗保险基金预算编制的科学性、准确性以及执行情况，保证医疗保险基金收缴、支付、结余等运营相关数据的真实性，评价实际运营中的合规性和运行效果。投资运营机构应当建立健全内部控制、合规检查、风险评估等制度，在投资决策前必须进行可行性研究和风险评估，在投资过程中随时进行风险监测，以实现安全投资和保值增值的目的，切实维护医疗保险基金涉及利益相关方的合法权益。

4. 医疗保险基金账户监管

医疗保险基金账户作为医疗保险基金运行的重要载体，地位特殊、作用明确，医疗保险基金监管机构应当对医疗保险基金账户进行有效监控，以保证账户资金使用合规、合理。如医疗保险经办机构和负责的财政部门，须在共同认定的商业银行按险种开设社会保险基金收入户、财政专户、支出户；确保各项社会保险基金按险种分别建账、分账核算，不得相互挤占或者调剂使用，不得随意改变专户的使用功能等。

（二）医疗保险基金监管的方式

1. 现场检查

现场检查是指医疗保险行政部门和基金监管机构对被监督单位管理医疗保险基金情况的实地检查活动，目的在于发现一般资料信息和数据报表中难以发现的隐蔽性问题。现场检查应与非现场检查相辅相成，推动事后监管向事中、事前监管转变。现场监督方式也在不断更新，以增强监管力度，维护各方利益。

2. 市场准入

市场准入是指医疗保险基金监管机构依据相关法律法规，对从事医疗基金管理服务的机构所应具备的条件和资格进行限制和认定。对于不能依照法律和相关协议履行义务，并且使医疗保险基金的利益和安全受到威胁的基金管理服务机构，有权采取措施，限制其运营医疗保险基金的部分活动，甚至吊销其医疗保险基金运营资格。通过建立适当的准入制度和退出制度，可以为选择医疗保险基金管理机构把好第一道关，限制或消除医疗保险基金管理机构所产生的对医疗保险基金侵吞、流失及隐瞒收入的相关代理风险，为医疗保险基金运营创造良好的市场环境。

3. 信息披露

信息披露是指医疗保险行政部门及经办机构将医疗保险参保经办、服务有关情况，以及医疗保险征缴、管理、使用、检查等信息向社会公开的行为。医疗保险基金监管机构将依法依规定期向社会公开医疗保险基金各利益相关机构行为、费用等数据信息，定期公开曝光欺诈骗保典型案例，保障社会公众的知情权，广泛接受社会监督，维护医疗保险基金的安全。建立医疗保险信息披露制度是推进社会保障系统政务公开的重要措施，有利于促进管理机构及其工作人员依法履行职责，建立行为规范、公开透明、廉洁高效的管理体制和工作机制，维护医疗保险基金的安全完整和参保人员的合法权益。

4. 情况报告

在医疗保险基金监管过程中，各级医疗保险基金监管机构要向上级医疗保险基金监管机构报告情况，被监管的机构也要向负责监管的医疗保险行政部门报告情况。通过实行报告制度，监管机构能及时掌握基金运行情况，约束经办管理部门行为，实现对医疗保险基金管理过程的有效监督，进而保证基金的高效使用。

5. 社会监督

当前医疗保险基金管理压力增大，医疗保险基金监管机构受编制、经费所限，执法能力和效率难以满足当前的医疗保险基金监管工作需求，需要充分发挥社会监督的作用。社会监督作为非官方监督手段，主要通过充分调动参保方、社会团体、专家学者等社会力量，对医疗保险基金收支与结余情况及医疗保险经办机构管理情况等进行监督。社会组织和个人对有关机构违反社会保险法律法规行为的举报、投诉也是社会监督的重要内容，能够增强医疗保险基金监管机构的信息获取能力和执法能力。

6. 智能监控

创新监管方式，推广信息技术手段在基金监管领域的使用，构建医疗保险基金智能监控信息系统，实现监管全覆盖，提升监管实效，是医疗保险基金监管改革的必由之路。医疗保险基金智能监控是基于医疗保险信息化建设，以"互联网＋"和大数据挖掘为发展方向，通过全面、及时地对不同利益相关方所涉及的医疗保险基金有关行为进行监控，有效维护参保人员利益，保障基金安全，实现医疗保险可持续发展目标的医疗保险管理新模式。2020年10月，国家医保局发布《关于积极推进"互联网＋"医疗服务医保支付工作的指导意见》，进一步推动医疗保险基金的监管工作。具体来说，在充分利用大数据、云计算、智能可穿戴设备、物联网、区块链等新技术的基础上，借助电子医保凭证和互联网平台，实现患者参保手机 App 缴费、异地就医手机备案和结算，疾病诊断相关分组（DRG）等医疗费用补偿，以及医保监督等流程的实时化、智能化，促进相关主体的实时互动，提高治理效率。利用区块链特性实现不可篡改的电子处方、追溯电子处方的来源及药品购买情况等全链条的监督，医保由传统的"个案监督"向"数字化监督"转变。如青岛市建设 DRG 智能监管、基金监管等系统，综合运用大数据筛查和现场检查相结合的方式扣拨、追回近 1 亿元医保基金。[①]

7. 信用管理

医疗保险基金监管需建立信用管理制度。医疗保险基金使用领域的信用分级分类管理机制主要通过制定医疗保险基金涉及利益相关方的信用分类评价指标体系和制度标准，健全医疗保险各利益相关方的记分制度，来激励守信对象和惩戒失信对象，约束和规范医疗保险基金使用行为。

● 三、我国医疗保险基金监管现状

随着国家医保局以及各地医保局先后成立，我国医疗保险基金监管（以下简称"医保监管"）进入新的时期。2021 年 2 月，国务院发布《医疗保障基金使用监督管理条例》，打破了我国医保监管工作缺乏专门法律法规的局面，有力推动了医保监管领域依法行政。但是，医保监管一直是我国医保体系建设中的短板，其存在着内部监管权责分工不明、社会监管机制支撑不足等问题，因此加强和完善医保监管在当下显得尤为重要。[②]

目前，医疗保险基金管理主要存在以下两个方面的问题。第一，医疗保险基金经办管理方面，各地医疗保险基金经办机构简单粗放的控制办法、单一滞后的管理手段、薄弱的监控技术，已难以跟上快速发展的全民医疗保险的步伐。例如：全民医疗保险，使得参保人员急剧增加，参保对象需求释放量显著扩大，伴随全民医疗保险制度的完善与大病保障制度的构建，参保对象需求还将释放，医疗保险支出也会大大增加；医疗保险费的筹集不到位、拖欠严重、骗取医疗保险金现象较普遍；基金管理制度不完善，各级政府在基本医疗保险基金的征收、使用、管理上分别由不同部门负责，难以形成有力的协作，且各个地市的社会经济发展情况存在差异，政府经费短缺，从而挤占医疗保险基金，基金风险分担机制不足，等等。上述问题的出现，使得我国医疗保险基金面临的风险复杂多变，基金抗风险能力降低，甚至一些地区医疗保险基金开始出现亏损。第二，定点医疗机构与医保基金经办机构管理脱节。医保基金经办机构负责报销医疗费用、检查定点医疗机构业务质量。定点医院负责看病、入院等工作，但定点医院对住院病人的身份确认把关不严，致使一些非参保人员混入医保患者中，随意开销医疗费用；一些医

---

① 杨红燕：《数字化时代的数字医保：内涵、价值、挑战与治理思路》，载于《华中科技大学学报（社会科学版）》2021 年第 2 期，第 17—24 页。

② 郭朋飞、吴群红、李叶等：《基于文献计量分析的我国医保监管研究现状及展望》，载于《中国医院管理》2021 年第 12 期，第 26—29 页。

保患者入院手续不健全,管理比较混乱,医保基金管理机构与定点医院缺乏一套行之有效的岗位制度,缺乏有效的相互制约机制。这些管理、监督制度的缺乏会阻碍医疗保险基金的有效运行。[①]

因此,我国加强和完善医保监管应促进多元主体共建共治共享的基本医保基金监管格局,完善监管制度体系建设,合理配置监管政策工具,提升监管治理成效。

第一,我国基本医保基金监管政策制定主体逐步由多部门分散向协同联动方向转变。在党的领导下,形成医保、卫生健康、财政、税务等多部门联合发文网络。较之国家医保局成立前,政策制定主体数量有所减少,这在一定程度上是我国医疗保障管理体制由政府部门分割管理到集中统一管理的结果。政策参与主体数量增多,除政府部门外,医药机构、新闻媒体及社会公众等参与度逐步提高,多主体参与监管的活力得到极大调动,但需注意政府内部、政府与非政府之间存在利益不一致等问题。因此,应逐步建立多部门联动监管机制,由国家医保局牵头,联合卫生健康、公安等部门协作参与,增强政策制定的协同性。此外,应建立各参与主体的利益诉求表达与平衡机制,依托协商谈判、信息公开和服务购买等方式,规范社会组织发展,增强基金监管政策执行中的联动,促进多元主体共建共治共享的基本医保基金监管格局的形成。

第二,命令型工具为主,辅之以规范型工具。随着基金监管的内涵范围不断扩展,需使用法律管制等命令型工具确保政府监管效力的权威性。国家医保局成立后,国家陆续出台"两定机构"(定点医疗机构和定点零售药店)协议管理办法和监管条例等,为基金监管提供法律依据。行政监督虽呈下降趋势,但总体数量增加。国家医保局成立后,约有52%的国家级基本医保基金监管政策提及过行政监督,着重介绍通过专项检查和"双随机一公开"抽查等方式加强行政监督。但这属于事后监管。行政成本较高。国家医保局成立前、后政策中,目标规划占比都较低,这可能与基金监管工作正处于发展阶段有关。规范型工具中,协议管理、信用管理使用增多,促使医保部门和医药机构间通过平等协商、沟通合作等方式形成利益共同体。而信息公开呈下降趋势,这体现出医保基金监管存在信息披露不及时且不透明等问题。因此,随着基金监管工作逐步深入,应以命令型工具为主,辅之以规范型工具,出台医保基金监管法律实施细则,明确监管目标与任务安排,以信息化为抓手,推动政务、医药价格信息公开透明,健全信用管理制度,实施行政监督与协议管理,提升监管治理成效。

第三,注重能力建设型、系统变化型工具的内部均衡,增强基金监管的整体效能。能力建设型工具中,规范执法、督导调度占比上升,内控制度建设占比下降,人才队伍、大数据监管虽占比下降,但数量增加。国家医保局成立后,为提升自身监管能力,通过出台一系列政策,规范行政人员执法程序,并注重运用大数据智能监管、督导调度等手段加强医保基金全过程监督。人才队伍是监管系统重要的辅助和支持力量。由于医保基金监管人员来自不同部门不同岗位,缺乏监管经验,需关注医保基金监管的人力短缺问

---

① 罗健、郭文:《我国医疗保险基金面临的问题及对策》,载于《湖南师范大学社会科学学报》,2014年第4期,第84—88页。

题。医保经办机构内控制度建设能在制度上堵住基金不合理流失的渠道。系统变化型工具中，领导分工占比上升，部门联动和社会力量参与占比下降但数量增多，管办分离数量变化不大。需要注意的是，医保基金监管体制机制改革中，存在医保经办机构监管上的"既管又办"、缺乏多部门联动监管机制和社会力量的参与等问题。因此，应注重能力建设型、系统变化型工具的内部均衡，重视监管人才队伍建设，通过提供资金、开展培训考核等措施提高医保基金监督检查能力。落实经办机构协议管理、费用监控、稽查审核责任，筑牢内控防线。在明确政府部门职责的同时，建立跨部门联动监管机制并引入第三方专业机构和社会力量参与，形成各方监管合力。

第四，增加激励型、劝说型工具运用，调动各方参与基金监管积极性。激励型工具使用较少，略有下降；劝说型工具使用最少，略有上升。激励型工具中，监督举报占比上升。监督举报机制作为社会监督的重要机制，能提高公众参与基金监管的积极性，其使用增多与我国建立欺诈骗保举报奖励制度有关。医保支付等相关制度改革和监管绩效考核的占比都略有下降，说明在落实医保基金监管的配套措施方面存在不足。国家医保局成立前后劝说型工具使用较少，可能是我国医保基金监管正处于发展阶段的表现。

第三节
医疗保险基金保值增值

一、医疗保险基金投资运营

（一）医疗保险基金投资运营的必要性

1. 基金筹集

社会医疗保险基金建立之前，各国采用的大都是现收现付模式的社会保险制度。随着经济社会发展，特别是人口老龄化的到来，现收现付模式面临入不敷出的困境。各国纷纷进行社会保险制度改革，在医疗保险领域，完全积累和部分积累的模式逐渐被采用，这种模式下的基金存续期较长，并且在制度实施初期，积累基金数量较大，因而受通货膨胀的影响较大。如果不能保证积累基金在若干年后保值，就难以达到在预测期内调整保险费率的目的。因而医疗保险基金的投资运营是积累式基金筹集方式的客观要求。

2. 通货膨胀

经济的快速发展，不可避免地会伴随物价水平的上涨。通货膨胀与经济增长存在正相关，通货膨胀对医疗保险基金的影响主要体现在两个方面：一方面，通货膨胀将造成基金本身的贬值，致使经过积累后的基金实际购买力下降；另一方面，通货膨胀会使人们的生活费用上涨，医疗保险基金支出及医疗保险待遇水平必然相应提高，通货膨胀会导致医疗保险基金支出的增加。在通货膨胀条件下，要提高医疗保障待遇水平，可以通过提高缴费水平或者医疗保险基金保值增值的方式实现，但提高缴费水平将影响劳动者的积极性及企业生产、投资的积极性，制约经济增长。因此，医疗保险基金保值增值的需求将显得更为迫切。医疗保险基金保值增值问题，既会影响医疗保险基金的购买力，也会影响医疗保险基金的总体支付能力。

3. 人口老龄化

随着经济水平的不断提高，人们的生活水平和生活质量不断改善，加之先进医疗技术和医疗手段的运用，整个社会人口的平均寿命有不断延长的趋势。人口老龄化的到来，退休人员的大量增加和退休费用的迅速膨胀，必然带来医疗保险费用的大幅增加及医疗保险基金支付压力的进一步加大。社会医疗保险基金日益加重的支付压力和不断加大的收支缺口，迫切需要医疗保险基金不断增长及保值增值。在增加资金积累的基础上，要选择安全性和效益性好的投资渠道，提高资金的获利能力，以减轻未来医疗保险基金的支付压力。

4. 分享经济发展成果

从发达国家的社会保障实践来看，社会医疗保险发展到一定阶段，人们的社会保障状况会随着经济水平的提高而趋于改善，社会医疗保险的内涵不断丰富，覆盖面逐步扩大，并进而为经济持续稳定发展提供保障。如果此时医疗保险基金收入不能保证人们日益增加的社会保险支出的需要，将会导致收支缺口进一步扩大。要解决这个问题，除了不断拓宽医疗保险基金的来源以外，使医疗保险基金不断保值增值也是满足日益增长的医疗保险基金的必要手段。

（二）医疗保险基金投资的原则

医疗保险基金在投资运营过程中，应遵循几大投资原则，并在这几大投资原则之间寻找平衡，以降低投资风险，获得较高投资收益。

1. 安全性原则

安全性原则是医疗保险基金投资的首要、根本性原则。确保医疗保险基金投资的安全性主要是指保证医疗保险基金投资的本金能够及时、足额地收回，并取得预期的投资收益。相对于共同基金和商业保险基金而言，医疗保险基金的投资对于安全性的要求更高。

一般而言，现收现付制是医疗保险基金的主要模式，这种模式对安全性的要求较高，因此医疗保险基金大多选择一些低风险的金融工具进行投资，如国债或者信用级别较高的金融债券和企业债券。

当然，医疗保险基金的安全性原则并不是不顾基金的稳定增长。国内外社会保险基金运营的成功经验和现代资本理论的广泛运用说明，如果对医疗保险基金的投资限制过多，非但不能实现基金保值，而且随着时间的推移，基金会发生贬值，更加制约基金增值目标的顺利实现。

医疗保险基金投资的安全性往往与政府责任有关。一方面，医疗保险基金投资是在政府制定有关政策、投资规则、监管制度的条件下进行的，政府在医疗保险基金投资中体现着较强的政府管理与干预责任；另一方面，医疗保险基金投资的安全性直接影响到医疗保险基金投资的绩效，而投资的绩效的高低在不同程度上影响着医疗保险基金的收支平衡，医疗保险基金的收支平衡程度与政府财政的转移支付有不同程度的联系。

保持和增强医疗保险基金安全性的措施一般包括投资模式选择、投资主体确定、投资工具与投资组合规定、投资收益保证、投资信息披露制度建立、对外投资比例、政府担保与政府监管等。

2. 收益性原则

收益性原则是指在符合安全性原则的基础上，医疗保险基金投资能够取得适当的收益。从一定意义上讲，这是医疗保险基金投资最直接的目的。医疗保险基金投资收益的大小直接影响到医疗保险基金的财务平衡，也影响到投保人缴费水平的高低。在医疗保险基金累积价值一定和其他变量相对固定的情况下，医疗保险基金投资的收益率越高，则投保人所缴纳的费率相应较低。

安全性和收益性之间存在着替换关系，即高收益率往往伴随着高风险，而较高的安全性就要以较低的收益率为代价。在既定的加权平均的风险程度上，投资组合中风险程度中等偏下的金融工具应占比较大，同时可拥有一些风险程度相对较高的金融工具，但其占比不应太大。

3. 流动性原则

医疗保险基金投资的流动性是指投资资产在不发生损失的条件下可以随时变现以满足支付医疗保险费用的需要。医疗保险基金筹集性质不同，对流动性的要求也不同，完全积累的医疗保险基金投资对流动性的要求相对较低。而以现收现付为主要特征的医疗保险制度，对于医疗保险基金的流动性的要求较高，因此一般其投资大都选择短期金融工具，比如短期国债、银行存款、高信用级别的企业债券或商业票据等。

4. 社会性原则

医疗保险基金除了是看病就医的"保命钱"之外，也是一笔重大的政府支出。因此，在基金的运用方面，除了应具有其他基金追求高收益的一般性特点外，还应注重投资的社会性原则，讲求投资所带来的社会效益的提高，从促进社会经济增长、经济结构优化及社会稳定发展的更为长远的目标着眼。

5. 分散性原则

医疗保险基金投资的分散性原则是指通过多样化的投资来分散和降低风险，在投资的形式、对象和金额上不能过于集中。将资产放在不同的投资项目上，可以分散风险。投资分散于几个领域而不是集中在特定证券上，这样可以预防一种证券价格不断下跌时带来的金融风险。马科维茨的投资组合理论认为，只要两种投资资产的收益率的相关系数不为1（即完全正相关），分散投资于两种资产就具有降低风险的作用。而对于由相互独立的多种资产组成的资产组合，只要组成资产的种类足够多，其非系统性风险就可以通过这种分散化的投资完全消除。[①]

（三）医疗保险基金投资的环境

1. 市场环境

市场经济的基本特征之一在于它具有一定的自动性和灵活性，市场经济一方面为医疗保险基金投资提供了适当的外部环境，另一方面为医疗保险基金的投资提供了对象。医疗保险基金的投资必须有其可以投资的对象，如债券、股票等各种有价值证券和金融资产，这些市场经济的构成要素，是医疗保险基金可能投资的对象。

2. 政策环境

在现实生活中，医疗保险基金投资的规模及实现程度，投资渠道和投资模式，还取决于当时的政策条件。在不同的国家和同一国家的不同时期，政府会根据其国民经济发展的具体情况，对医疗保险基金的投资采取不同的政策，这些政策直接制约着医疗保险基金投资的广度和深度。

3. 风险环境

风险环境主要是指宏观经济周期风险、社会信用风险、通货膨胀风险、政策风险和法律风险。由于医疗保险基金的投资收益是经济发展与经济增长成果的一种分享，医疗保险基金或多或少会进行股票投资，而股票的收益与宏观经济发展呈现某种程度的同步性，医疗保险基金的投资运营会受宏观经济周期的影响。同时，医疗保险基金的投资依托于市场经济，市场经济本质上是一种信用经济，只有在良好的信用基础上，才会给医疗保险基金一个稳定的投资环境。通货膨胀风险是指通货膨胀会造成医疗保险基金购买

---

① 姜晓兵：《农民工医疗保险研究》，西北农林科技大学博士学位论文，2008年。

力下降，对医疗保险基金的保值增值形成压力。政治风险主要体现为过多地将医疗保险基金用于社会投资项目。法律风险主要体现在为法律法规不健全造成监管缺失或错位。上述风险都会挑战医疗保险基金的投资运营，所以应努力化解风险，实现基金的保值增值。

● 二、医疗保险基金投资的理论基础

（一）投资组合理论

所谓投资组合，是指投资者为使其投资多样化以降低投资风险，选择市场上多个可投资项目进行投资所形成的投资项目的集合。马科维茨的投资组合理论认为，投资组合的总风险由两类不同性质的风险——非系统风险和系统风险构成。非系统风险是指与投资组合中单个投资项目无关且与整个市场资产组合系统变动趋势无关的那部分风险；系统风险是指与投资组合中单个投资项目无关而与整个市场资产组合系统变动趋势有关的那部分风险。前者通过投资组合内投资项目的增长和多样化可以基本消除，而后者却不能。任何投资都会有风险，而投资风险的大小又是通过投资的收益来测定的。投资收益率一般与投资风险程度成正比。投资者最终期望的是高收益、低风险，但实际上两者往往不可兼得。因此，投资运营活动很重要的一个步骤是运用各种有效的投资分析方法找到风险和收益的最佳配比，也就是力图寻找一个多样化、有效率的资产组合，使得任何一项或多项资产的组合在一定的风险水平以上能够得到最大的预期回报，以便为投资决策提供基本依据。

将投资组合理论应用于医疗保险基金投资运营，要充分考虑其所具有的特点。安全第一、收益第二是医疗保险基金所具有的普遍特点，是由其自身特殊性所决定的。医疗保险基金是百姓的"保命钱"，起到稳定经济、社会的作用。因此，投资的首要原则就是保障这部分资金在投资过程中的安全性，同时能够获得相应的收益。这就表明，在投资工具上，要选择投资安全性较高且具有固定收益的项目，如国债；在投资组合上，要选择风险等级在可控范围内的金融工具。

（二）委托代理理论

委托代理理论研究的主要是委托人如何在利益发生冲突以及信息不对称等不利因素的影响下，通过调查、分析并制定出对自身最为有利的契约以实现利益的最大化。由于在委托代理关系中，委托人与代理人的目标存在一定的差异，委托人的目标是不断增加自己的收益使财富得到迅速积累，而代理人的目标是使自己的收入最大化。这种目标的分歧必然导致两者之间矛盾和冲突的产生，因此，有效制度的建立势在必行，应既能实现委托人的利益追求，又能实现代理人的自身价值。

委托代理理论对于医疗保险基金的投资运营能够起到借鉴作用。医疗保险基金是由个人、单位缴费及政府财政补贴共同构成，包括社会统筹基金和个人账户两部分。医疗

保险基金社会统筹部分的投资运营若由政府委托专业的基金管理运行机构——基金信托管理公司负责，就会涉及具体的委托代理关系。委托代理理论可以将上述关系模型转化为：政府作为委托人通过作为代理人的基金信托管理公司，按照前者使医疗保险基金保值增值的意愿及利益目标建立相应的投资模式，进行相关的投资运营活动。作为委托人的政府不直接参与医疗保险基金的投资运营，而仅仅从作为代理人的基金信托管理公司获得基金的收益部分，同时按照相关的协议规定支付给代理人相应的报酬。正常情况下委托人无法直接了解代理人进行了何种投资，能得到的只是一些如基金的回报率等信息。因此，委托人的关键在于如何根据这些得到的信息来对代理人实施奖励或惩罚，使得代理人能够选择满足委托人要求的最优投资方式。

由于医疗保险基金的特殊性，其对于基金安全性的要求更是各项工作的重中之重。因此，对于基金信托管理公司利用医疗保险基金实施的每一项投资计划都要由政府成立的专门监管机构负责审批和监督，对于风险系数较大的赢利行为应当给予否决。

（三）资本资产定价模型

资本资产定价模型是建立在风险资产的期望收益均衡基础上的预测模型，是用于确定投资最优证券组合的模型之一。资本资产定价模型是从特定的效用函数入手，亦即财富随机分配的效用仅仅依赖于期望收益值和方差。风险回避意味着期望效用增加是好事而方差的增加是坏事。每一种证券在市场证券组合的标准差中所占份额依赖于它与市场证券组合间协方差的大小，投资者由此会认为具有较大标准差的证券在市场证券组合风险中占有较大份额，在市场均衡时，该证券应该得到的风险报酬就会越大。这表明所有资产都具有风险和收益的两重性，资产的风险程度越高，为了补偿其持有所存在的潜在风险，其收益也必须相应高于风险低的资产。风险资产依赖于它与其他资产的协同变动。一般情况下，不同投资品种的收益率之间是相关的。例如，债券与银行存款之间就存在着很强的相关性，银行存款利率上涨时，债券的交易利率将随之上涨，反之亦然。而股票的预期收益也与银行存款利率有关，当银行存款利率上涨时，股票相应的预期市盈率将随之下降，从而带动股票的预期收益下降。

● 三、医疗保险基金的投资渠道

全球社会保险基金的投资渠道很多，几乎涉及了所有的投资工具。医疗保险基金作为社会保险基金的一种，有其共通性，同时由于医疗基金给付的短期性、经常性特点，世界各国对医疗保险基金的投资渠道会有所不同。

医疗保险基金的投资，既要考虑安全性、收益性和流动性等一般投资原则，又要考虑经济效益与社会效益的统一，既保证医疗保险基金自身保值增值，又有利于国民经济的协调发展。借鉴发达国家经验，医疗保险基金投资方式可选择两大类：一类是安全型投资，具体包括银行存款、国家债券、金融债券等，此类投资的特点是收益稳定、风险较小但收益水较平低；另一类是风险型投资，包括证券市场投资、房地产投资、企业债券投资等，这部分投资的特点是预期收益较高，但存在较大的风险。[1]

医疗保险基金的投资渠道主要有以下几种。

（一）银行存款

银行存款是一种操作简单，几乎没有风险，但同时投资收益较低的一种投资渠道。将医疗保险基金的一部分存入银行，有利于医疗保险基金的出入，适应医疗保险基金给付的短期性特点。银行存款多种多样，利率高低不同，同样多的资金选择的存款种类组合不同，其收益和流动性也就不同，因此可根据需要自由选择。在物价比较稳定的条件下，这种投资既安全又能保值，但在通货膨胀时期，银行实际利率较低，甚至是负值，这种投资方式将难以保证基金增值。

（二）债券

债券是发行人按照法律程序发行并约定在一定期限内还本付息的一种有价证券。它的投资特点就是收益稳定，投资风险较小，特别是国家债券，风险极小。按照发行主体不同，债券可以分为国家债券、地方债券、金融债券、公司债券和国际债券。

1. 国家债券

国家债券简称国债，是指政府根据有借有还的信用原则，为筹集资金而发行的债券。政府债券由于政府的信誉度高，还本付息的风险小，许多国家鼓励对国家债券的购买。国家债券的主要特点包括：一是体现了债权债务关系；二是固定利率回报和到期偿还本金；三是波动小、风险低。因此，国家债券作为低风险的投资品种，一直受到医疗保险基金的青睐。

2. 地方债券

地方债券是指地方政府为支援所辖地区的经济发展与建设而发行的债券。地方债券的信誉仅次于国家债券。与国家债券相比，地方债券的发行面额较小、利率较低，主要为了吸引中小投资者，最重要的是地方债券免缴所得税，这是地方债券与公司债券的主要区别。

3. 金融债券

金融债券是由银行和非银行金融机构为筹集资金而向社会公开发行的一种债务凭证。其利率低于公司债券而高于地方债券和国家债券。

---

[1]　姜晓兵：《农民工医疗保险研究》，西北农林科技大学博士学位论文，2008 年。

4. 公司债券

公司债券是由公司为筹资而发行的，向持有人承诺在指定时间还本付息的一种债务凭证。不同公司债券的利率不同，依公司的信誉度高低而定。公司债券的信誉度比国家债券要低，但比股票的保障程度要高。公司债券按使用等级和偿还次序，可以分为第一优先债券、第二优先债券、第三优先债券，归还时按优先次序归还。

5. 国际债券

根据发行债券货币种类与发行债券市场的不同，可分为外国债券和欧洲债券。外国债券是指以发行市场所在国的货币为面值货币发行的债券。欧洲债券是指一国政府、金融机构、工商企业或国际组织在国外债券市场上以第三国货币为面值发行的债券。欧洲债券发行者多为大公司、各国政府和国际组织，它们一般都有很高的信誉，对投资者来说是比较可靠的。但是由于国际环境复杂多变，且外国证券的收益均以外币形式计算，所以可能面临汇率风险较大问题，比较难以控制。

由于债券具有收益稳定、风险较低的特点，加之政府对债券尤其国家债券往往有特殊优惠政策，几乎所有国家的医疗保险基金投资组合中，债券都占比较大，不少国家甚至还规定了债券的最低投资比例。

（三）股票

股票是指股份有限公司发行的、表明其股东按所持有的股份享受权益和承担义务的一种金融产品。它具有变现性较好、流动性较强、收益较大、风险较高的特点。

购买股票可以使医疗保险基金保值增值的空间变大，但同时承担的风险也较大。由于股票的种类很多，如何确定具体投资方向，成为对投资者管理水平和金融技巧的考验。受托运营医疗保险基金的各类金融机构能否在竞争中发展，很大程度上取决于其所投资股票是否成功。由于投资股票风险大，许多国家对用医疗保险基金购买股票规定了最高限额。

（四）可转换公司债

可转换公司债简称可转债，是一种介于公司债券和普通股之间的混合金融衍生产品，投资者具有在将来某一时间，选择是否按照一定的转换价格将可转债转换为普通公司股票的权利。可转债首先是一种企业债券，具有获得约定利息、在到期日收回本息的权利，其次又具有在一定条件下将债权转化为股权的权利。因此可转债相对于一般公司债而言，具有多种选择权，而相对于纯粹的普通股而言，又具有一定的收益保证。

（五）证券投资基金

证券投资基金是一种利益共存、风险共担的集合证券投资方式，由基金公司或其他发起人向投资人发行收益凭证，将大众手中的零散资金集中起来，委托具有专业知识和投资经验的专家进行管理和操作，协同信誉较好的金融机构充当所募集资金的信托人或保管人。与其他投资渠道相比，证券投资基金具有风险小、流动性强、变现性好、收益高的优势。证券投资基金作为一种间接投资方式，其风险与收益介于债券与股票之间。由于医疗保险基金对投资收益与风险防范的需要，许多国家的医疗保险基金有相当一部分是通过证券投资基金作为投资工具来分享资本市场的收益。

（六）不动产投资

不动产投资主要是指房地产投资，还包括公共基础设施建设，如水电、能源、交通等。由于租金的定价可消除通货膨胀的影响，房地产与股票一样被认为是与工资相关联的，成为医疗保险基金的重要投资渠道之一。不动产投资的另一方向是投资于公共基础设施建设。

总体而言，世界各国选择的医疗保险基金投资渠道各不相同，但选择单一投资渠道的国家还是比较少见的，更多的是采用投资组合方式进行投资。

《医疗保障法（征求意见稿）》第二十九条规定：医疗保障基金在保证安全的前提下，按照国务院规定投资运营实现保值增值。《2023年医疗保障事业发展统计快报》显示：2023年，基本医疗保险基金（含生育保险）总收入、总支出分别为33355.16亿元、28140.33亿元。职工基本医疗保险基金（含生育保险）收入22880.57亿元，其中统筹基金收入16636.07亿元。基金支出17717.80亿元，其中统筹基金支出11620.58亿元。职工基本医疗保险统筹基金（含生育保险）年末累计结存26405.89亿元。城乡居民基本医疗保险基金收入10474.59亿元，支出10422.53亿元。

🅕 专栏 //

织牢织密医保基金监管网

医保基金是人民群众的"看病钱""救命钱"，党中央、国务院高度重视医保基金安全问题。2023年5月，国务院办公厅印发《关于加强医疗保障基金使用常态化监管的实施意见》（以下简称《意见》）。在国新办6月9日举行的国务院政策例行吹风会上，国家医保局副局长颜清辉介绍了一系列新举措的具体内容。

据介绍，国家医保局监管的定点医保机构超过 95 万家，目前全国统一的医保信息平台日均结算量约为 1800 万人次，最高日结算量约为 3476 万人次。

颜清辉指出，近年来，一些定点医保机构"明目张胆"的骗保行为有所遏制，但是"跑冒滴漏"现象依然比较普遍，骗保手段更趋隐蔽，欺诈骗保和医疗腐败交织在一起，监管难度不断加大。

与此同时，异地就医结算、DRG/DIP 支付方式改革、互联网＋医保服务、长期护理保险试点以及门诊共济保障等改革措施的推进和开展，对建立健全基金监管制度和办法提出了新要求。此外，医保监管的力量不足，监管执法体系不健全，各方监管责任也有待进一步落实。

针对现实中面临的突出难点问题，《意见》提出了一系列具体举措，目的就是要严监管、出重拳，织牢织密医保基金监管网，不给欺诈骗保等违法违规行为可乘之机。

颜清辉介绍，此次《意见》主要有三方面特点：一是全面压实各方责任，形成监管合力；二是坚持系统思维，推动构建全方位、多层次、立体化的基金监管体系；三是着眼长效机制建设，促进医保、医疗、医药协同发展和治理。

"下一步，我们将按照党中央、国务院决策部署，加强组织领导，细化分解任务，抓好《意见》的贯彻落实，确保各项措施尽快落地见效，切实维护好医保基金安全。"颜清辉说。

据统计，国家医保局成立以来，已连续 5 年联合卫健、公安等部门开展打击欺诈骗保专项整治行动。截至 2023 年 4 月，累计检查定点医药机构 341.5 万家次，处理 162.9 万家次，追回医保资金 805 亿元。

"在取得成效的同时，我们也清醒地看到医保基金监管的形势依然严峻复杂。"颜清辉坦言。

如何采取有效措施对医保基金的使用进行常态化监管？颜清辉透露，国家医保局已总结出"三个结合""五个常态化"的监管经验。

——点线面结合，推进飞行检查、专项整治和日常监管常态化。其中，飞行检查侧重于点，专项整治侧重于线，日常监管侧重于面，这三者有机结合、相辅相成。"去年通过飞行检查总结了一套管用的检查办法，摸清了骨科高值耗材欺诈骗保情况，实现了'点上突破'。今年，我们把骨科作为专项整治的重点内容之一，利用这些检查办法，对定点医保机构进行排查整治，促进整个骨科领域的全面规范。接下来，再转入常态化的日常监管，并出台全国统一的监督检查事项清单、检查指南等，提升日常监管的专业化、规范化水平。通过点线面相结合，努力做到检查一个、查透一个、规范一个，这样成体系地推进医保基金监管工作不断走深走实。"颜清辉说。

——现场和非现场相结合，推动智能监控常态化。"医保基金监管对象多、难度大，监管力量相对不足，现场检查难以及时有效广泛地覆盖，这就要求我们创新理念和方法，运用现代信息技术寻求破解之道，用新技术赋能。"颜清辉说，在这方面，医保智能监控是破解监管痛点难点问题的重要举措之一。通过智能监控的推广应用，可以实现医院前端提醒、经办端事中审核、行政端事后监管的全流程防控。2022 年，全国通过智能监控拒付和追回医保资金达到 38.5 亿元。

——政府监管和社会监督相结合，推进社会监督常态化。2018 年以来，仅国家医保局接到的各类举报投诉线索就达到 3.6 万余件；全国根据线索核查，共追回资金约 17 亿元；全国累计兑现举报奖励资金约 703 万元。"同时我们注重典型案例的曝光，截至今年 4 月，全国累计曝光典型案例达到 25.5 万例，传递了以零容忍的态度严厉打击欺诈骗保等违法行为的强烈信号，取得了很好的警示震慑作用。"颜清辉说。

颜清辉还透露，国家医保局将研究出台医疗保障基金智能审核和监控方面的文件，在 2023 年底前实现智能监管子系统覆盖所有的统筹区，对全量的医保结算数据开展全面智能审核，初步实现全国智能监控"一张网"，结合大数据应用试点工作，构建事前提醒、事中预警、事后监控的全流程监督管理的基金安全技术防线。

（资料来源：邱玥：《织牢织密医保基金监管网》，《光明日报》2023 年 6 月 10 日第 6 版。略有修改）

本章小结

医疗保险基金是指为了保障参保人能够负担患病期间需要支付的基本医疗费用，由医疗保险经办机构按照保险经营原理，根据国家有关规定，向参保单位和个人收缴保险费，以及国家拨付、转移支出所构成的专项资金。或者说，医保基金是为了实施医保制度而专门建立起来、为社会成员提供基本医疗保障的资金。医疗保险基金的特征包括：筹集和管理具有强制性，筹集和管理具有广泛性，互济性，社会化，公益性与福利性，医疗保险基金运行的收支平衡性。医疗保险基金具有保障功能、互济功能、稳定社会功能和推动社会文明进步功能。

狭义上的医疗保险基金管理是指对医疗保险基金的筹集、支付和使用等环节进行计划、组织、协调、控制、监督等工作的总称。医疗保险基金的管理是一项综合性的管理工作，一般来讲，包括基金的筹集、分配、使用、核算、审计、给付、监督、管理及保值增值等方面。医疗保险基金管理具有以下特征：社会政策性、法律规范性、长期性、综合性、公平性、平衡性和科学性。医疗保险基金管理应遵循以下原则：依法管理，保障规范进行；专款专用；医疗保险基金要纳入财政专户，实行收支分离；以收定支、收支平衡、略有结余；统筹基金与个人账户要分别核算和使用，各自平衡，不得互相挤占。医疗保险基金管理内容主要包括业务管理、财务管理、监督管理和风险管理。

为减少乃至杜绝医保违规行为的发生，加强医疗保险基金监管至关重要。医疗保险基金监管应遵循科学性原则、法治性原则、安全性原则、公正性原则、独立性原则、审慎性原则和协同性原则。医疗保险基金监管的内容包括征缴监管、支付监管、运营监管、账户监管。医疗保险基金监管的方式包括现场检查、市场准入、信息披露、情况报告、社会监督、智能监控和信用管理。

　　医疗保险基金在投资运营过程中应遵循以下原则：安全性原则、收益性原则、流动性原则、社会性原则和分散性原则。医疗保险基金投资受到市场环境、政策环境和风险环境的影响。医疗保险基金的投资渠道主要有以下几种：银行存款、债券、股票、可转换公司债、证券投资基金和不动产投资。

📖 主要概念

　　医疗保险基金；医疗保险基金管理；医疗保险基金的业务管理；医疗保险基金的监督管理；政府直接管理模式；政府与社会公共组织共同管理模式；医疗保险基金的自治管理模式；投资组合理论；委托代理理论；资本资产定价模型

🌿 复习思考题

1. 什么是医疗保险基金？
2. 医疗保险基金的特征有哪些？
3. 医疗保险基金的功能有哪些？
4. 医疗保险基金管理的特征有哪些？
5. 医疗保险基金管理的原则有哪些？
6. 医疗保险基金管理内容有哪些？
7. 医疗保险基金的管理模式与管理体制有哪些？
8. 医疗保险基金监管的原则有哪些？
9. 医疗保险基金监管的内容有哪些？
10. 医疗保险基金监管的方式有哪些？
11. 医疗保险基金投资的原则有哪些？
12. 医疗保险基金的投资渠道有哪些？

第八章

我国台港澳地区的医疗保险制度

―――― 本章导言 ――――

医疗保险旨在解决防病治病的关键问题，以保障人的生存权与发展权为核心诉求。我国台湾地区、香港地区及澳门地区的医疗保险制度也各自经历了不同的发展阶段，形成不同的实施内容，并在一定的基本框架构建之下形成可供参考的经验。我国台湾地区、香港地区及澳门地区的医疗保险制度通过不同改革举措，呈现各自特点，并最终服务于减轻群众就医负担、增进民生福祉、维护社会稳定。

―――― 重点问题 ――――

(1) 我国台湾地区医疗保险制度的发展阶段。
(2) 我国台湾地区医疗保险制度的实施内容。
(3) 我国香港地区医疗保险制度的基本框架。
(4) 我国香港地区医疗保险制度的经验借鉴。
(5) 我国澳门地区医疗保险制度的改革举措。
(6) 我国澳门地区医疗保险制度的特点。

● ———— ●

第一节
我国台湾地区的医疗保险制度

一、我国台湾地区医疗保险制度的发展阶段

我国台湾地区的医疗保险制度经历了以下三个发展阶段。

（一）旧健康保险制度阶段

我国台湾地区的医疗保险制度起始于 20 世纪 50 年代，当时通货膨胀状况严重，台湾地区的电力、化工等工业和公用事业面临严峻问题，随着人口激增，给本就陷入困境的台湾地区经济社会发展带来了较大挑战。以 1950 年 3 月台湾地区颁布台湾地区劳工保险办法为标志，台湾地区的旧健康保险制度开始实施。旧健康保险制度的基本框架由劳工保险、公务人员保险和农民健康保险三种形式组成，并以职业身份区分保险体制，先后建立包括劳工保险、公务人员保险、军人保险、农民健康保险等 13 种健康保险。在旧健康保险制度阶段，台湾地区存在多种健康保险制度，但是并没有解决所有居民的健康保障问题。

（二）一代健保制度阶段

20 世纪 70 年代，我国台湾地区经济快速发展、医疗技术不断提升，中大型综合医院也逐渐崛起。1985 年，台湾地区推动实施筹建医疗网计划，1991 年开始运作医疗发展基金。1995 年，在整合了当时覆盖当地约 50% 民众的劳保、农保、公保三大职业医疗保险体系的基础之上，台湾地区颁布了居民健康保险方面的规定，并随之建立起居民健康保险（也即一代健保制度），其保险费率设为 4.25%。在当时，一代健保制度不仅解决了台湾地区民众的医疗保险问题，实现了当地医疗保险的全面覆盖，更成为台湾地区民众满意度较高的社会政策之一。

（三）二代健保制度阶段

我国台湾地区的居民健康保险（一代健保制度）实施以来，民众对居民健康保险的满意度逐年提高，然而其中也存在一些问题，例如：保费结构的公平性问题、消费者有效管理机制的缺失、医疗支出部分浪费、财务无法维持平衡等。在诸多问题出现的情况下，台湾地区便产生了对居民健康保险制度改革的考量。2001 年，台湾地区的居民健康

保险制度改革开始规划。2013 年，台湾地区的二代健保制度开始实施，二代健保制度与一代健保制度在医疗质量、保费计算等方面均有所不同。

二、我国台湾地区医疗保险制度的实施内容

（一）医疗服务给付

我国台湾地区居民健保制度所提供的医疗服务和医疗给付范围都较为广泛，其中医疗服务包括门诊、住院、中医等项目。医疗给付的范围则包括诊疗、检查、检验等。台湾地区居民健保的最大特点就是新增了部分负担的规定，部分负担的金额随着医疗机构的等级不同而不同，同时规定门诊越级就医会加重部分负担。此外，居民健保还实行药品部分负担制度和住院费用部分负担制度，规定了部分负担金额上限与免除部分负担条款。

（二）保险对象比例

我国台湾地区一代健保保费由被保险人、投保单位与当地各级行政管理机构按不同比例分担，并由公益彩券等计提收入构成。一代健保制度延续了旧健康保险制度中各类保险按职业进行划分的做法，将被保险人分为六大类十四个细目。保险对象除了被保险人，还包括与被保险人有一定亲属关系但没有职业或谋生能力的眷属。根据当地有关规定，不同类型的被保险人及其眷属承担的保险费比率也有所不同。二代健保则实行自负盈亏的财务制度，主要财源为保险费收入，由被保险人、投保单位及当地有关部门共同负担，健保费率可以根据精算结果和健保收支情况进行调整，以维持自身的财务平衡。

（三）保险费率情况

除义务役军人、低收入户、退伍军人由当地有关部门全额补助免缴保费外，其余人士依被保险人分类及薪资所得月投保金额计算。我国台湾地区的健保费率为4.55%，计算方式为"月投保金额×健保费率×负担比率×（1＋眷属人数）＝每月须缴纳之健保费"。健保费负担比率因被保险人身份分类而有所不同，由被保险人单位、被保险人和当地有关部门三方承担。现行规定是雇主每月为员工负担之健保费为六成，员工与眷属自付三成，当地有关部门负担一成；无就业单位者由当地有关部门支付保费七成，个人承担三成，保费费率为 4.25%～6.00%；无收入者和经济困难人员由当地有关部门给予津贴。

（四）保险给付范围

我国台湾地区居民健保制度的给付内容沿袭了旧健康保险制度的给付范围，包括门诊、住院、急诊、药品、各项检验与特定的预防保健服务。其中门诊项目包括西医、中医及牙科服务。台湾地区居民健保制度加入了部分负担的规定。部分负担金额与医疗机构的等级有关，未经转诊越级就医会加重部分负担。此外，还有药品部分负担制度、住院费用部分负担制度和负担金额上限与免除部分负担条款的设计。

（五）支付方式供给

我国台湾地区居民健保制度的费用支付方式由"论量计酬"（按项目付费）、"论日计酬"（按住院日数付费），逐步转为"论质计酬"（按服务质量付费）、"按病例计酬"（按病种付费），继而逐步推行总额预算制，以促进医疗服务质量的提高。台湾地区居民健保制度实质上只提供保险而不提供医疗服务。医疗服务以特约的方式，即由医疗市场中的医院及诊所来提供。同时推行医药分离政策，医生必须开具处方，未配有药剂师的诊所不得售药。

（六）药品管理路径

我国台湾地区居民健保的药品支付制度包括药品支付标准的价格制定及调整。根据药品创新程度、临床疗效及药品质量等因素对药品分类，并进行各类药品支付标准的价格制定。通过市场实际交易价格调查，采用总额控费与个体调价相结合的方式，实现药品支付标准的价格调整，逐步缩小药品价差或接近市场实际交易价格。台湾地区健保药品价格由医保支付价格及采购价格相互影响，通过市场竞争机制，能够将采购价格维持在较低水平，保险机构再通过定期药价调查，调整药品支付价格，缩小药价差距。台湾地区通过限制不合理的用药行为，包括控制一种或一类药品的使用行为及减少重复用药，减少不必要的药品费用支出。

三、我国台湾地区医疗保险制度的特点

我国台湾地区的医疗保险以居民健康保险为核心，辅以商业健康保险，是一种高福利、高保障、低消费的医疗保险制度。台湾地区的医疗保险收费采取随收随付制，以支定收、分层收费，同时采取以疗效、财务协议为基础的多元支付方式，具有覆盖人群全面、缴费比率较低、保障水平较高及注重医疗服务品质等特点。

（一）覆盖人群全面

居民健保旨在遵循居民互助、风险分摊的理念，尽量使当地居民都覆盖在居民健保制度下，都能获得基本的医疗照护。让那些特别需要医疗照护的儿童和老人，也不需担忧如何支付昂贵费用即可得到医疗照护；此外，有助于帮助经济困难和重症患者家庭免于昂贵费用所带来的困扰，免除重大伤病民众的部分负担。

（二）缴费比率较低

相同的医疗费用对于不同收入的人来说，会有不同的影响。我国台湾地区的健康保险为了让弱势群体享有公平的医疗照护权利，除了要确保没人因为贫穷而无法获得所需的医疗服务外，还可能降低医疗费用占低收入家庭支出的比率。

（二）保障水平较高

居民健保制度规定了居民健保给付的范围，保险对象发生疾病、伤害或生育事故时，应由医疗保险机构提供门诊或住院治疗服务，居民健保制度规定不予给付的情况除外。

（四）注重医疗品质

居民健保会定期收集病人就医的经验资讯，并通过标准化的评估比较后整理为就医资讯，提供给民众作为参考，或者作为未来医疗品质监测的常规指标。以就医资源使用者来说，就医资料除了可直接改善医疗品质外，资讯的提供还可发挥告知与教育的双重功效。民众较想了解的就医资讯包括医师的专业知识及技术、医师的服务态度，以及医师是否尊重患者等。此外，宝贵的就医资讯也可为日后需要接受医疗服务的民众提供很好的参考。我国台湾地区卫生机构依各地区人口特性与传播途径的可及性与普遍性，设立病患申诉窗口，定期收集民众就医经验并加以梳理分析，举办医疗品质相关议题活动，了解民众需求，有效提供医疗方面的改进建议。

四、我国台湾地区医疗保险制度的经验借鉴

（一）制度设计及启示

制度设计及启示包括：第一，组建统一的管理机构，为应对信息沟通不畅、衔接不畅、效率不高、重复参保问题，应建立完善统一的医疗保险管理部门；第二，适时对工资外其他收入计征保险费，建立以扩充保费基数为基础的多元筹资体系，逐步将医保缴

费基数由单一或定额工资变为综合收入；第三，建立医药分家制度，医疗服务机构与药品服务机构、医生开方与销售药品分开，实现医生开方、药店卖药的合理专业分工，破除以药补医难题；第四，完善首诊和转诊制度，首诊和转诊的关键在于全科医生制度健全，有必要建立属于保险机构的全科医生制度，并且改变现有的全科医生绩效考核模式。

（二）管理机制经验借鉴

完备的制度体系，清晰的责权关系，透明的实施程序，是我国台湾地区医疗保险制度平稳运行的重要基础。第一，树立权威，完善制度，重视确保制度实施，完善相关制度说明，为医疗保险发展提供坚实有力的后备支持；第二，提高财政投入，确保收支平衡，通过扩大给付范围和给付项目，提高抗风险的能力和保障水平，牢固树立医保基金财务收支平衡观念；第三，实行管办分离，增强医院自主权，将医院行政管理机构同具体运作机构分开，推行企业化管理，赋予医院自主经营和自主决策权；第四，转变治理方式，发挥多方作用，发挥医药行业协会及组织的作用，建立多方利益兼顾的协商决策机制。

（三）支付制度经验借鉴

研究借鉴我国台湾地区医疗保险制度经验时，应结合临床特点，探索符合实际的保险支付方式。第一，完善支付制度，发挥多种支付方式的协同作用，台湾地区的医疗保险制度非常注重多项付费方式的配套实施，发挥其协同作用，旨在为患者提供整合性的照护，提升医疗服务品质；第二，避免单一支付方的主管部门权力过大问题，引入行政体系之外的议事机构来具体制定预算和支付标准，制约部门权力，使决策过程更加透明、公正；第三，在医疗服务价格和支付标准形成过程中充分发挥市场作用，凡市场能够发挥作用的地方，健保部门就会建立竞争规则和监督制度来鼓励竞争。

（四）保险深度经验借鉴

保险深度经验借鉴包括：第一，加大财政支持，拓宽融资渠道，提高医疗救助的保障水平；第二，扩大医疗补助的病种范围，将一些常见病和慢性病囊括进来，使更多的经济困难人口在患病时可以得到救扶与帮助；第三，降低或者取消医疗救助的起付标准，避免真正需要救助的人被排除在医疗保险制度之外的情况发生；第四，加强管理，全面协调好卫生部门、财政部门、审计部门、定点机构、乡镇和村委会的关系，减少经济困难人口申请救助的障碍，提高基本医疗保险对经济困难人口的可及性。

第二节
我国香港地区的医疗保险制度

一、我国香港地区医疗保险制度的发展阶段

我国香港地区的医疗保险制度经历了以下三个发展阶段。

（一）起始阶段

我国香港地区的医疗保险制度最初的构建目标是保障公众的身体健康，对基础设施进行优化，为当地居民的健康提供保障，尤其是对需要得到医疗救助的居民提供保障。1990年，《人人健康展望将来：基层健康服务工作小组报告》发布，香港地区引入社会医疗保险，实现居民医疗保障，重新强调了当地医疗卫生政策：不能使居民因不具备足够的支付资金而得不到及时的救助，导致居民身体健康受损。1991年香港地区社会福利署的有关文件中进一步提出了社会福利政策及医疗政策。1993年的促进健康咨询方面的文件为医疗保险制度引入了"能者多付"概念。

（二）制度改革初期阶段

1997年7月1日，香港回归。1999年4月的《香港医护改革，为何要改？为谁而改？》咨询报告书中提出要变更医疗保险制度，其基本目标为提倡政府与居民共同分担。后续一系列改革措施均围绕"提升医疗水平和效益水平""对医疗资源进行合理分配，医疗支出合理""考虑需求变化趋势，满足供给充足"等目标进行。2000年，我国香港地区在参考专业小组报告的基础上，发布《你我齐参与，健康伴我行》咨询文件，并对未来的医疗改革目标进行概述。2004年，引入个人储蓄计划。2005年，香港地区发布《创建健康未来》文件，探讨以成本效益方法来提供优质医疗服务，以确保医疗保险系统可持续发展。2008年3月，在2005年文件的基础上，香港地区细化了改革措施，发布《掌握健康，掌握人生》医疗改革文件。

（三）深化体制改革阶段

2010年，我国香港地区发布医疗保险制度的新改革文件，提出以下几个目标：第一，提高医疗服务效率；第二，营造良好竞争环境；第三，抑制医疗成本过度消耗；第四，鼓励公众针对未来的医疗进行储蓄。2014年，针对公众早期关注的商业医疗保险

市场缺陷，对公共医疗系统投资进行了调整。例如，对支出预算不明确、拒绝承保、保单条款标准不明晰等问题进行探究，提出这些情况导致用户不愿意通过购买私人保险的方式来获得专业私人医疗服务，并通过调查发现大多数市民仍会选择公立医院为其提供服务。2016年，香港地区食物及卫生局在年度工作计划中明确提出大力推行自愿医疗保险计划，标志着香港医疗保险制度改革向纵深发展。2019年，香港地区发布的自愿医疗保险计划提出：保险公司在销售产品和提供服务时，必须达到政府政策要求。

● 二、我国香港地区医疗保险制度的基本框架

（一）基本情况

我国香港地区的医疗保险制度体系主要由两大部分组成，常被简单描述为"双轨安排"，其中一条轨为公立体系，致力于满足市民基本医疗需求，实现全面覆盖；另一条轨为私立体系，由市场主导，使用者自掏腰包享受服务。香港公立医疗保险体系深受英国NHS的影响，每位香港居民都能享受到当地高度补贴且一视同仁的公共医疗服务，主要由政府通过公立医院提供医疗服务，所有当地居民都可以享受到收费低廉的公共医疗资源。为了鼓励社会的中高收入阶层使用私人医疗服务，从而使公共医疗中的更多资源流向低收入阶层，香港地区推出自愿医保计划（VHIS），在原有医保体系中加入新设计的计划，该计划兼具自愿购买和政府监管的双重特性。

（二）运行机构

我国香港地区医疗保险制度的组织结构由当地食物及卫生局、卫生署、医院管理局等组成。食物及卫生局负责医护服务的政策制定和资源分配，监察各项政策的实施。卫生署是公众卫生事务监管机构，负责管理公共及港口卫生和基层医疗，以及私立医疗机构注册、验收、检查，接受私立医疗机构的投诉并做出调查。医院管理局是法定非政府部门的公营机构，主要管理香港地区所有公立医院，通过食物及卫生局向政府负责。医院管理局主要管理医院及门诊。各医院及门诊按其所属区域被划分为多个医院联网。通过医院联网可确保病人在同一个地区内由发病、疗养至康复和出院后的社区护理等获取全程优质的持续治疗。医院管理局通过这些医院联网统筹管理各家公立医院的医疗服务和资源，实现人、财、物统一管理，即对各家公立医院采用同样的财务系统、同样的人力资源系统、同样的工资薪酬制度，集中采购药品和医疗器械。私立医疗机构则由卫生署监管。在监督管理方面，香港医疗保险制度的整体质量监管包括公私营系统，主要是由医院管理局和卫生署根据有关规定执行。医护人员的道德操守则由民间法定组织香港医务委员会在专业自我规管原则下监管，规管所有在公私营系统执业医生的专业行为。

三、我国香港地区医疗保险制度的实施内容

（一）保险计划管理

我国香港地区的医疗保险计划为低收入家庭和长者提供医疗保险保障。该计划涵盖了基本医疗费用，涉及住院保险、门诊保险、癌症保险、长期护理保险等。不同类型的保险计划提供不同的保障和服务，如住院保险可以提供住院费用报销、门诊保险可以提供门诊费用报销等。香港地区的医疗保险主要由保险公司进行管理，保险公司负责制订保险计划、收取保费、提供医疗服务等。不同类型的保险公司和保险计划可能有不同的管理方式和服务质量。

（二）保费计算

我国香港地区的医疗保险制度能够覆盖所有持有当地身份证的居民。同时，香港的医疗保险覆盖范围外延较为广泛。不同类型的保险计划提供不同的保险范围和保障程度。保费根据个人的年龄、性别、职业、居住地等因素计算。保费的计算方式因保险计划类型而异，不同的保险公司和保险计划可能有不同的保费计算方式。

（三）医疗服务方式

我国香港地区的医疗保险提供的医疗服务包括住院治疗、门诊治疗、手术、检查等。不同类型的保险公司和保险计划可能提供不同的医疗服务，不同的医疗机构和医疗服务可能需要支付不同的费用。香港地区的医疗保险可以通过报销的方式进行医疗费用的支付。不同类型的保险公司和保险计划可能有不同的报销方式，如住院保险可以报销住院费用，门诊保险可以报销门诊费用等。

（四）筹资管理方式

我国香港地区的公立医院的经费主要来自税收，由政府通过财政预算提供。政府采取预算拨款的形式给公立医院提供医保经费。医生和有关人员均享受公务员待遇，接受政府统一规定的工资待遇；当地居民到公立医院和诊所看病只需支付少许费用。

（五）费用减免机制

我国香港地区获得综合社会保障援助的人士，可以申请医疗保险费用豁免。此外，为保障没有领取综合社会保障援助的3类人士，即低收入人士、长期病患者及经济困难

年长病人，政府制定医疗费用减免机制，以减轻他们的经济负担。经济困难的当地居民还可以申请看病时减收或豁免个人支付费用。而当地政府则要对申请者进行家计调查（调查内容主要包括家庭储蓄、个人工作、劳动能力、年龄等），以确定申请者是否可以享受费用减免。

（六）药品管理制度

我国香港地区卫生署负责当地药物的登记和注册、相关药剂规定的执行，以及统筹公立医院的药品服务。卫生署对药品实施管理主要是通过中心药物建议委员会和药物评选委员会来进行，确保进入医院药物的安全性、有效性及性价比。通过审核的药物可进入公立医院的医保目录，未纳入医保目录的药品需患者自付药费。对医院诊疗中用量稳定、采购量大、总价较高的药品，由卫生署的总药办集中采购。

四、我国香港地区医疗保险制度的改革举措

近年来，我国香港地区积极推进医疗改革，进一步完善医疗保险制度。其中包括提高医疗技术水平、优化医疗资源配置、推广电子健康记录等措施，以提高医疗保险的覆盖范围和保障水平。为了更好地满足当地居民的医疗保险需求，香港地区还推出了多种医保计划，如医疗补贴计划和健康保险计划。这些计划提供了额外的医疗保障和补贴，帮助当地居民应对高额医疗费用。

（一）推新医疗保险计划

我国香港地区于 2019 年宣布，将在未来数年内逐步推出全新的居民健康保险计划。该计划旨在为所有当地居民提供基本医疗保险，将覆盖公立医疗服务、药品和医疗器材等费用。

（二）改革医疗保险计划

我国香港地区不断加大在公立医疗服务方面的投入和改进，提高医疗保险水平。鼓励当地居民多使用私立医疗服务，减轻公共医疗机构压力，同时也减轻政府在公共医疗服务上的投入，以减轻财政压力。私人医疗保险通常提供更全面的医疗保障，包括高级医疗服务和额外的保险福利。

（三）加强医疗费用控制

除了陆续推出多项医保补贴政策，如长者医疗津贴、高额医疗费用补贴、门诊津贴

等，我国香港地区在控制医疗费用方面也逐步采取措施，包括制定医疗服务和药物价格管制机制，加强医疗服务的质量监管等。

（四）区分药品管理机构

我国香港地区卫生署负责全港药物的登记和注册、社区药房和本地药厂的监管及有关药剂规定的执行。各医院、诊所的药剂管理则根据管理机构或性质的不同分为三个体系：医院管理局负责统筹公立医院及其门诊的药剂服务；卫生署负责维持普通门诊的药剂服务；私立医院和私人医生的药剂管理则自行负责。

（五）推行电子健康系统

我国香港地区在 2016 年 3 月便开始积极在各公立医院之间建立共同的信息平台，以实现信息共享。这样一方面可以杜绝重复挂号，另一方面也可为当地居民提供各医院的就诊人员情况，引导当地居民合理选择医院，从而缩短病人等待期。通过推行电子健康记录互通系统，切实提高医疗服务效率。

（六）提出建立颐康账户

为应对香港地区的人口老龄化趋势，医疗保险制度改革提出建立颐康账户的设想。每名市民从 40 岁开始，直至 64 岁，要把 $1\%\sim 2\%$ 的收入存在个人账户，用以支付本人和配偶将来的医疗开支。除非供款人患上残疾，他们必须年满 65 岁才可开始提取供款，用以支付公立或私立医疗和牙科服务的费用，或向私营保险公司购买医疗和牙科保险。

五、我国香港地区医疗保险制度的特点

我国香港地区的医疗保险以公立医院为主，以覆盖当地居民的医疗服务和私人医疗服务作为公立医院的有益补充。主要特点如下。

（一）政府主导

我国香港地区的医疗保险模式是按准公共产品中公共资源的属性进行运作的。当地政府作为医疗服务的供给者，在医疗资源配置方面发挥主导作用。公立医院所需资金完全由当地政府供给，医生享受公务员待遇，因此，香港地区的公立医院不是独立的利益单位而是附属于当地政府的，其没有赢利动机。香港地区这种由当地政府直接提供医疗服务的方式，不存在医院利用医疗服务专业性谋取利益的问题，当地政府的有关规定也易于在医院中贯彻执行，对医院的管理成本较低。

（二）公平互济

我国香港地区的医疗保险覆盖当地居民，当地政府对人均医疗的投入较高，当地政府为居民提供高福利均等化的医疗服务，以体现公平性。由于医疗保险的主要资金来自财政，财政资金又以税收为主，税收调节收入差距的作用也通过政府对医疗的投入再度彰显，具有互济性。香港地区的医疗保险在保障个人医疗权益的同时，也为整个社会带来了积极的作用，保障了居民的健康权益，降低了医疗负担，提高了居民健康水平，有助于维护社会稳定。

（三）管理科学

我国香港地区的医疗保险管理体制较为灵活，能够根据实际情况及时调整保险政策，以满足不同参保者的需求。主要包括：负责医疗保险管理的决策部门和具体执行管理部门分开；公立医院和私立医院的管理分开；管理部门层次较少、效率较高。香港地区的医疗保险制度借鉴了国际先进的医保制度经验并结合了自身特点，倡导先进科技与健康服务相结合的理念。

（四）制度保障

我国香港地区医疗保险制度中有良好的治理结构，药品治理有制度保障及财务、薪酬统一管理。公立医院运行资金来源主要为财政拨款，各公立医院实行统一的财务管理，医院无创收之忧，医生享有较高的固定薪酬。

六、我国香港地区医疗保险制度的经验借鉴

我国香港地区的人口规模和地域面积虽然不大，但其医疗保险制度具有典型性，医疗保险遇到的挑战和问题也具有一定的普遍性，香港地区医疗保险制度发展和改革具有以下借鉴意义。

（一）制度设计经验借鉴

采用政府主导模式，结合市场和政府两者优点，使医疗保险体系既有公平性和成本可控性，又有高效性和灵敏性。投诉处理制度、药品治理保障制度、财务薪酬统一管理制度等较为健全，对于整合区域医疗服务资源、提高卫生资源使用效率和统一规范化管理起到推动作用。医疗保险水平要与经济发展水平相适应，政府对公共医疗保障机构的投入应切实考虑自身收支的平衡。在确定医疗保险待遇水平时，要充分考虑医疗待遇水平刚性增长、经济发展水平和企业、财政的承受能力，把水平适度作为医疗保险制度设计的基本原则。

（二）管办分离经验借鉴

管办分离是一个系统工程，是一场全方位的改革。我国香港地区负责医疗保险管理的决策部门和具体执行管理部门分开：食物及卫生局出台医疗保险的管理决策，卫生署具体执行医疗保险的管理，二者职能清晰，边界分明。公立医院和私立医院的管理分开：私立医院的监管由卫生署直管，当地政府主要负责维护医疗市场环境，让私立医院在医疗市场上有序竞争；公立医院则由依法成立的非政府部门——医院管理局进行监管。

（三）商业保险经验借鉴

我国香港地区的医疗保险制度强调公平和充分保障，鼓励发展商业医疗保险。通常情况下相对于私立医院，公立医院的发展一枝独秀；相对于免费的公共医疗制度，私人健康保险发展缓慢。这种状况不利于公立医院调拨更多的资源帮助经济困难的居民。借鉴香港地区经验，在进行多层次的医疗保险体系建设时，一方面要从制度上为商业医疗保险留出发展空间，另一方面也可采取一些鼓励性的政策促使有能力的人购买商业医疗保险，避免人们对社会医疗保险产生过度依赖性，同时也便于为参保者提供多层次的服务，满足不同的医疗保险需求。

（四）技术支持经验借鉴

我国香港地区在医疗保险的技术支持上持续创新，采取提高医疗技术水平、优化医疗资源配置、推广电子健康记录等措施，以提高医疗保险的覆盖范围和保障水平。在医疗资源互通方面，促进香港地区与内地医疗机构、医护人员、医疗设备等资源的互通共享，提高医疗服务的可及性和质量。在医疗技术交流方面，建立香港地区与内地医疗机构的专家学术交流平台，促进医学知识、技术和经验的共享，提升医疗水平和技术能力。在信息技术支持方面，建立医疗信息系统互联互通机制，实现医疗数据共享和交流，提高医疗服务的效率和质量。

第三节
我国澳门地区的医疗保险制度

一、我国澳门地区医疗保险制度的发展阶段

我国澳门地区的医疗保险制度经历了以下三个发展阶段。

（一）民间医疗团体壮大阶段

我国澳门地区的医疗保险制度起始于 20 世纪 80 年代，在此之前，澳门地区民间慈善机构在提供医疗服务方面发挥着重要作用。这一阶段澳门地区医疗保险有以下三个突出特点。首先，总体来说当地政府所起的作用非常有限，1938 年以前医疗领域存在严重的"政府缺失"现象，各个专职或兼职的慈善机构人力财力有限，其慈善服务也只限于衣食药物等应急性质的项目上，对施善方没有法定的责任和约束。即使是在 1938 年以后，医疗救助也是由工人自发建立的各种互助组织、慈善机构等起到主要作用。其次，医疗保险还没有作为一个独立的制度安排，不管是政府的、社会的还是民间自发组织的，都是将医疗保险包含在综合性保障内容之中。这说明在制度产生的早期，医疗保险还未充分发育，保险内容也无法细分。最后，当地政府及社会团体的医疗服务仅限于向特定的公务员或贫困人群提供，其服务内容主要是对患病人员、伤残人员、死亡人员遗属的基本生活救济等。各类互助组织及各类慈善机构提供的生活救济和医疗服务水平非常有限。

（二）医疗保险建立与发展阶段

20 世纪 80 年代，我国澳门地区经济发展迅速，这为医疗保险体系建立奠定了基础。1984 年到 1999 年，当地政府开始积极介入医疗领域。1984 年，当地政府颁布有关规定，旨在建立一个综合的卫生医疗体系。其后经过修订、完善，确定了以税收为资金来源、政府部门直接提供的医疗方案。此时建立起的覆盖当地居民的医疗制度基本框架属于混合型，提供医疗服务的主体包括隶属卫生局的医疗机构，也包括非政府所属的私营医疗系统。在私营医疗系统中，又包括营利机构和非营利机构。1986 年的相关文件规定：孕妇、产妇、10 岁以下的儿童、中小学生、家境贫困人士、公职人员、患有某种疾病的人士可以享有免费的医疗服务，教师可以部分享有免费医疗服务，当地居民满足相应条件可享受疾病津贴。1989 年，当地政府正式设立社会保障基金，该社会保障基金涉及的保障包括养老金、疾病津贴、失业津贴等多方面的内容。澳门地区医疗保险主要由社会保障基金机构承担，这是以劳动者为保障对象的一种强制性供款式制度。到 1993 年，澳门地区现代医疗保险制度已基本建成。

（三）医疗保险改革探索阶段

1999 年 12 月 20 日，澳门回归。2000 年，我国澳门地区聘请顾问公司对当地的医疗卫生制度进行回顾和评估，用以帮助制定中长期医疗政策并协助建立医务人员在职培训机制。经过长时间的研究、咨询、整理和概括工作，《澳门卫生体制的研究与评估》于 2001 年 10 月 7 日正式发布。同年年底，当地政府建立医疗改革咨询委员会，广泛听取社会各阶层人士的医疗保险改革建议。到 2006 年，医疗改革咨询委员会的工作宣告结束，

《澳门卫生体制的研究与评估》提出的 215 项改革建议中，127 项已完成或已开始执行，达到了预期的效果。自 1999 年以来，澳门地区医疗卫生体系一直处于改革之中，基本的趋势是引入政府购买服务与全面推进公立和私营医疗机构合作，不断利用市场力量提高效率。

二、我国澳门地区医疗保险制度的基本框架

（一）基本理念

我国澳门地区的医疗保险制度是伴随着经济发展而逐步建立起来的，依附以由社会工作司、社会保障基金及民间的社会福利机构为主体组成的社会保险体系。其基本理念包括：第一，把经济发展放在首位，认为医疗保险需要有良好经济条件作为基础；第二，主张以个人及家庭为中心的社会医疗政策，政府主要扮演规划及鼓励的角色；第三，医疗保险的保障条件仍然偏低，澳门地区对符合条件的人士发放社会接济金、疾病津贴、出生津贴等；第四，增加对非营利组织的资助，加强与此类组织的合作，提高当地的医疗保险覆盖水平。

（二）体系构架

我国澳门地区卫生局下辖的卫生中心提供当地居民免费的初级医疗保健和护理服务，包括产前保健、家庭计划、儿童保健、成人保健、口腔保健、学童保健、健康教育、家庭访视、急诊服务等。通常情况下，每个卫生中心只向居住（有时包括工作、就读）在本服务区内的居民提供医疗服务。

澳门地区的公立医院仁伯爵综合医院向民众提供低收费的专科及住院治疗服务。此外，澳门地区也有多家私营医疗机构，便于满足当地居民多层次的医疗需求。主要包括镜湖医院和澳门科大医院，其可以向当地居民提供专科和住院治疗，运作方式以营利为原则。在此基础之上，多家慈善诊所和遍布当地的私人执业医生诊所也参与了医疗服务供给。

三、我国澳门地区医疗保险制度的实施内容

（一）保险制度类型

我国澳门地区的医疗保险制度可分为两大类：居民医疗保险和社会医疗保险。居民医疗保险是澳门地区主导实施的医疗保险制度，覆盖了所有当地合法居民。实施该保险制度的目的是推动澳门地区的卫生保健事业、改善城乡居民医疗保健水平，从而提高城乡居民生活质量。社会医疗保险则是由雇主与雇员共同投保的医疗保险，是针

对当地的劳动力市场的。目前，澳门地区对从事劳务活动的人员都要求强制参加社会医疗保险。

（二）保险制度层次

根据医疗机构的不同功能和公共医疗资源的分配状况，可以将澳门地区的医疗保险制度分为三个层次：第一层次，由卫生局下属的卫生中心提供对当地居民免费的初级医疗保健和护理服务，包括产前保健、家庭计划、儿童保健、成人保健、健康教育等；第二层次，以公立医院仁伯爵综合医院提供低收费的门诊服务为主体，私营医疗机构提供的门诊服务为补充；第三层次，仁伯爵综合医院和镜湖医院共同向当地居民提供低价的专科和住院治疗。同时，当地还有多家私营医疗机构，可满足当地居民多层次的医疗需求。

（三）资金筹集方式

我国澳门地区的医疗卫生支出是其医疗保险资金中最主要的来源，通过澳门地区每年的财政预算直接下拨，政府资金来源持续覆盖医疗卫生总费用的75%以上。当地民间团体在医疗保险资金筹集中扮演积极角色。商业保险收费也属于当地医疗保险资金筹集方式之一。另外，当地居民就医时的个人现金支出同样是当地医疗保险资金的重要来源渠道。

（四）资金支付方式

我国澳门地区的医疗保险资金采用集体支付方法，主要有三种渠道：一是对医疗机构的支付，包括公立医疗机构和私营医疗机构；二是对公立医疗机构所属的医护人员的支付；三是对私人药房的支付。当地卫生中心和仁伯爵综合医院隶属于卫生局，当地政府通过财政预算直接拨款。而对于私营医疗机构，如镜湖医院等，政府每年通过"买位"方式拨款以购买一系列的服务和设备的使用范围。澳门地区卫生系统的工作人员（包括卫生中心和仁伯爵综合医院）为政府员工，由当地政府通过财政预算下发工资。

（五）商业医疗保险

我国澳门地区的商业医疗保险市场并不发达。但也有一些当地高收入者希望获得质量更好、效率更高的医疗服务，因此会选择购买商业医疗保险。同样，一些企业为了吸引人才，也会为员工购买商业医疗保险。当地商业医疗保险的偿付采用报销制，即个人先垫付医疗费用，然后到医疗保险机构报销。目前越来越多的商业医疗保险开始采用第三方支付，参保患者接受医疗机构的服务并按规定支付个人负担的医疗费用后，所发生的其他费用由医疗保险经办机构与医疗机构结算。

（六）医疗补贴制度

我国澳门地区除每年通过政府买下一定数目的床位专供享受免费待遇的患者使用外，自 2009 年起开展医疗补贴计划，向每位持居住证的当地市民发放一定金额的医疗券，符合资格的持券者可到任意一家未与政府签订协议的非营利或营利性诊所使用。为确保医疗人员受惠，医疗补贴计划仅限没有接受政府资助的医疗人员（包括西医、中医、牙医、治疗师及诊疗辅助技术员）参加，受益人可转移医疗券给符合资格的父母、子女和配偶。

四、我国澳门地区医疗保险制度的改革举措

（一）积极应对老龄化

我国澳门地区为需要长期照护的长者及其家庭设立的医疗服务项目主要包括家居照顾及小区支持服务、长者日间护理中心及长者护理院舍等。从质和量方面加强护理人员队伍、增加护理院舍床位、优化家居护理服务，优先通过"小区为本、原居安老"的家居及小区支持服务，为身心功能障碍程度较轻但缺乏自理能力的长者提供护理支持服务。长者护理院舍则集中为身心功能障碍程度较重的长者提供周全的护理服务。

（二）实施电子化处理

我国澳门地区的公立、私营医院均已经开始对病历实施电子化处理。电子病历有利于医疗资源的整合利用，可以将个人病史、医生药方、各项检查与检验报告等以电子信息的方式记录并整合成统一的数据库，供同一医疗机构的内部人员共享有关信息。发展到后期，可建立真正以病人为中心、具有跨区域性的病历信息架构。

（三）减轻公共医疗费用

我国澳门地区鼓励有条件的当地居民"用者自付"，为确保当地医疗保险的可持续发展提供助益。由政府通过政策执行和监督，确保完善医疗保险方案的实施；当地居民也要为保障自身健康承担责任，探索保险措施改革，由使用者承担一部分费用。通过实施行政、执行、监督等各部门分立管理及运行，以及各种税收优惠措施，推动企业辅助和个人商业保险发展，共同分摊财政压力。

（四）引入医疗现金券

现金券资助制度主要是政府调整市场资源分配的措施，受惠人可用现金券向供货商购买产品或服务，而供货商可向政府赎回现金。我国澳门地区实施医疗现金券政策来对医疗资源进行再分配，借以改善医疗保险制度的低效率状况及医疗费用急升等问题。病人有选择医疗供应者的权利，市场竞争抑制医疗费用上升，有利于提高效率与促进公平。

（五）提升医护人员素养

我国澳门地区医护人员的准照制度从 20 世纪 80 年代起已经开始建立，并对公立与私营医疗机构做出不同规定。护理职称制度规范护理人员的职级结构、薪酬待遇、晋升机制及其专业化发展。当地政府通过方针政策制定、加大培训力度等方式来建设高水平的医疗队伍，增强当地居民的医疗信心。

（六）推广健康生活模式

我国澳门地区的多年来均按照"妥善医疗，预防优先"的理念开展工作，相关部门在宣传教育方面做出努力。为进一步推广健康生活模式、提升整体医疗水平，澳门于2004 年申办成为"健康城市"，并持续深化健康城市项目。同时，澳门地区总结近年来的宣传教育成效，为后续工作做好规划和经验推广，特别注重推进广大民众以行动来落实各种健康理念。

五、我国澳门地区医疗保险制度的特点

我国澳门地区的医疗保险以政府提供医疗服务占主导地位，在市场经济体制下建立起来，具有广泛的社会覆盖面。医疗机构具有分工明确的全科、专科两级服务，由全科医生培养体系予以配合。

（一）政府占据主导

我国澳门地区的医疗保险制度包括覆盖当地的初级卫生保健和专科卫生保健两级医疗网络，政府负责为当地居民组织和提供全面的医疗卫生服务，服务和药物免费，财政资源来自政府，整个地区均遵守总的运作规则。政府提供医疗服务的机构主要包括提供初级保健的卫生中心和提供专科服务的仁伯爵综合医院。政府初级医疗服务的供给是免费的，专科及住院服务对特定人群免费。此外，还会通过资助或购买服务的形式支持非

营利医疗机构，实现公私合营。公立医疗机构的资金来源于政府财政，工作人员进入公务人员体系。

（二）传统文化发扬

我国澳门地区的医疗保险体制受到传统文化影响，弘扬敬老美德。同时，当地医疗保险理念受自力更生等传统价值观影响深远。澳门地区的基本医护政策理念是"妥善医疗，预防优先"，配合提升居民综合生活素质的施政理念，致力于优化医疗系统，提升服务质量，保障市民健康。

（三）分工两级服务

我国澳门地区的医疗服务可以分为两级，综合医院提供专科卫生护理，初级卫生保健（卫生中心）提供全科卫生护理。这种两级服务体系使得医疗机构定位准确、分工明确：卫生中心为全体居民提供免费的保健、预防、诊断、治疗服务和基本药物；仁伯爵综合医院和镜湖医院提供专科医疗诊治。卫生中心以门诊为主体，中心不设病房，门诊不设专科。卫生中心定位于常见病、多发病的早期、慢性期和晚期治疗。仁伯爵综合医院为当地居民、外地劳工和临时拘留者以及非当地居民等人员提供专科服务。综合医院门诊不设药房，主要依据卫生中心的转诊单及预约时间接诊病人，对不经过卫生中心转诊而直接就诊的病人不予挂号就诊。

（四）全科医生培养

卫生中心是实行初级卫生保健的机构，而全科医生则是初级卫生保健服务的提供者。培训全科医生队伍成为初级卫生保健持续发展的关键。1989 年，澳门全科医生学会成立，这对澳门全科医学的建立和发展起着积极的作用。当地有关规定均对当地的医生专科培训进行规范。卫生局的医生职称分别有全科医生、医院医生及公共卫生医生三种。全科医生的待遇、地位、晋升均与其他专科医生相同，有利于吸引年轻有上进心的医生进入全科医疗及家庭医学专业。

● 六、我国澳门地区医疗保险制度的经验借鉴

（一）初级保健经验借鉴

我国澳门地区完善的初级卫生保健对提高医疗保险质量与效率有较好作用。1999 年以来，澳门地区为当地居民提供妇女、儿童、老人医疗保险服务，并且大力推行学校保健、口腔保健、环境卫生、预防结核病等工作。卫生中心对当地居民提供免费医疗服务，

当地居民健康状况不断改善，预期寿命增加，婴儿死亡率降低，总体卫生条件较好，居民健康素质较高。在强调初级卫生保健工作重要性的同时，澳门地区还积极推行初级卫生保健的普及性。

（二）政府责任经验借鉴

我国澳门地区通过卫生中心和仁伯爵综合医院向当地居民提供免费的初级卫生保健和低收费的专科诊疗服务。同时，当地政府还将完善医疗保障工作的重点放在弱势人群上，向弱势群体提供免费的专科诊疗服务。通过引入私人诊疗机构，建立市场竞争机制，激励公立医疗机构改革，同时满足当地居民对医疗消费服务的多样性需求；此外，通过购买服务以及资助等多种形式加强与私人诊疗机构合作，帮助改善医疗服务环境和水平，同时抑制医疗支出过度膨胀。

（三）卫生计划经验借鉴

我国澳门地区建立成本较低、社会收益较高、人口覆盖面较广的公共卫生计划，包括卫生防疫，特别是重大灾后的卫生防疫工作和重大疾病控制。解决居民的基本健康问题，通过管理机制的有效改进，为疾病预防和控制、卫生条件的改善和提高，提供基本的财政支持和技术手段，使基本公共卫生服务更加广泛可及。

（四）加大宣传经验借鉴

我国澳门地区促进医疗保险、公共卫生、卫生保健等方面的知识与信息传播，有效提供公共物品。利用现代科技手段来促进公共卫生、医疗保险事业发展。学习澳门地区的医疗保险宣传经验，可以把传播卫生知识作为重要的公共物品来提供，强调预防与普及，增加民众医疗保险与卫生健康知识。

本章小结

本章主要围绕我国台港澳地区的医疗保险制度展开，分别介绍了我国台湾地区、澳门地区、香港地区医疗保险制度的发展阶段、实施内容、改革举措、优势特点以及经验借鉴等。为学习和了解我国台港澳地区医疗保险制度的产生与发展、优势与特点、改革与经验等提供了基本思路。

主要概念

一代健保制度；二代健保制度；管办分离；现金券资助制度；两级服务

复习思考题

1. 我国台湾地区医疗保险制度的发展阶段有哪些?
2. 我国台湾地区医疗保险制度的实施内容有哪些?
3. 我国香港地区医疗保险制度的基本框架是什么?
4. 我国香港地区医疗保险制度的经验借鉴有哪些?
5. 我国澳门地区医疗保险制度的改革举措有哪些?
6. 我国澳门地区医疗保险制度的特点有哪些?

第九章

典型国家的医疗保险制度

———— 本章导言 ————

　　本章首先阐述了国外医疗保险制度的发展及特点，其次分别选取实施国家医疗保险模式、社会医疗保险模式、强制储蓄医疗保险模式、商业医疗保险模式的代表性国家，梳理了英国、德国、新加坡、美国医疗保险制度的发展历程，从制度构成、覆盖范围、组织机构、筹款机制和待遇给付等角度介绍典型国家医疗保险制度的基本框架，并总结典型国家医疗保险制度的特征。

———— 重点问题 ————

　　(1) 了解英国、德国、新加坡、美国医疗保险制度的发展与演进。
　　(2) 掌握英国、德国、新加坡、美国医疗保险制度的主要内容。
　　(3) 掌握英国、德国、新加坡、美国医疗保险制度的基本特征。

第一节
国外医疗保险制度概述

一、国外医疗保险制度的发展

医疗保险制度是指以社会保险形式设立的，为国民提供因疾病所需医疗费用补助的一种社会保险制度。一个国家实行何种医疗保险制度，与其社会经济制度、经济社会文化发展水平、卫生组织和卫生服务的历史传统等因素密切相关。在一个多世纪的发展与演变过程中，世界上多数国家逐步形成了与各自经济发展和卫生事业相适应的医疗保险模式。

医疗保险的最初形式可以追溯到欧洲的行会制度，其目的除了保护会员共同的利益外，还对会员因疾病、死亡、盗窃、火灾等造成的损失进行救济，可以说它是医疗保险的雏形。17世纪末至18世纪初，工伤事故经常发生，劳动者自发组成了各种集体互助团体，共同分担风险，包括通过对参与成员定期筹集资金建立疾病基金，帮助那些患有严重疾病的成员。随着工业化的推进，这些互助组织的规模越来越大，企业主、医生也逐步加入医疗互助行列，并且得到了政府的支持，这为后来医疗保险制度的产生奠定了基础。19世纪后半叶，劳动者的健康和生活保障问题日益得到社会各阶层人士的关注，资产阶级政府考虑建立一种社会化的保护体系或社会安全网来维持社会稳定，现代意义上的社会医疗保险得以产生。德国是现代社会医疗保险的发源地，1883年德国颁布了《企业工人疾病保险法》，这是世界上第一部社会保险性质的强制性医疗保险法规，它标志着现代社会医疗保险制度的诞生。继德国之后，奥地利、挪威、英国、法国等也通过立法实施医疗保险。之后，医疗保险由欧洲发展到其他国家。加拿大于1914年创立了第一个医疗保险组织——都市医疗计划，为参保人提供疾病保险服务。1922年，日本政府制定了《健康保险法》，并于1927年正式实施。1928年，意大利建立了国民医疗保健服务体系。

第二次世界大战后至20世纪70年代是医疗保险制度的全球化发展时期。一方面，已经建立医疗保险制度的国家，其医疗保障范围逐渐扩大，待遇水平逐渐提高，医疗保障制度趋于完善。英国、加拿大以及瑞典、挪威、丹麦等纷纷成为福利国家，为国民提供"从摇篮到坟墓"的高福利医疗保险待遇。另一方面，没有建立医疗保险制度的国家，包括其他工业化国家和多数发展中国家依据本国国情，相继建立了形式、内容、水平不同的医疗卫生体制。

20世纪70年代以来，医疗保险发展进入一个渐进改革与调整的相对稳定发展时期。医疗保险改革的过程就是不同医疗保险模式在自我完善、自我修正的同时相互取长补短、互鉴互融、逐步趋同的过程。目前国外医保体系呈现出以下特点。

一是政府和市场结合，走向多元化的医疗服务体系。在世界医保改革实践中，完全由政府主导的公立医疗保险制度和完全由市场主导的医疗保险模式正在调整，各国逐步走向政府与市场相结合的多元化模式。英国在国民健康服务体系中引入竞争机制；日本和德国政府坚持为特殊疾病治疗提供资金，为老人、穷人、儿童的医疗服务提供补助；美国商业医疗保险逐步实现向管理式医疗保险制度转型。管理式医疗保险制度由医疗服务的付费者（医疗保险机构）参与监督医疗服务部门，医疗保险机构与医疗服务部门共享利益、共担风险、共同控制不当医疗费用支出。

二是强制保险与自愿保险相结合，建立更加灵活有效的医疗筹资机制。英国是以税收形式征缴医疗费用，德国和日本是以立法形式强制缴纳医疗保险，新加坡推行强制性储蓄保险，美国对商业健康保险实行强制性参保规定。与此同时，近年来各国自愿性大病统筹保险和商业性健康保险快速发展，社会公众自愿参加各种各样的补充性医疗保险，以此满足个性化、多样化和差异化的医疗服务需求。

三是基本医疗服务与非基本医疗服务相结合，坚持以政府为主导的基本医疗服务制度。在基本医疗服务领域，强调公平优先理念，坚持社会正义原则，落实政府责任，维护基本医疗卫生事业的公益性。在非基本医疗服务领域，充分发挥市场力量，鼓励发展商业健康保险和私立医疗机构。[①]

二、国外医疗保险制度的模式

围绕医疗保险基金的筹集方式，依据筹集、支付、管理和所有制这四个方面进行分类，世界各国的医疗保险制度大致可分为国家医疗保险模式、社会医疗保险模式、商业医疗保险模式、强制储蓄医疗保险模式以及混合型医疗保险模式。对于某一个国家而言，医疗保险制度往往是以一种保险为主，多种保险并存。当论及某个国家的医疗保险制度模式时，常常以该国占主导地位的一种保险为代表。所以以下的几种模式中，每一种模式提出以哪个国家为代表是指这种模式是该国法定的医疗保险模式，但并不说明该国只有这一种医疗保险。

1. 国家医疗保险模式

国家医疗保险模式也称全民医疗保险模式，是指由政府直接举办医疗保险事业，通过税收形式筹措医疗保险基金，采取预算拨款方法补偿公立医疗机构的人力、物力消耗，由公立医疗机构向本国居民直接提供免费或低收费的医疗服务。国家医疗保险模式的特点在于医疗服务具有国家垄断性、高度计划性，政府能有效控制医疗总费用。该模式注重医疗卫生服务的公平性、福利性和普及性，最大限度地满足社会成员的医疗需求。英国、瑞典、加拿大等西方福利国家采取这种模式。

---

① 贝内迪克特·克莱门茨、戴维·科迪、桑吉夫·古普塔：《医保改革的经济学分析》，王宇等译，商务印书馆2017年版，第150页。

2. 社会医疗保险模式

社会医疗保险模式是通过国家立法形式强制实施的一种集资型医疗保险制度，其医疗保险经费采用多渠道筹集的方式，主要由雇主和雇员按照确定比例缴纳，政府酌情补贴。当医疗保险基金参保者及其家属因患病、受伤而需要医治时，由社会医疗保险机构提供医疗服务和物质帮助。这种以社会统筹为主渠道的筹资方式强调"给付的平等"和"负担的公平"，它的直接目的是通过保障医疗费，在一定范围内转移医疗经济风险，平衡医疗负担，实现社会公平。社会医疗保险模式是多层次医疗保障体系中的主流，世界上有100多个国家采取这种模式，是使用最多的一种医疗保险模式，代表性国家有德国、日本、法国等。

3. 商业医疗保险模式

商业医疗保险模式也称市场医疗保险模式，是指一国的医疗保险行业由市场主导控制，按照市场机制自由运转，医疗卫生资源和服务都由市场来提供的医疗保险制度。在这种模式中，医疗保险基金主要来自参保者个人及其雇主所缴纳的保险费，医疗保险服务由私营医疗保险机构提供，医疗服务价格由市场竞争和市场调节来决定，政府干预较少。商业医疗保险模式的优势主要有自愿性强、参保人自己决定购买保险的种类，能满足消费者不同层次的需求，保险机构之间、医院医生之间的自由竞争提高了医疗服务的质量和水平。美国是实施商业医疗保险模式的典型代表。

4. 强制储蓄医疗保险模式

强制储蓄医疗保险模式是通过立法强制劳资双方或劳动者建立以个人或家庭为单位的医疗保险储蓄账户并用以支付个人及家庭成员的医疗费用的一种医疗保障制度。该模式的医疗保障所筹集的医疗基金既不是强制性纳税，也不是强制性缴纳保险费，而是以家庭为单位的纵向积累式筹资，是基于自我负责精神建立的一种制度，其不能体现社会保险互助共济的基本特征。政府的责任主要是组织建立个人储蓄医疗保障制度，保证个人储蓄基金的保值增值，并对医疗机构给予适当补贴。强制储蓄医疗保险模式的优势是能从整体上控制和监督医疗保险基金，有效解决老龄人口医疗保健的筹资问题和医疗费用负担的代际问题，同时能够提高个人健康责任感，激励人们审慎地利用医疗服务。新加坡是强制储蓄医疗保险模式的典型代表，马来西亚、印度尼西亚等国家也实行该医疗保险模式。

5. 混合型医疗保险模式

除了上述四种医疗保险模式外，还存在一些混合型医疗保险模式，比如一些东欧国家选择国家医疗保障与社会保险相结合的方式，医疗保障资金由国家税收以及雇主和雇员共同承担，雇主往往承担大部分费用，医疗服务由公立医疗机构和私立医疗机构共同提供，对医疗费用实行以预付制为主的支付方式。

第二节
英国的医疗保险制度

英国是较早实施国家医疗保险模式的国家，也是实施国家医疗保险模式较具代表性的国家。英国所实行的国民健康服务体系（NHS）被世界卫生组织视为世界较好的医疗服务体系之一，它主要通过国家预算来筹集医疗资金，支付医疗费用，为全体英国人提供医疗卫生服务。

一、英国医疗保险制度的形成与发展

早在 17 至 18 世纪，英国就已经出现了私人医疗保险和工人医疗互助制度，工人为了应对工伤、疾病等造成的生存危机，自发地成立了友谊社、共济会以及工人俱乐部等民间组织，通过社团自己筹集资金、自己实施管理，当团体成员生病时支付一定数量的医疗救济金，以此来减轻疾病风险。这种自愿健康保险的形式具有一种人们之间互助互济的社会自助特征。从 19 世纪末到 20 世纪初期，这类民间组织已经逐渐发展成地区民间自愿健康保险机构，这些机构逐渐发展为全国性组织，有的组织还与医生签订合同，帮助产业工人解决了很多实际困难，因此医疗保障逐渐为英国政府所重视。这些民间组织的建立在英国医疗保障制度史上起到重要作用，成为英国建立医疗保障制度的前奏。

1910 年，英国政府正式提出一项全民义务健康保险法案，规定了对因疾病、生育不能工作者的现金补贴和医疗照顾实施办法。1911 年，英国政府正式颁布并实施《国民保险法》，这是英国社会医疗保险的开端。该法规定所有有工资收入者都应参与义务健康保险，政府承诺国家在国民健康保障中的责任，要求医疗保险金实行三三制、按周计算原则，医疗保险金由国家、雇主和雇员共同出资。[①] 1919 年，英国成立卫生部，负责整合医疗保险计划、公共卫生资源，以及监管各地方政府的医疗服务。义务健康保险一直实行到 20 世纪 30 年代末。在两次世界大战之间，英国医疗保险制度主要面临三大问题：一是不覆盖被保险人的亲属，使得一部分英国民众难以得到医疗保障；二是法定基本医保支出增长过快，为此，英国政府于 1932 年决定降低健康保险津贴标准；三是法定基本医保主要由友谊社等民间组织经办管理，这些医保经办机构互相之间缺乏协调。那些健康水平较高的地区，赔付率较低，医保经办机构能够为参保人提供较高标准的津贴；而健康水平较低的地区，由于赔付率较高，收不抵支，其医保经办机构甚至会拖欠参保人的津贴。

---

① 高连克、杨淑琴：《英国医疗保障制度变迁及其启示》，载于《北方论丛》2005 年第 4 期，第 110—113 页。

1941 年，英国成立社会保险和相关服务部际协调委员会，着手制订战后社会保障计划。经济学家威廉·贝弗里奇出任委员会主席，负责对现行的国家社会保险方案及相关服务进行调查。英国政府于 1942 年通过了以国家卫生服务为支柱的《贝弗里奇报告》，该报告将社会保障视为一种以国家为主体的公共福利计划。1946 年，英国政府采纳贝弗里奇的主张，颁布了新的《国民保险法》，提出建立普遍、全面、免费、税收筹资的国民医疗保健制度。该法的主要内容包括：英国实行惠及乡村的全民免费医疗制度；所有民办医院和市政医院都收归国有；中央政府实行卫生规划，使医生在全国各地区均匀分布，地方政府负责规划医院和分配预算经费；保险经费不是来源于个人的保险费而是来自税收；任何病人住院都必须有全科医生的转诊证明（急诊除外），健康保险范围进一步扩大到牙科和眼科。该法于 1948 年实施，英国建成了第一个从"摇篮到坟墓"的福利国家，此时由纳税人出资并由卫生部负责管理和制定有关健康问题的政策的国民健康服务体系正式建立起来。国民健康服务体系的最主要职能是实现医疗服务的可及性，其为英国国民提供医疗服务的基本理念是：全民享有、优质医疗及按需要获得服务。居民是否获得医疗服务只取决于"需要"，而非是否有支付能力。1964 年，英国又通过了《国民保险法》补充条款：任何一个国民生病，都可以找自己喜爱的医生治疗，所有的医生都实行免费医治；国民保健费用大部分由政府支付，其余部分由医院承担，患者只需交付挂号费等。[①] 这一时期建立了从中央到地方的二级卫生服务体系，在中央设置了卫生部，作为国民健康服务体系的最高管理机构，地方设置了区域医院委员会，负责管理区域内的医院。此外，初步形成三部门为英国民众提供全方位的健康服务，这三部门包括医院提供的服务、地方健康当局提供的社区服务、以全科医生为基础的初级医疗服务。

英国目前的医疗保障制度主要依据 1975 年通过的《社会保障法》，以及 1986 年实施的《国民健康制度》。然而，经过几十年的运行，由于缺乏有效的竞争与激励机制，国家医疗保险模式在实施过程中主要存在医院运行效率低下及医疗费用上涨导致医患双方矛盾尖锐、国民保健费用支出不断增大导致政府财政负担沉重等问题，因此急需改革医疗保障制度。

从 20 世纪 80 年代起，英国政府着手进行包括医疗保障在内的社会保障制度改革。就医疗保障而言主要有三点改革：第一，确立国家有限责任原则；第二，确保医疗服务公平原则，规范医疗保障制度；第三，充分挖掘医疗资源，鼓励私人医院和国立医疗机构开展公平竞争，鼓励私人保险机构等开展国民医疗保障服务，从而提升国民医疗卫生水平。

1983 年，受英国政府委托，福勒对当时的社会保障状况进行全面调查，并于 1985 年提交了《社会保障改革计划》绿皮书。该绿皮书为整个英国医疗保障制度改革奠定方向。1988 年初，发生了全国性的护士罢工，英国政府对医疗保障体系进行了全面检讨，在此基础上产生了《为患者工作》白皮书，其中引入"内部市场"概念，提倡购买者和

---

① 高连克、杨淑琴：《英国医疗保障制度变迁及其启示》，载于《北方论丛》2005 年第 4 期，第 110—113 页。

提供者分离。1989 年，英国政府颁布了《医疗制度改革》白皮书，其根本目的是减轻政府财政压力，提高国有医疗机构工作效率，确保医疗保障资源公平享用，引入市场机制，强调公民有权自主选择医院等。1990 年，英国政府通过了《NHS 与社区护理法案》，对国民健康服务体系的内部管理进行了大刀阔斧的改革，为减少浪费和提高医疗服务效率，实行内部财务独立核算，即"内部市场化"改革，卫生部管理自己的预算，并从医院和其他医疗机构购买医疗服务。1990 年底梅杰担任英国首相后，延续了撒切尔政府的医疗保障改革理念及措施。为了增强对患者权利的保护和提高医院工作效率，1991 年，英国政府对全民医保体制进行了根本性改革，引入内部市场机制，在坚持"以一般税收为基础，政府分配预算，向全社会国民免费提供医疗服务"的原则下，引入竞争原则，导入内部市场，建立信托机构。在内部市场中，将医疗卫生服务体系分为购买者和提供者。原先相关的国家医疗管理机构变成了医疗服务的购买者，负责分析居民医疗需求，持有保健预算，向服务提供方购买服务。提供者只有通过提供比其他竞争者更质优价廉的服务，才能获得购买者的合同。1993 年以后，英国政府对国民健康服务体系进行了重组，首先，将地区卫生局和家庭医疗服务机构合并，简化管理责任，降低管理费；其次，精简医疗管理层次和管理人员；最后，医院和地区卫生部门签订合同，超支则减少人员乃至关门。1991 年以来的改革在一定程度上提高了医疗服务效率，降低了治疗成本，但医疗管理费用没有缩减。[①]

1997 年，布莱尔出任首相后，英国政府发布了《新 NHS：现代的、可信赖的》白皮书，提出了卫生服务运行的第三条道路，废除内部市场，希望通过公私合作而不是竞争来进行改革。布莱尔政府对公共卫生、治疗效率、医院运作模式、初级医疗服务、NHS 医疗服务提供主体进行全面改革，在 NHS 内部建立监督检查机制，具体举措如下。第一，注重拓宽医疗保险的资金来源，积极鼓励私人资本和私营医疗机构进入大众医疗服务领域。英国政府出台措施鼓励私营医疗机构发展，比如允许保险公司等商业机构投资建立医院，投资方可在一定期限内拥有医院的产权并且负责医院的经营管理。另外，政府开始直接向私立医院购买医疗服务。2007 年，英国卫生部开始推行外包服务采购计划，引入私营保险机构参与公费医疗的经办。第二，改革初级医疗服务，高度重视初级医疗护理小组和初级卫生保健信托机构的建设。通过用合同管理取代事实上的身份管理，全科医生作为独立签约人被纳入所在地区的初级医疗护理小组，强化全科医生职能，使全科医生成为英国基层医疗保健体系的中坚力量。初级医疗护理小组将特定区域的全部普通全科医生和其他初级医疗服务提供者纳入其中，通过初级医疗护理小组和社区医疗服务提供者的紧密合作，提高辖区内医疗服务质量与效率。2000 年，英国政府将初级医疗护理小组合并、改革成初级卫生保健信托机构，初级卫生保健信托机构作为社区护士和普通全科医生的管理机构，拥有国民健康服务体系拨付的大部分资金。第三，将利用外资和引进国外先进的医疗技术及护理技术有机结合起来。21 世纪初的英国医疗保险行

---

① 高连克、杨淑琴：《英国医疗保障制度变迁及其启示》，载于《北方论丛》2005 年第 4 期，第 110—113 页。

业在对外开放市场的同时，积极引进、利用国外先进的医疗技术、护理技术和管理技术，以弥补英国整体医疗资源的不足，实现了英国医疗资源总量的集约型增长。第四，加强对医护质量的监测和评估，加强对医疗机构的监管。[①]

2012 年，英国政府的医改方案获得通过，国民健康服务体系公私合作制改革迈出了重要一步。改革的关键举措是确立了基本医保的民营化经办机制，撤销了负责向医疗机构分配国民健康服务体系预算的地方行政机构——初级卫生保健信托机构，代之以新设立的民间社团——临床委托服务组织。

2019 年 1 月，英国国民健康服务体系发布了最新的十年长期计划。十年长期计划的主要内容包括：第一，制定 21 世纪新服务模式，推进国民健康服务体系的数字化转型。对数字化全科医生咨询进行重大更改，并进一步整合初级诊疗、二级诊疗和社会护理。第二，强调做好保健和预防是节省医疗卫生支出的重要途径。第三，加强医疗卫生人力资源建设。第四，通过投资实现快速诊断、投入更多研究资源等，改善英国相对于其他高收入国家而言表现较差的领域。在发布长期计划的同时，国民健康服务体系还与英国医学会的全科医师委员会协商了一项为期 5 年的全科医生合同框架，提高全科服务和社区服务的可持续性。

二、英国医疗保险制度的基本框架

（一）制度构成及覆盖范围

英国医疗保险制度体系主要以国民健康服务体系为主导，社会医疗救助、商业健康保险为辅助。政府主办的国民健康服务体系是英国医疗卫生体系的基石，主要由三级医疗服务机构组成，即基本护理机构、地区医院和中央医疗服务机构。基本护理机构包括全科医生诊所、牙医诊所和药房等，主要负责提供初次诊断、小病治疗和预防性保健等医疗服务。地区医院是地区性的医疗服务中心，主要提供综合医疗服务和专科医疗服务。中央医疗服务机构主要负责疑难病症诊治和紧急救助。英国国民健康服务体系的特点是覆盖面广，所有合法英国公民可以通过国民健康服务体系获得医疗保健服务，其中绝大部分项目是免费的。[②] 在英国工作、学习的外国人要加入国民健康服务体系，申请人必须持有在英国 6 个月以上的合法居留签证，在获得久居留权之前，都需要缴纳健康附加费用。

社会医疗救助体系的主要救济对象是老年人、身体欠佳者、享受政府津贴者、税收抵免者和低收入者。救助内容主要包括在国民健康服务体系免费范围外救助对象自担的费用，遵循"有能力承担费用者必须自担，没有能力承担者可获得救助"的原则。对于

[①]　王莉：《医疗保险学》，中山大学出版社 2011 年版，第 142 页。

[②]　贝内迪克特·克莱门茨、戴维·科迪、桑吉夫·古普塔：《医保改革的经济学分析》，王宇等译，商务印书馆 2017 年版，第 178 页。

特定人群提交的救助申请，政府会对其生活状况和医疗需求进行调查，根据相关规定来确定其享受救助的资格，在考虑救助人群的支付能力时，除了收入标准外，还考虑居民健康状况及家庭结构，以确保公平。

除此之外，英国还有一些商业健康保险作为补充，以满足部分民众不同层次的医疗需求。

（二）组织机构

国民健康服务体系的组织与运作模式并不是一成不变的，它随着英国福利制度的扩张和收缩进行相应的调整。在统一管理、引入竞争的基础上，英国形成分工协作、相互制衡的管理体系架构。

卫生部负责医疗和社会保健体系的战略领导，并不直接管理国民健康服务体系。英格兰国民健康服务体系负责审批全科医生联盟、分配财政资金以及购买部分医疗服务，接受来自政府和非政府机构的监管。临床委托服务组织负责经办管理约 2/3 的国民健康服务体系医保基金预算，对当地医疗服务的供给进行规划，确定定点医疗机构名录、医疗服务目录，规划和采购大部分社区医疗服务等。

（三）筹资来源

世界卫生组织认为公平的筹资体系就是通过各种筹资手段，保证所有个体都能得到有效的公共或私人医疗服务，并且能够在不同的群体和个体之间实现最小差异。英国医疗保险体系的筹资来源包括以下几个方面。

第一，主要来源于公共资金筹集，包括政府一般性税收、社会保险缴费等。纳税人需要每月从工资中扣除一定比例用以缴纳医疗保险税。

第二，个人自费支付是非政府筹资来源中最大的一项，主要指医疗费中需要个人承担的自费部分，以及超出医保服务范围的特殊医疗服务，由个人直接向医疗机构支付。

第三，具有商业保险性质的医保资金，即政府通过税收优惠等政策措施，鼓励有需求的个人购买商业保险，由商业保险公司直接向投保人就诊的医疗服务机构付费。

第四，其他筹资来源，包括企业为其雇员提供的医疗保健资金（企业筹资）和慈善筹资。

（四）待遇给付

英国组建了由初级卫生保健网络、地区综合医院和三级综合医院构成的层级化国家医疗服务体系网络。不同层级医疗机构之间建立互联、互通、互认的信息共享机制。英国政府通过立法和医保制度规定在"全科医生—专科医生"或"全科诊所—综合医院"之间建立畅通且符合临床路径规范的双向转诊机制。

英国以法律和医保报销制度的方式规定居民就医流程，其医保体系是典型的权利与义务匹配，要享受免费医疗照顾，就必须遵守既定诊疗规则和程序。每位英国居民必须签约一名全科医生，其所有医疗服务需求首先向全科医生提出，全科医生诊治后认为有必要才将居民转诊至综合医院的专科医生处进行进一步诊断和治疗。居民在综合医院接受专科医生治疗后达到出院标准，其后续的治疗、随访和康复又转到全科医生诊所。居民如不遵守此就医流程，则其医疗费用医保将不予支付。因此，在严格立法和医保制度保障下，初级保健网络全科医生在英国居民健康管理中扮演着"守门人"或"合理分流者"的角色。[①] 全科医生的主要工作内容以医疗服务为主，包括疾病诊断及处置、健康咨询、身体检查、开处方、转诊、家庭访视以及配合其他卫生机构开展专门项目，如慢性病管理、计划免疫等。

所有英国合法居民有权享受基本上免费的国民健康服务体系中的服务，全科医生诊疗费用、经全科医生转诊进入医院治疗费用、住院费用、医院急诊服务费用、救护车服务费用、产前检查与生产医护费用、就诊遇上语言沟通障碍所产生的口译费用等，基本全免。所谓"基本全免"，是指居民还需承担一部分与医疗相关的不在国民健康服务体系免费范围内的费用，例如处方费、就医路费、部分眼科和牙科治疗费等，但偿付项目也有针对低收入、老年人、青少年、儿童、孕妇等特定人群的保护机制，用以减少患者负担。

英国对二级保健服务和初级保健服务采取不同的费用偿付方式。针对二级保健服务，主要是采取按结果付费、总额预算等偿付方式；针对初级保健服务，主要面向全科医生和个人通过医药服务合同予以偿付。

三、英国医疗保险制度的特点

1. 覆盖面广，公平性强，福利水平高

英国医疗保险制度的覆盖面为全体公民，向全体公民直接提供免费或低收费的服务。无论劳动者还是非劳动者，无论个人支付能力大小，都可以得到免费的、全方位的、公平的医疗服务，让所有英国公民根据所需而非经济能力接受医疗服务。筹资主要来自政府税收，实质上是基于政府税收的社会财富再分配，因而较好地体现了公平性。英国国民健康服务体系的保障项目内容齐全，偿付水平极高。

2. 政府承担、控制绝大部分医疗费用，筹资渠道单一

国民健康服务体系依赖政府拨款导致自筹资金比例严重不足，政府有力干预在客观

---

① 方添栋：《国外典型分级诊疗模式及对我国分级诊疗制度建设的启示》，载于《中国慢性病预防与控制》2022 年第 4 期，第 317—320 页。

上削弱了市场机制在医疗卫生资源配置中的调节作用。医疗服务的免费提供又缺乏对医患双方费用控制的机制，导致政府财政负担不断加重。

3. 医疗服务效率较低

国民健康服务体系带有明显的福利国家理念，重视政府责任，近乎免费地提供医疗服务，容易导致公众对医疗服务的过度需求，从而使排队就医成为公立医院司空见惯的现象，患者得不到及时的医疗服务，医患双方供需矛盾较为尖锐。

第三节
德国的医疗保险制度

德国是较早实施社会医疗保险模式的国家，也较具代表性。1883 年，德国通过立法首创社会医疗保险制度，这是现代社会保障制度的开端。德国通过由法律保障的自治管理模式，有序组织和实施法定社会保险制度。一个多世纪以来，该制度在德国经历两次世界大战、政权更迭、大小经济危机、国家分裂和统一而持续发展，通过广覆盖和高水平的保障，满足了国民的医疗保障需求，其医疗保障体系在优质的服务提供、总体效能以及社会公平性等方面的成就是世界公认的。

一、德国医疗保险制度的形成和发展

德国医疗保险制度至今已有 100 多年历史，它是伴随着德国工业化的兴起和阶级矛盾激化而产生的。建立社会医疗保险制度之前，德国就存在许多行业性和地方性的互助或保险机构。1881 年，德国着手建立疾病和工伤保险制度，并于 1883 年颁布《企业工人疾病保险法》，这是世界上第一部社会保险法律，在已存在的自治性质的分散保险组织基础上建立了现代医疗保险制度，对医疗保险实行国家监督下的劳资自治管理模式。《企业工人疾病保险法》中主要有两项举措：强制某些行业中工资少于限额的工人加入疾病保险基金会，疾病保险基金会强制性征收雇主和工人应缴纳的基金。工人缴纳保险费后，生病时由社会保险机构负责医疗费，解决工人的医疗保障问题。德国政府主导的医疗保险立法的标志性意义在于，以国家行动的方式在全德范围内针对更广泛的劳动者推行法定的强制性医疗保险。

1911 年，德国颁布了集医疗、工伤、老年和残疾保险于一体的《帝国保险条例》，将医保基金会确定为具有自治权利的公法人。二战后，德国得以恢复之前停滞的社会保险制度，医疗保险也因循最初确立的制度模式继续发展。

进入 20 世纪 70 年代后，德国又开社会法制法典化之先河，将各项社会保险立法及

其他社会保障单行法编纂成《德国社会法典》。其中，1976年颁布的《德国社会法典第四编：社会保险总则》规定了包括医疗保险在内的整个社会保险法律制度的基本原则和基本概念；1988年12月颁布的《健康改革法》提供了医疗保险法的基本框架，同期将法定医疗保险的法规统一编纂并予以法典化，形成《德国社会法典第五编：法定健康保险》并于1989年正式实施。在法典确定的基本制度框架下，德国的医疗保险改革进展顺利。

为解决德国统一后出现的参保人数大幅上升、保险费入不敷出的矛盾，德国自20世纪90年代起多次进行医疗保险制度渐进性改革。改革的内容包括：一是将医疗保险支出和保险费率控制在合理范围内；二是实施强有力的预算控制措施，加强风险再分配；三是引入竞争机制，提高效率。1993年的《医疗保健结构法》将竞争机制引入当时的1200多家医保经办机构之间，参保者有了自由选择医疗保险经办机构的权利，并进一步提高参保者的缴费比例和费用分摊比例。为了保持保险费率的稳定，实现疾病基金的支出与收入相匹配，1994年德国引入以风险为基础的预算补偿制度。进入21世纪，《德国社会法典第五编：法定健康保险》围绕新型付费方式、财务机制、医疗保险机构的组织体制、待遇支付的结构性调整等进行了修订。2003年，德国政府通过《法定医疗保险现代化法》，减少法定医疗保险的覆盖项目，加强自我责任意识，规定参保人必须支付额外的费用，降低保险公司成本，稳定法定医疗保险费率等。2007年的《法定医疗保险竞争加强法》提出引入中央基金分配池，实现疾病基金收支脱钩。2009年，中央健康基金建立，全国统一保险费率，并建立了基于发病率的风险调整机制，提升了疾病基金的质量和效率。

在100多年的医疗保险制度实践中，德国虽然对相关法律进行过多次修订，但始终保持了首次立法所确立的权利义务相结合、筹资责任分担、社会团结、互助共济、劳资自治管理等基本原则和架构。德国确立了以法定医疗保险为主、商业医疗保险为辅的医疗保障体系，基本上实现了应保尽保和全程覆盖，但实施医疗保险的主体是法定基本医疗保险，商业医疗保险占比较小。截至2020年，德国法定医疗保险的参保者占总人口的88%，医保机构的数量为100多家，有效实现了健康群体与病患群体之间、健康高风险群体与健康低风险群体之间、长寿群体与非长寿群体之间、高收入群体与低收入群体之间彼此互助共济，充分体现了社会医疗保险的社会属性、风险保障属性及保障结果的公平属性。

二、德国医疗保险制度的基本框架

（一）制度构成及覆盖范围

德国医疗保险体系包括法定医疗保险、私人医疗保险以及法定长期照护保险三大部分。德国立法规定了法定长期照护保险跟从法定医疗保险的原则，即要求所有法定医疗保险参保人都应当参加长期照护保险。

100 多年来，德国医疗保险的覆盖范围不断拓展，从 19 世纪强制性劳工保险发展到当前的全民医疗保险。在 1883 年创制之初，依法强制的医疗保险主要面向蓝领工人，1885 年时覆盖约 10% 的人口。伴随德国的快速工业化，1911 年将白领劳动者等群体纳入覆盖范围，如果加上连带参保家属，参保人数约占总人口的 37%。1918 年，覆盖范围扩展至失业劳动者。1930 年，覆盖范围扩展至缴费参保者所有的主要受抚养人，1941 年，覆盖范围扩展至退休人员。20 世纪 70 年代，覆盖范围扩展至农民、残疾人和学生等。根据 2007 年的《法定医疗保险竞争加强法》规定，2009 年起，德国所有国民和永久居民均须加入法定医保或替代性的私人医保体系，[①] 推行全民强制医疗保险。

德国法定医疗保险参保人划分为"义务"和"自愿"两种，法定医疗保险的对象包括三类群体：第一，法定参保人，主要包括有收入但每月税前收入低于法定义务标准的雇员及退休人员、失业者、自雇人员（农民和家庭手工业者）、大学生、中学生、就业前的实习生等；第二，连带参保人，主要指法定参保人的配偶和子女可以免缴医疗保险费而连带成为参保人，享受与参保者同等的医疗待遇；第三，自愿参保人，主要指每年税前收入高于法定义务界限的雇员，以及公务员、军人、大学教授、自由职业者等，他们可以在社会医疗保险公司或私人医疗保险公司之间自由选择。

（二）组织机构

德国的医保组织机构属于自治管理模式，德国构建了立法机构、行政机构、司法机构、自治管理（实施）机构各司其职、独立而又相互制约的医疗保险管理体制。联邦议会（包括联邦议院和联邦参议院）、联邦卫生部是参与卫生政策制定的主要部门。卫生部负责提出改革议案，其他相关部门派出代表参与立法讨论，并由联邦议会确立法律框架。[②] 行政机构对社会医疗保险的组织管理主要是宏观管理和监督，分三级（联邦、州、地区）进行。在联邦层次是联邦卫生部和联保社会保障局。联邦卫生部负责对医保体系运作进行整体管理和监督，其职责主要包括：向联邦议会和参议院提出立法建议，拟订法律草案；确定战略性优先事项，制定和完善相关政策；实施行业监管，审批保险经办机构的成立、关闭及合并事宜；负责法定医疗保险费率的调整等。联邦社会保障局在医保方面的职责主要是负责医保基金的归集与再分配及风险调节和运行监管。各州卫生部门负责医院规划，投资医院基建和设备，监督本州的医保机构、医院和医师协会等组织。地区政府对医疗保险办事机构进行监督检查。司法机关，即社会法院和宪法法院，行使与社会保险纠纷相关的司法权。

德国还设立医院及医师协会、管理委员会等自治组织，在行政和司法监督下负责社会医疗保险的具体实施和运行。它们通过自我管理、有序竞争与协商谈判机制，实现医

---

① 华颖：《德国医疗保险制度发展实践及其对中国的启示》，载于《江淮论坛》2022 年第 5 期，第 142—148 页。

② 李乐乐、张知新、王辰：《德国医疗保险制度对我国统筹发展的借鉴与思考》，载于《中国医院管理》2016 年第 11 期，第 94—96 页。

疗保险的资金筹集与医疗服务的有效提供。

联邦共同委员会是法定医疗保险体系最重要的管理机构。联邦共同委员会成员包括数额相等的疾病基金组织代表、医生代表和病人代表（病人代表没有投票权），另外还有3名独立成员。国家对联邦共同委员会的决定实施法律监督。联邦共同委员会职责包括签发命令以确保基金成员获得足够的、恰当的和有效的医疗服务，以及对疾病基金组织负责支付的诊断和治疗方式的收益和效率进行评估，这使它能够塑造和影响法定医疗保险体系框架下的诊疗目录。[1]

德国社会医疗保险经办机构以非政府、非营利性的疾病基金为主体。疾病基金设有自己的理事会，由专家、投保单位雇主和工会方面代表组成，在政府监督下实行自我管理，负责法定医疗保险的承保和运营。这些疾病基金相互独立，相互竞争。基金的管理机构通常包括基金管理委员会和基金执行委员会。管理委员会负责推选董事长管理基金会的事务，并监督业务运作；负责审核通过基金会的内部规章、准则及费用标准等重要事项；负责对基金会各机构的运作进行内部监督和审查等。基金执行委员会负责基金的日常运行。

联邦医师协会与联邦医院协会下设地方的医师协会与医院协会，分别代表医师与医院与法定医疗保险基金签约并确定费用支付标准等各项事务。地方的医师协会管理和执行预算分配以及对法定医疗保险医师的补偿，控制执业医师的数量，并监管医疗服务的质量。医院协会还需要与医院的医护人员工会进行谈判，确定员工的工资标准。在各方达成共识之后，医师和医院有义务按照事先确定的费用标准为参保患者提供医疗服务，患者可以在保险基金合同规定的范围内自由选择医院和医师让其提供基本医疗服务。[2]

德国医疗保险最突出的特点就是在建立之初就确立了自治管理体制与机制，其内部治理表现为劳资自治、专业自治与共同自治。其一，雇员、雇主代表对医疗保险机构进行劳资自治。其二，医疗服务提供方以医师协会、牙医协会、医院协会为载体进行专业自治，这些协会同样是自治管理的公法人，能够加强对医疗保险服务提供者的管理。其三，医疗保险经办机构及其协会与医师协会、牙医协会、医院协会通过谈判协商机制实现共同自治。共治双方通过协商缔结契约，拟定具体的实施细节，共同治理医疗保险系统，以保障被保险人获得适当的医疗服务，同时也使医疗行为获得适当的支付。[3]

（三）筹款机制

德国的社会医疗保险通过征收保险费的形式来筹集资金，主要资金来源是从参保人

---

[1]　托马斯·格林格尔、罗尔夫·施姆克、苏健：《德国医疗保险体系的渐进式制度变迁——渐行渐远的"俾斯麦模式"》，载于《江海学刊》2013年第5期，第31—36页。

[2]　甘银艳：《国外医疗保险的合作治理》，载于《中国卫生事业管理》2016年第8期，第581—584页、602页。

[3]　华颖：《德国医疗保险自治管理模式研究》，载于《社会保障评论》2007年第1期，第153—159页。

收入中提取保险费用以及雇主缴费。对于保险费的缴纳，有强制保险义务的雇员无须单独承担自己的保险费，而是和雇主各承担一半。法定医疗保险的保险费是根据经济收入的高低和保险费率来计算的，即保险费＝参保人收入×保险费率。其中保险费的计费收入是参保人的总收入，涵盖所获取的利息、租金、养老金等收入。保险费不受健康情况和就医次数的影响，按照高收入多缴费、低收入少缴费的原则，但是不同缴费标准的人享受同等的医疗保险待遇，这就是德国社会医疗保险的社会共济精神。

伴随着德国医保制度的改革，其缴费方面呈现三个趋势：一是保险费率伴随着覆盖面和待遇的扩张不断增长，近年来维持在 15％左右；二是奉行劳资双方共同分担缴费责任的原则，雇员与雇主分担比经历了从创制时的 2∶1 到 1∶1，再到短暂加重雇员责任，直至 2019 年再次回归至 1∶1；三是缴费率从不统一到统一，再到 2015 年起为统一基础费率。缴费率的设定原属各医保机构权限，考虑到机构间参保者收入和疾病风险状况的差异，2009 年起，基础缴费率在联邦层面上统一。若医保机构收不抵支，可向参保者征收定额附加保费。

需要指出的是，自 2004 年起，国家开始分担医保筹资责任，当年医保机构从联邦预算中获得 10 亿欧元补贴，用于与生育相关的服务和津贴、照顾患病儿童的父母病假工资等。2017 年以来，财政补贴规模维持在每年 145 亿欧元，目前约占法定医保总收入的 5％。这一转变是在全民医保的新模式下，进一步稳定缴费率和增进财务可持续性的必要举措。

在基金统筹层次方面，为平衡不同疾病基金间的风险差异，德国较早引入了风险补偿制度，经过 1994 年和 2009 年两次改革，基本形成了基于发病率风险调整下的全国统收统支模式，从过去各医保基金分散统筹发展到建立全国统筹的中央健康基金，并实施基于发病率的风险结构平衡计划。中央健康基金由联邦社会保障局管理，各医保机构征收的保费和联邦财政补贴首先统一集中汇入中央基金分配池，再依据参保人数并综合考虑参保者的发病率、年龄、性别、区域等因素向各医保机构进行分配。当基金支出超过中央健康基金的分配时，疾病基金可向参保人收取补充保费（雇主和雇员均摊），补充缴费率的高低由疾病基金自行确定。补充保费也进入中央基金分配池，经风险调整后进行二次分配。中央健康基金的建立标志着原来分散在各医保机构的资金改为全国统筹使用，增强了筹资的公平性和可持续性。[①] 一方面，中央分配池和统一费率的实施，削弱了疾病基金间的竞争，有助于防止"逆向选择"；另一方面，基于发病率的风险调整机制的分配，让每个疾病基金都具有了与所有疾病基金的平均值相对应的风险结构，从而使疾病基金更加注重质量和效率。

（四）待遇给付

德国医疗保险支付的范围包括服务项目和现金补贴两部分。德国医疗保险制度建立

---

① 华颖：《德国医疗保险制度发展实践及其对中国的启示》，载于《江淮论坛》2022 年第 5 期，第 142—148 页。

之初，规定参保者在生病时有权获得现金福利，数额为工资的一半，给付期限为 13 周以内，特殊情况可延长至一年。尽管此阶段也规定了医疗服务和药品等实物给付，但待遇给付重点并非疾病治疗，而是作为劳动者患病期间起到收入替代作用的经济保障措施，具体表现是保险给付的病假津贴是医疗费用的 1.7 倍。此后，待遇给付重点逐步转移至服务领域。

《德国社会法典第五编：法定健康保险》规定：医疗保险的任务是维持、恢复或改善参保人的健康状况。德国的医保待遇给付公平而全面，覆盖完整的疾病谱，所有参保者均依法公平地享有联邦层面统一设定的医保权益。医疗保险的内容包括预防保健服务、疾病早期识别检查、门诊和住院医疗服务、牙科治疗、处方药、急救用品及辅助治疗物品、患病（包括怀孕）期间的服务或津贴、各种健康恢复服务等。德国医疗保险的参保人所持有的医保卡，既有国内就医结算功能，又有欧盟范围内的健康保险结算功能。由于德国国内各地医疗保险政策较为统一，因此参保人在异地就医时没有任何障碍，只要出示医保卡，医疗机构就会自动与疾病基金进行年度结算。

德国医疗保险的服务递送体系最明显的特征就是门诊与住院医疗服务分设、医院服务以及药事服务相对独立。德国的医院有三种类型，主要包括政府办的公立医院、非营利医院和私营医院三种类型。德国的门诊与住院服务严格分开，此外还有从事康复和护理服务的专业机构承担患者出院康复以及老年人群和残疾人的护理服务。医生分为诊所医生与住院医生，诊所医生主要负责门诊检查和咨询，只有诊所医生根据患者的病情开出诊断书后，患者才能到医院治疗。参保病人在接受医疗机构的服务并按照规定支付个人应负担的费用后，所发生的费用由社会医疗保险经办机构与医疗机构结算。关于门诊医疗费用的支付，是由疾病基金组织同医生协会就保险范围、项目、收费标准、费用支付方式等进行谈判协商、签订合同，由疾病基金将费用总额支付给协会，然后再由协会按照规定支付给医生。疾病基金也可以在不需要取得法定医疗保险医师协会同意的情况下，与单个医生或医生群体签订协议。关于住院服务的支付，由各医院代表和疾病基金协商，签订服务与支付合同。德国实行医药分业经营，医生负责看病和开具处方，药品由患者凭处方去药店购买。所有药品费用都由医保机构与药店直接结算。

三、德国医疗保险制度的特点

（一）立法先行，以法定制，依法实施

德国医疗保险制度一经创立就步入了法治化轨道。回顾德国医疗保险制度的发展历程，可以发现首次立法后其历次改革或细节调整均是法律修订先行，在保持法律稳定性的同时与时俱进地修订完善，形成一套具有高度调整弹性的法律体系。通过法律赋权明责，保障了制度的公信力和执行力，也给行政、司法、医保管理机构、医疗机构等主体依法作为提供了依据，这是医疗保险可持续发展的制度基础。

德国医疗保险的法律内容不仅有原则性规定，而且对医疗保险制度实施的各个方面都有较为完备的规制，可操作性强，从而能够为医疗保险制度的实施提供具体依据。例如，德国现行医疗保险法律具体规制了医疗保险筹资与支付范围、医疗保险经办机构、医疗服务机构，以及医疗保险经办机构与医疗服务机构的关系等。

（二）主次分明，选择自由，覆盖广泛

德国实施医疗保险制度的主体是法定医疗保险机构，但私人医疗保险机构也占一定比例。法定医疗保险机构覆盖将近 90% 的民众，能在法定的大范围人群中实现风险分担。1993 年的《医疗保健结构法》赋予参保者在绝大部分法定医保机构间自由选择的权力。部分民众可以根据自己的收入和喜好，在法定医疗保险机构和私人医疗保险机构之间自由选择，也可在参加法定医疗保险机构的保险险种基础上，参加私人医疗保险机构提供的补偿保险险种。

（三）公平与效率相对平衡，福利水平较高

德国医疗保险制度的特点还体现为在筹资方面讲究公平、在经办和支付方面追求效益的原则。德国医疗保险缴费坚持劳资双方责任均担，资金主要来自雇员与雇主按收入一定比例的缴费，辅之以联邦财政补贴。对于退休人员和失业人员，法定养老保险管理机构和联邦就业局分别承担雇主的筹资责任。无保险的社会福利领取者以及部分寻求庇护的移民均须选择医保机构参保，市政当局不代其缴费，而是向为其提供医疗服务的医保机构进行报销。任何医疗保险机构都不能在参保人的年龄、性别、身体状况及家庭成员数量方面设限。经济收入是决定参保人缴纳保险费多少的唯一因素。任何缴纳了医疗保险费的参保人员都有享受同等医疗待遇的权利，这使医疗保险基金得以在不同人群中实现互助共济的目标，从而充分体现社会医疗保险的公平性。德国实施以疾病为导向的风险结构平衡制度，以参保人的收入、年龄、性别、家属负担、疾病因素为考量因子，建立了医疗保险基金调剂机制，保证医疗保险资金在各个基金之间更加公平分配。

在强调公平的前提下，德国医疗保险制度也注重效率，"自治管理、管办分开"的运作模式有利于提高医疗保险经办服务的效率。伴随德国医保制度的发展，医保机构也由封闭走向开放和竞争。医保机构最初是按企业、行业或地区的不同而形成的数以万计的封闭系统，参保者被分配到特定医保机构，医保机构间并无竞争性。进入 20 世纪 90 年代后，伴随攀升的支出压力，促进医保机构竞争成为改革的主旨之一。1993 年的《医疗保健结构法》在各医保机构之间引入竞争机制，各医保机构自主经营、自负盈亏。医保机构之间的竞争性体现在收不抵支情况下征收的附加保费上，也体现在经办服务的质量和慢病管理、门诊住院整合服务等额外项目提供方面。

在兼具公平和效率的基础上，德国医疗保险制度包括许多福利项目，保障内容全、保障水平高，并严格限制个人自付医疗费用，参保者仅需自付少量医疗费用。

（四）管理机制与协同机制健全，市场与政府责任清晰

在医疗保险管理方面，德国构建的是议会立法、行政监督、司法裁判、自治管理机构实施的有序局面，保障了德国医疗保险制度的有序运行，为制度可持续发展提供了组织保障。自治管理下的平等协商和共同决策使得医疗保险的各利益相关群体能够直接介入并有序参与，通过不同层面的平等协商，取得共识和平衡点，共同治理。

德国医疗保险制度在国家自上而下的规制和市场竞争机制间维持平衡。国家不是自上而下地规定细节或直接运营，而是监督各医保机构自我管理、自我负责，这有助于医保制度寻求自身平衡和发展。对于政府来说，通过自治管理主体间的平等参与和协商形成决策，是一种有效的分权。它不仅减轻了政府管理庞杂卫生体系的负担及决策失误、制度变革带来的政治风险，而且使政府免于部门利益之争，以一个独立的规制者、法定监管者的角色来设定医疗保险的整体框架并监督法规的有效执行。为了提高医保效率，加强风险再分配，德国政府引入市场竞争机制，允许参保人自由选择疾病基金，增加医疗服务供给竞争，加强不同医院之间的竞争和医生的自由流动，这也导致疾病基金大规模合并，数量减少。

第四节
新加坡的医疗保险制度

与其他几种医疗保险模式相比，强制储蓄医疗保险模式发展历史较短，这种模式来源于18世纪英国产业革命时期的职业保障基金，由立法规定雇员、雇主共同缴纳保费，以职工名义存入公积金局，以备将来退休、医疗和其他之用。新加坡作为强制储蓄保险模式的典型代表，筹资方式主要以储蓄积累制为核心，突出个人自担健康责任，新加坡是世界上首个将个人储蓄账户强制引入医疗保险制度的国家。新加坡政府对医疗卫生领域进行了总体规划和持续投入，逐步建立起主要由保健储蓄计划、健保双全计划、保健基金计划构成的医疗保障制度，推动医疗保障体系高效运行。当前新加坡医疗保险覆盖率、医疗响应能力、人均期望寿命、国民认可度等各项指标均在世界各类排名中位居前列。

一、新加坡医疗保险制度的形成和发展

1955年，新加坡议会通过《中央公积金法》，实行强制性的、以个人储蓄为主的中

央公积金制度，其最初的目的是为雇员在退休后或者不能继续工作时提供一定的经济保障。中央公积金制度的建立，是新加坡社会保障制度发展的重要里程碑。在实行中央公积金制度的早期，很长一段时期内，医疗保障没有被纳入其中。

新加坡也有独立于中央公积金制度以外的医疗保障制度。在20世纪70年代以前，新加坡的医疗保险制度是借鉴英国的国家医疗保险模式。20世纪70年代以后，新加坡的医疗卫生费用急剧增长。新加坡政府意识到必须对医疗保障制度进行改革，由过去国家大包大揽，转变为强调以个人责任为基础，政府分担部分费用来保证基本医疗服务。1983年，新加坡发布《国家健康计划蓝皮书》，国家健康计划的目标是通过对疾病预防和健康生活方式的宣传和倡导，保证全民健康、积极和富有劳动能力的状态。该蓝皮书提出两项重大改变：一是建立强制性医疗计划——保健储蓄计划，将医疗保障的财政负担由政府转移到个人和雇主；二是将政府医院改为企业化运作的医院。[①]

1984年，中央公积金局推出了全国性的保健储蓄计划，设立了保健储蓄账户，协助个人把收入的一部分存入保健储蓄账户，以备需要时支付个人或直系家庭成员的医疗费用。这也意味着在中央公积金制度实行约30年后，开始与医疗保障制度有了融合，强制储蓄机制被移植到医疗保障制度中，并与新加坡公有制的公司化医院管理体制改革紧密结合，建立了由医保储蓄、个人账户管理、付费个人授权制和医生问责制等构成的公民健康保障和医疗行为治理制度，强化了参保者的权利和责任。

保健储蓄计划对于发生一般医疗费用的居民来说已有保障，但对因患重病和慢性病等而花费较多的人来说，账户资金可能不够。为了弥补保健储蓄计划的不足，1990年，中央公积金局实施具有社会统筹性质的健保双全计划，它又被称为大病保险计划，是一项重病医疗保险计划。健保双全计划顺利实施之后，1993年，中央公积金局紧锣密鼓地推出了保健基金计划，它是由政府拨款设立基金，在保健储蓄计划和健保双全计划均无法提供保障的情况下为无力支付医疗费用的贫困人口提供帮助的最后一道医疗安全网，在一定程度上解决了那些低收入或无收入居民的医疗需求问题。1994年，为了提高健保双全计划的保障水平，满足部分收入较高居民的医疗需求，新加坡政府推出增值健保双全计划，由保险公司承办。

2002年，为了适应老龄化社会的发展趋势，满足老年长期护理保障基本需求，新加坡推出乐龄健保计划。2007年，为满足居民更高程度的护理保障需求，政府推出乐龄健保补充计划。2007年，为更有针对性地对65岁及以上的新加坡居民提供医疗援助，政府设立了乐龄保健基金。2013年3月起，政府专为18岁以下人群设立一个少儿保健基金，以帮助有需要的家庭减轻孩子医药费负担。2015年，政府将健保双全计划全面升级到终身健保计划。2020年10月，政府推行加强版的乐龄健保计划——终身护保计划。

不同保障计划的支付标准和支付范围有机衔接，有效防止因病致贫现象的发生。保

---

① 冯鹏程、荆涛：《新加坡保健储蓄计划研究及启示》，载于《社会保障研究》2013年第6期，第94—101页。

健储蓄计划防止就医时个人自付负担过重；大额医疗费用主要由终身健保计划支付，贫困人口和支付医疗费用困难群体由保健基金计划保障。新加坡政府还辅助构建了以乐龄健保计划、乐龄健保补充计划、终身护保计划为补充的多层次医疗保障体系网，从不同层次规划和分担各个群体的医疗开支，保证公平性和可及性。新加坡以较少的卫生投入，取得了较好的健康绩效，因此其医疗保障制度被一些国际机构和学者誉为"公私兼顾，公平有效"的榜样。[①]

二、新加坡医疗保险制度的基本框架

（一）制度构成及覆盖范围

新加坡医疗保障制度主要包含四个层次：政府补贴、保健储蓄计划、终身健保计划、保健基金计划及乐龄健保计划，此外还有私人综合健保计划等。

1. 政府补贴

新加坡政府按照门诊和住院两种类型来为病人提供财政补贴。其中，就门诊看病而言，政府为成年人补贴 50％，对 18 岁以下的未成年人和 65 岁及以上的老人补贴 75％。而对于住院患者，根据住院条件的差别，病房分 A、B1、B2、C 四个等级。对各等级病房的补贴率分别为 0、20％、65％和 80％。如果每次总住院费超过 500 新元（C 级）至 1000 新元（B2 级），即可启动保健储蓄计划。

2. 保健储蓄计划

保健储蓄计划是提供给全体新加坡公民与永久居民的强制性个人储蓄，可用于支付住院费用与购买个人医保。保健储蓄计划可以为本人或其直系亲属支付本地医疗费用，主要是支付公立医院和某些获准使用保健储蓄计划的私人医院住院费用和门诊费用。

3. 终身健保计划

终身健保计划的前身为健保双全计划，这是一项基本的、低费用的医疗保险计划，其实施理念是帮助那些需要长期治疗的患者或需支付巨额医疗费用的重大疾病患者。长期治疗的患者需要承担高额的医疗费用，这不仅会增添家庭开销，而且会耗尽保健储蓄金。所以，健保双全计划可以保障这一群体仍然能够获得医疗卫生服务。健保双全计划自动覆盖全体国民，除非个人要求退出，大约有 90％以上的民众参保，但新加坡政府仍在努力提升覆盖面，争取全民参与。

---

① 丁一磊：《新加坡健康保障制度演变的特点及启示》，载于《中国卫生政策研究》2018 年第 10 期，第 34—42 页。

新加坡公民或永久居民可以用保健储蓄账户的存款去投保，可以报销在新加坡的部分住院与手术费用。健保双全计划在 2015 年底被全新的终身健保计划取代。2015 年的《终身健保计划法》规定，新加坡公民将从出生登记完成后的出生之日起加入终身健保计划，永久居民将在获得永久居留之日加入终身健保计划。终身健保计划比健保双全计划的登记规则更严格，要求所有公民和永久居民都必须登记，从自愿保险过渡为强制性、全民受保、终身受保的保险。不过，作为一项基本的个人医疗保险，终身健保计划提供的只是最基础的保障，政府允许公民与永久居民向保险公司购买私人综合健保计划来补全医疗保障，给予住进重组医院 A、B1 级病房或私人医院的病人更高的保障。

4. 保健基金计划

保健基金计划的资金来源是新加坡政府在 1993 年设立的一个捐赠基金，帮助那些已经得到保健储蓄计划和健保双全计划补偿之后仍然无力承担医疗费用的贫困患者。这些捐赠基金的收入会分发到公立医院，无法自行承担住院费用的新加坡公民可以申请保健基金的援助，使最贫困人群能够得到一定程度的医疗服务保障，该计划构成他们最后的安全屏障。新加坡政府分别于 2007 年和 2013 年设立了乐龄保健基金和少儿保健基金，以保障老年人群和少儿权益。

享有保健基金资助的患者必须是新加坡公民，患者及其家庭只有在接受政府补贴、使用保健储蓄计划和健保双全计划之后仍然无法承担医疗费用，并在保健基金计划指定的医疗机构接受治疗，才会获得救助。患者可以向指定机构的医务社工寻求帮助，在他们的指导下提出保健基金资助申请，相关机构的保健基金委员会进行审核，给予批准或驳回。每个医院都设有保健基金委员会，负责资金审批和发放。

5. 乐龄健保计划

乐龄健保计划是一项为适应老龄化社会发展趋势、满足护理保障需求而推出的严重残疾保险计划。严重残疾是指在专用设备的协助下也不能进行 6 项日常起居活动（洗澡、穿衣、进食、如厕、行动、身体移动）中的至少 3 项活动，并且在整个活动过程中都需要别人协助。乐龄健保计划的缴费资金主要来源于公积金的医疗保健储蓄账户，投保者可使用自己及其配偶、直系亲属的医疗保健储蓄基金。乐龄健保计划是一项"选择退出"计划，凡年满 40 周岁但未满 69 周岁的新加坡公民和永久居民除自愿退出外均自动受保，且参保者一旦开始缴纳保费，只要患有严重残疾时均可提出保障要求。

乐龄健保计划于 2002 年推出时，每月赔偿额为 300 新元，最长期限 5 年，被保险人可以使用这笔款项支付各种护理服务费用。为满足更高程度护理保障需求，2007 年调整后的乐龄健保补充计划，每月的护理金提升至 400 新元，赔付 6 年。截至 2019 年底，约有三分之一的乐龄健保计划参保人参加补充计划。2020 年，新加坡政府推出乐龄健保计划加强版——终身护保计划，参保人一旦失能，将可以终身领取理赔金。2020 年的理赔金为每月 600 新元，并逐年递增，以抵消通货膨胀。为了鼓励更多人加入终身护保计划，政府取消了年龄限制，政府会给满足条件的公民过渡津贴，中低收入的新加坡公民可获得最高 30% 的保费减免。所有在 2020 年年龄介于 30~40 岁的居民自动受保，年满 40 岁以上的人士，也可以选择在 2021 年加入计划，对于已经加入乐龄健保计划的人士，加入终身护保计划并不是强制性的。

（二）组织机构

新加坡医保体系的政府治理主体包括政府部门和准政府组织。卫生部在促进健康、减少疾病、确保良好可负担的医疗服务以及追求卓越医疗服务理念的指导下，统筹制定医疗卫生政策，并负有促进公民健康意识教育的重任。卫生部下设的卫生部控股公司、法定委员会进行具体监管。卫生部控股公司管理公立医疗机构，卫生科学局、新加坡医学委员会、新加坡护理委员会、新加坡药房委员会、中医管理委员会等委员会分别对卫生技术、医疗行为、医护专业人员、药物和医疗器械等进行监督管理。人力部负责制定和实施劳动力相关政策和中央公积金发展战略，促进劳动力发展和营造良好工作环境。

新加坡还存在一些准政府组织，它们是延伸或转移了政府部分权力的独立法人实体，在公共事务中行使特定职能。在医保治理体系的准政府组织中，中央公积金局是法定的医疗保险管理和经办机构，依法独立经办医保资金的收支和管理。中央公积金局内部是一个利益平衡机制，实行董事会领导下的总经理负责制，董事会成员中包括政府代表、雇主代表、雇员代表和专家等，确保中央公积金政策制定能充分反映各方的利益和诉求。

全国工资理事会拥有独立决策权。通过协商讨论决定与工资相关的事务，根据经济发展情况提出公积金缴费率调整建议并提交政府实行。全国工资理事会的劳方代表全部来自全国职工总会，资方代表主要来自全国雇主联合会，政府代表来自人力部和财政部。劳、资、政三方代表比例相同，代表各方利益平等地参与到缴费率协商和谈判过程中，并在此过程中对缴费率调整问题达成共识，保证缴费率等劳动力市场指标不受政府的过多干预。全国工资理事会在确定缴费率调整方案后报给人力部，由人力部批准后产生效力，中央公积金局作为经办机构，在收缴费用时必须执行政府批准的缴费率，无权提出异议。

在医保运行过程中，中央公积金局作为医疗保险管理和经办机构，对不同医保计划负有不同的责任和职能。保健储蓄计划和终身健保计划由中央公积金局管理、经办和运营，体现了政府保障人人享有可负担的医保的目的。除此之外，为满足国民多样化医疗需求，新加坡将提供更高水平待遇补偿的计划交由私人保险公司经办，政府在这些计划中的责任和职能主要是通过引导实现公私整合，促成合作并进行监管。以乐龄健保计划为例，乐龄健保计划是一个多元主体参与的整体性治理机制。卫生部的职能是统筹乐龄健保计划，制定政策、批准保险公司和保险计划并进行监管，中央公积金局组织实施乐龄健保计划，保险公司具体承办运营。在乐龄健保计划中，卫生部设置保费和赔偿标准，保险公司仅负责承办；在乐龄健保补充计划中，卫生部仅设定了最低指导方针，保险公司可在此范围内灵活设置不同的保险计划。[①]

（三）筹款机制

1. 保健储蓄计划

保健储蓄计划是强制性中央公积金制度的一部分。中央公积金包括三个组成部分：一是普通账户（用于支付住房、保险投资和教育费用）；二是特别账户（用于养老）；三是保健储蓄账户（用于支付个人或直系亲属医疗费用或住院账单）。新加坡保健储蓄金由雇主和雇员分别缴纳，最终形成中央公积金专门保健储蓄账户。对不同类型、不同年龄的员工实施不同的缴费率，雇员可以分为公立机构雇员和私立机构雇员，其公积金缴费分配比例不同。保险储蓄计划缴费率根据经济发展水平和卫生支出状况动态调整。保健储蓄账户刚推出时，从公积金账户计入保健储蓄账户的资金比例为6%。从1992年起，考虑到不同年龄需要医疗费用的情况差别较大，开始采取差别性的计入比例，之后逐年调整。随着医疗费用的上涨，计入比例整体呈现上升态势。为避免保健储蓄计划滚存的金额过多，以致公积金成员过度使用医疗服务，新加坡政府规定供款上限；为确保公积金成员在年老时有足够的保健储蓄金来支付所需的医疗费用，新加坡政府对于55岁及以上的人员，设置了最低限额。所有者去世后，账户余额以遗产的方式给继承人，不缴纳遗产税。

2. 终身健保计划

从2015年开始，新加坡政府将健保双全计划改革为终身健保计划。终身健保计划是面向新加坡公民及永久居民的强制性医疗保险。凡是新加坡公民或永久居民都自动受保，且不可自行退出，年龄不再成为购买终身保险的限制，解决了老年人保险不足的问题。保费由公积金保健账户支付。保费基于年龄、家庭收入设定，保费额度比健保双全计划有所提高，其缴费逻辑为年龄越大缴费越多，家庭收入越高缴费越多，缴费时间越长享受保费折扣越多，收入越低获得补助越多，中断缴费惩罚较重，患病后再参保惩罚较重。

3. 保健基金计划

保健基金计划承担新加坡医疗保险制度的托底功能。保健基金计划的资金来源是一种捐赠基金，政府根据财政收入和国家经济状况，每年拨款资助，用基金利息对少部分无力支付医疗费用的国民进行赔付，使这部分人群也能看得起病。

[①] 施文凯、聂玉亮、张小娟：《整体性治理视角下的新加坡医疗保险治理体系及对我国的启示》，载于《中国卫生政策研究》2020年第4期，第10—16页。

4. 乐龄健保计划

乐龄健保计划的保费可以从参保人或亲属（配偶、父母、子女或孙子女）的保健储蓄账户扣除，也可以通过银行账户、现金或支票等缴费。乐龄健保计划设定了保费提取限额、宽限期，并且针对投保年龄、性别及缴纳方式设定不同标准，保费金额根据参保人进入时的年龄制定，并不会随年龄的增长而提高。[①]

每名参保人每年从保健储蓄账户缴纳保费限额为 600 新元。设定保费提取限额是为了防止参保人过早用完保健储蓄而无足够的金额来支付老年医疗费用。为避免参保人因未及时缴纳保费而使保单失效，乐龄健保计划设置了宽限期 75 天。参保人的保费根据参加计划时的年龄、性别和缴纳方式而不同。

2002 年推出乐龄健保计划时，保费缴纳方式分为定期保费计划、十年保费计划和单期保费计划。其中定期保费计划是指缴纳保费直至参保人 65 岁，十年保费计划是指保费分十年缴纳，单期保费计划是指保费一次性缴纳。保单的缴费期最长至参保人 65 岁，但保单提供的是终身保障。定期保费计划和十年保费计划包含保费豁免利益，即参保人严重残疾时不必缴纳保费。2007 年改革后，政府取消了单期保费计划和十年保费计划，只保留定期保费计划。[②] 当参保人 40 岁加入 2007 年调整后的乐龄健保计划时，男性的保费是每年 175 新元，女性是 218 新元，保费一直支付到 65 岁。

2020 年推出的终身护保计划是乐龄健保计划的加强版，终身护保计划的参保人员的支付保费总年数将从既有乐龄健保计划的 40 岁至 65 岁改为 30 岁至 67 岁。为了确保终身护保的可持续性，这个新计划的保费也不能再像乐龄健保计划那样每年固定为加入保险时定下的保费，而是会依据上涨的赔付额、索赔情况与保户残疾和寿命趋势等，定期予以调整。为避免公众因保费的不确定性而感到不安，政府已承诺会将首 5 年的保费增幅都定在 2%。

三、新加坡医疗保险制度的特点

（一）明确政府职责，构建多主体参与的医保治理体系

政府在医保治理中既不能失职，也不能越界、大包大揽，把握政府介入医保治理的程度可以提升治理效果。在强政府与强社会的传统治理背景下，新加坡政府在医保治理体系中居于核心地位，政府的强势和高效为有效治理奠定了基础，但是新加坡政府并非把控一切，其角色主要是制度塑造者、政策制定者、监督管理者，政府也积极培育多元

---

① 李红梅、孙颖：《新加坡"乐龄健保"机制及其对我国的启示》，载于《经营与管理》2019 年第 3 期，第 145—147 页。

② 冯鹏程、荆涛：《新加坡乐龄健保计划概述》，载于《中国医疗保险》2014 年第 2 期，第 62—65 页。

治理主体，为非政府组织和公民参与医保决策创造条件。政府在医保治理中不能既管又办，管办分离有利于多元参与治理格局的形成。新加坡政府将经办和协商事务交给中央公积金局等准政府组织，并通过准政府组织将社会力量和私人部门等非政府组织引入医保共治之中，又注重将劳动力市场的劳方与资方、医疗服务的供方与需方引入谈判，从而缓解利益冲突与矛盾。[①]

（二）坚持供需结合，构筑多层次医疗保障体系网

由保健储蓄计划、终身健保计划、保健基金计划形成"三道防线"，以乐龄健保计划、终身护保计划等作为补充，构成新加坡"全覆盖、保基本、多层次"的医疗保障体系。不同支付标准和支付范围有机衔接，协同发挥不同医疗保险计划的保障功能，既能够满足部分民众较高的医疗保障需求，也能够保障低收入弱势群体的就医需要，防止因病致贫现象的发生，使得每个新加坡公民都能得到良好的基本医疗服务。

新加坡在建设医疗保险制度过程中，坚持供需结合，秉承谁获益谁付费的原则，推行公积金医疗账户付费模式，医保基金针对不同等级机构和不同服务的支付比例差距较大，有效地引导了参保者合理利用医疗服务，控制了个人对医疗费用的滥用和超期消费，避免了完全由国家大包大揽导致的医疗机构效率低、排队长、服务差的现象。[②]

（三）注重个人筹资责任，促进医疗保险制度的可持续性

新加坡是首次将医疗个人账户引入强制医疗保险制度的国家，这对于合理高效使用医疗保险资金及卫生资源具有较强的推动作用，能够较好地缓解人口老龄化带来的医疗保险筹资费用问题。新加坡创造性地设立保健储蓄账户的目的主要有两个：一是通过强调个人对医疗费用的分担责任，有效抑制参保人员对医疗服务的过度利用；二是通过强制储蓄，促进个人医疗保险基金的纵向积累，以提高应对未来疾病风险的能力。新加坡允许个人使用保健储蓄账户的余额参加具有社会统筹性质的终身健保计划，拓展了保健储蓄账户的功能，使得原本没有社会共济性的个人账户基金发挥了一定的社会共济作用，把纵向的自我积累与横向的社会共济相结合。保健储蓄账户允许家庭直系亲属（配偶、父母、子女、孙子女）使用，使保健储蓄账户具有了家庭成员互助共济的功能。新加坡建立了较为完善的公积金运营和投资体系，确保个人医疗保险基金的保值增值。

---

① 施文凯、聂玉亮、张小娟：《整体性治理视角下的新加坡医疗保险治理体系及对我国的启示》，载于《中国卫生政策研究》2020 年第 4 期，第 10—16 页。

② 丁一磊：《新加坡健康保障制度演变的特点及启示》，载于《中国卫生政策研究》2018 年第 10 期，第 34—42 页。

（四）运用市场机制防范逆向选择，推动从自愿参保向强制参保转变

新加坡的健保双全计划采取的是自愿参保的原则，但为了防范逆向选择，依据年龄实施差别费率制，年龄越大，保费越高，降低了医疗保险基金的风险。政府设立了过渡期津贴制度，保障了健保双全计划顺利过渡到终身健保制度，实现了基本医疗保险制度的强制参保和全民覆盖。[①]

第五节
美国的医疗保险制度

美国是实施商业医疗保险模式的典型国家，美国医疗卫生体系以私人医保为主，政府主要以公立医疗形式为老年、病残、穷困和失业人口提供医疗保障和医疗援助。以市场力量为主导、商业保险为主体的医疗卫生体系使得美国不断通过市场竞争手段将科技与资金优势转化为自身在医疗技术上的优势，其医疗水平处于世界领先水平，但也因为医保覆盖范围不足、人均医疗费用和医保管理费用高昂、医疗绩效不佳而饱受诟病。

一、美国医疗保险制度的形成和发展

美国医疗保险制度起步较晚。1912 年，西奥多·罗斯福在竞选总统时曾提出要建立全民医保计划，但随着其竞选失败而宣告搁浅。几乎与此同时，美国劳工立法联合会在州层面掀起了一场强制医保立法运动，但囿于当时美国政治和社会现实，这场运动最终走向失败。尽管如此，这场运动却将医疗保险的理念正式引入美国，吹响了美国百年医改的前奏。[②]

20 世纪 20 年代末以前，美国没有任何医疗保险计划，但私人医疗组织和私人非营利医疗机构在这一时期获得较大发展。1929 年，现代商业健康保险开始走进美国民众的生活。这一年，得克萨斯州贝勒大学首次为本地 1250 名公立学校教师提供保险，教师每月支付 50 美分保费，即可享受 21 天贝勒大学医院的住院服务，手术室费用、化验费、麻醉服务费也包含其中。由于美国医学会的反对，该保险只涵盖住院费用，不包括医生诊疗费用。随着大萧条席卷美国，很多美国人看不起病，因病致贫成为一个严重的社会

---

① 丁一磊：《新加坡健康保障制度演变的特点及启示》，载于《中国卫生政策研究》2018 年第 10 期，第 34—42 页。

② 胡文秀、徐成：《美国医疗保险制度的演变逻辑——基于历史制度主义的分析》，载于《经济社会体制比较》2023 年第 5 期，第 188—197 页。

性问题，危机还造成许多医生失业、医院倒闭，许多医院急于改善盈利状况，开始自行制订预付费计划。1933年，美国医院协会以此为基础设计了若干保险产品，制定了医院预付计划的统一标准，并将"蓝十字"作为遵循标准的医院预付计划的统一品牌，购买者可以自由挑选指定城市的多家医院，灵活多样的选择使该计划几乎垄断了当时美国的住院保险市场。[1] 美国医院协会下设蓝十字委员会，规划、监督、协调、指导蓝十字计划的活动。1960年，蓝十字委员会正式脱离美国医院协会的领导，同时更名为蓝十字联合会，成为一个独立的、市场化的行业协会。

1939年，蓝盾计划仿照蓝十字计划开始实施。蓝盾计划发源于经济大萧条时期各地医生自发组织的预付运动，其模式是支付一部分固定费用，由患者支付剩余部分。美国医学会制定了医生预付计划的标准，将蓝盾品牌作为符合标准计划的统一标识，并设立蓝盾联合会。最初不愿提供健康保险的商业保险公司，看到蓝十字计划和蓝盾计划成功克服了逆向选择和道德风险，很快开始为企业员工提供保险，与双蓝计划（指"蓝十字计划"和"蓝盾计划"）展开竞争。

20世纪40年代，美国联邦政府鼓励发展自愿的私人医疗保险计划。美国国会也立法规定，医疗保险和养老金都是非工资福利，可以不受二战期间的战时工资控制政策的限制，使医疗保险成为雇主吸引雇员的一种有力工具。联邦政府同时给雇主提供的私人医疗保险计划以财政支持。这样，雇主愿意为其雇员提供部分或全部保险费用，以提供非工资的医疗保险福利。1951年的《国内税法》规定，雇主用于支付雇员私人医疗保险计划的保费可以抵税，这更促进了团体私人医疗保险计划的大规模发展。1952年，税法变更之前，只有47%的家庭享有企业集体医疗保险；到了1957年，享有雇佣保险的家庭接近66%。此阶段，联邦政府采取不介入的医疗保险政策，给私人非营利的医疗保险机构的发展留出了足够的发展空间。以"双蓝计划"为代表的第三方支付制度蓬勃发展，它改变了传统的筹资模式，建立了以雇主为基础的私人团体医疗保险计划。[2] 1982年，蓝十字联合会和蓝盾联合会正式合并，成为蓝十字蓝盾医保联合会。"双蓝"是美国当代医保运行机制的开创者、践行者和集大成者，其发起的医疗预付运动是美国商业医疗保险的鼻祖，同时作为社会医疗保险的主要承办商，成为联结美国公共医疗保障和私人医疗保障的桥梁。[3] 私人团体医疗保险计划成为美国医疗保险制度重要的组成部分，并对美国之后的医疗保险改革产生了深刻的影响。

商业保险公司往往将投资重点放在特定的群体上，缺乏人文关怀和公平性，老人和穷人成为商业保险公司不愿承保的对象，市场化医疗保险制度的弊端明显。1935—1965年，政府逐步介入医疗保障领域。1933年，富兰克林·罗斯福为减轻普通民众医疗费用

---

[1] 张颖：《商业健康保险与社会医疗保险制度的对接机制研究》，中国社会科学出版社2014年版，第52页。

[2] 任丽娜：《美国医改举步维艰的公共选择理论分析》，载于《辽宁大学学报（哲学社会科学版）》2019年第3期，第168—176页。

[3] 张涛：《美国医疗保障运行机制及其对中国医疗体制改革的借鉴研究》，北京交通大学博士学位论文，2013年。

的压力，试图将全民健康保险纳入《社会保障法》，但遭到了美国医学会的强烈反对。尽管最终未能实施，但其作为美国历史上第一个全民医保的议案，标志着联邦政府开始在医疗卫生领域实施变革，极大地推动了后续历届美国政府在医保改革上的进程。[①] 20 世纪 50 年代，联邦政府开始通过州政府和地方机构为穷人提供医疗资助项目。20 世纪 50 年代末 60 年代初，为老年人提供医疗保障的运动兴起。1960 年，《科尔·米尔斯法案》获得国会通过，批准联邦政府资助各州向贫穷的、生病的老年人提供住院服务。《科尔·米尔斯法案》扩大了州政府救助对象的范围，不仅包括以前的补助对象，而且包括低收入的老人、盲人和残疾人。1965 年，约翰逊签署了以老年人、残疾人和穷人等弱势群体为受益对象的《医疗照顾法案》和《医疗保险救助法案》，美国医疗保险的覆盖面得到了扩大。

《医疗照顾法案》和《医疗保险救助法案》的实施引发了医疗费用的急剧增长。20 世纪 70 年代的美国，由于科技发展处于低谷、对外贸易受阻以及经济增长点匮乏而陷入"滞涨"时期，这一时期的美国政府将医保改革聚焦于医保控费上，采取了一系列旨在控制费用增长的监管措施。联邦政府于 1972 年对《医疗照顾法案》进行修订，建立专业标准审查组织，审查项目的过度使用。1973 年美国通过的《健康维护组织法》，从制度层面为美国管理式医疗的发展奠定基础，同时为健康维护组织提供资金和政策支持。20 世纪 80 年代以后，里根政府提出了新联邦主义计划，在医疗保障领域大力整合各类联邦卫生计划，削减相关资助，进行了一系列的医疗付费改革，引入 DRG 等模式。其中改革的亮点是 1983 年医疗照顾项目对医院的报销从以前按费用支付转为预付，推出 DRG 机制，限制每个病例的医疗支出。从 20 世纪 90 年代开始，管理式医疗逐步成为美国商业健康保险体系的核心。

医疗保险费用大幅增长和医疗保险覆盖率较低一直是美国医疗保险制度面临的两大难题，美国政府 20 世纪 90 年代以来的医改目标是控制成本和扩大覆盖面。1993 年，克林顿向国会提交医疗改革方案，该方案主张实行全国统一的医疗保险体制，由联邦政府、州政府、雇员、雇主等共同承担，通过建立健康联盟、重组医疗机构、消费者自由选择和政府法规干预来改革医疗保险制度。该方案遭到了各大利益集团的极力反对，最终以失败告终。1997 年，美国国会通过了《国家儿童医疗保险项目》，用税收承担儿童医疗保险，并将其覆盖到全美所有儿童。2003 年，小布什签署了《医疗保险现代化法》，该法案增加了提供给老年人的医疗保险种类和医保范围内的处方药种类，同时首创个人医疗储蓄账户，促进注重医疗质量的激励机制。但是美国医保体系的压力仍没有缓解，截至 2008 年底，美国没有保险的人数达 4634 万，约占人口总数的 15.4%。1999—2009 年，美国平均工资涨幅为 33%，同期医保费用总水平却上升了 131%。

奥巴马上台后，美国国会于 2010 年通过了其提出的《平价医疗法案》。《平价医疗法案》主要包括以下内容。一是在原有的商业保险基础上扩大医疗保险的覆盖范围，强制

---

① 许闲、周源、余安琪：《美国医疗保险改革的经验与启示》，载于《复旦学报（社会科学版）》2022 年第 1 期，第 156—164 页。

公民参保，将医疗保险覆盖率提升至 95%，并将更多的医疗项目纳入医保范围。二是在一定程度上加强医疗保险领域的政府干预，创立医疗保险费率管理局，负责监督保险公司保费政策，监督和评估各保险公司费率的调整。三是政府通过提高针对高收入群体的个人所得税和高额保单的消费税来筹集医疗保险资金。奥巴马的医改法案诞生后备受争议，医保预算赤字和政府财政压力成为潜在威胁，对于投保的强制规定激起一些自由职业者、低收入者等不愿购买医保群体的反对，加上共和党倾向于"小政府"，依赖市场机制完善医保体系，两党立场的冲突不利于政策执行效果。

2017 年，特朗普启动《美国医疗法案》，力图纠正奥巴马医改的"错误"。特朗普医改法案的核心理念是自由市场原则，重点是解除奥巴马医改套在保险公司上的多重限制，主张通过市场竞争和税收政策进行调节，去除了医疗保险的公共属性，降低了保险公司的税收；希望激发市场主体的活力，减轻政府的主体责任，缩减政府负责的医疗救助保障范围。除此之外，特朗普还主张将医疗保险市场的控制权交还给各州，大规模削减医疗补助，减轻对消费者的保护。

2021 年 1 月，拜登重新签署了《平价医疗法案》，拜登政府的医疗改革路径主要包括扩大《平价医疗法案》的覆盖范围、创建政府经营的健康保险专门机构与私人健康保险公司竞争、增强《平价医疗法案》关于公众选择的法律规定。2022 年，拜登签署了《平价医疗法案》的扩展法案，以帮助降低医疗保险成本，同时使无法通过工作获得平价健康保险的人有资格获得保费税收抵免。

美国医保制度基于自身的政治、经济与社会条件，有着复杂的历史背景和历史脉络。从罗斯福试图将全民健康保险纳入《社会保障法》到拜登重启《平价医疗法案》，美国医疗保险体制改革已有近百年的历史。近一个世纪的改革，依旧未能妥善解决医保覆盖面窄、医疗费用成本高与医疗卫生总支出占 GDP 比重高等问题。美国漫长而反复的医保改革，更多反映的是纯市场机制运作带来的市场失灵问题、底层民众对医疗资源的渴求与利益集团之间的激烈冲突，以及美国民主党与共和党在价值理念与代表利益上的对立导致医保政策的反复与摇摆。[①] 历届美国政府的医疗改革都是在既有的私人医保基础上进行扩展与延伸，或者控制其成本费用、提高医保效率，而无法动摇、代替私人医保的核心地位，最终形成了公私双轨、以私人医保为主的混合型医疗保险制度。

二、美国医疗保险制度的基本框架

（一）制度构成及覆盖范围

美国实行以商业健康保险（又称"商业医疗保险"）为主、以社会医疗保险为辅的混合型医疗保险制度。美国的医疗保险体系可以分为两大部分，即社会医疗保险和商业

---

① 许闲、周源、余安琪：《美国医疗保险改革的经验与启示》，载于《复旦学报（社会科学版）》2022 年第 1 期，第 156—164 页。

健康保险（见图9-1）。商业健康保险主要由商业保险公司运营和承担风险，社会医疗保险主要由美国医疗与公共服务部直属的医疗照顾与医疗救助服务中心管理和运营，其中也包含商业保险经办社保的部分。近年来奥巴马医改等相关政策推动医疗保险覆盖率不断提升，2021年美国医疗保险总体覆盖率达91.7%。

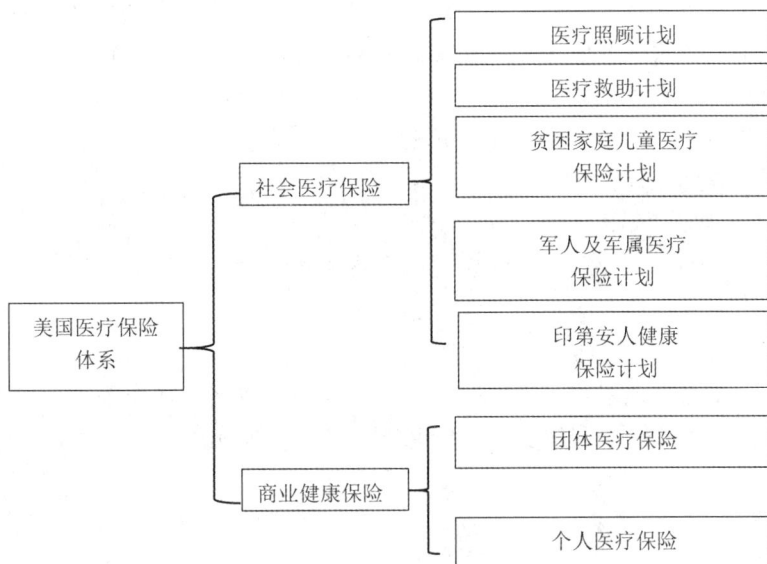

图9-1 美国医疗保险体系

1. 社会医疗保险

尽管美国的商业健康保险非常发达，但仍有一些由政府举办的社会医疗保险类型。目前美国社会医疗保险主要由美国医疗及公共服务部负责，其中包括医疗照顾计划、医疗救助计划、贫困家庭儿童医疗保险计划、军人及军属医疗保险计划、印第安人健康保险计划等。社会医疗保险的主要承保对象包括残疾人士、低收入人群、65岁及以上的老年人、中低收入家庭的儿童、现役和退役军人，以及各级政府的公务员等。

1）医疗照顾计划

医疗照顾计划也称老年和残疾健康保险，是美国较早的、覆盖人数较多、花费较高的一项医疗保险制度，依据1965年颁布的服务老年及残疾人士的医疗保险法案而建立，由美国联邦政府出资，1973年的《健康维护组织法》允许商业健康保险公司参与医疗照顾计划。

医疗照顾计划的承保对象是65岁及以上的老人或者符合一定条件的65岁以下的残疾人或晚期肾病患者，申请身份必须是美国公民或永久居民且申请者本人或其配偶已向国家缴纳医疗保险税10年以上。

2）医疗救助计划

医疗救助计划由医疗照顾与医疗救助服务中心实施。医疗救助计划是针对低收入群体和家庭（特别是孕妇和儿童）的医疗健康保障项目。该项目由美国联邦政府和各州政府共同资助，具体享受资格标准和待遇水平由各州自己制定。联邦政府提供一部分项目经费，具体运作由各州负责管理，医疗照顾与医疗救助服务中心对各州的执行情况进行监督。

3）贫困家庭儿童医疗保险

贫困家庭儿童医疗保险计划是以联邦政府提供项目配套资金的形式，向美国各州的中低收入家庭的儿童提供健康保险，这类家庭的收入不符合医疗救助准入条件但又无法负担商业医疗保险。联邦政府通过医疗照顾及医疗救助计划服务中心支付约70%的费用，各州政府出资约30%，服务对象是那些家庭收入在联邦贫困线两倍以下、没有参加其他商业健康保险的儿童。

4）军人及军属医疗保险计划

军人及军属医疗保险计划是由联邦政府向现役军人、退伍军人及其家属提供的特别医疗保障项目，由专门的军队医疗网络系统提供服务。

5）印第安人健康保险计划

印第安人健康保险计划是由美国医疗及公共服务部直属的印第安健康服务署向符合条件的美国印第安人和阿拉斯加少数民族提供的医疗援助项目。

2. 商业健康保险

美国的商业健康保险主要包括团体医疗保险和个人医疗保险。二战期间，联邦政府为了避免恶性通货膨胀，严格控制薪资和价格增长，禁止雇主通过提薪的方式来吸引工人，但诸如医疗保险的员工福利不受限制。以此为契机，雇主大量提升医疗保险待遇，以便吸引工人。1954年《美国国内税收法典》将医疗保险费用列为减税项，这也造就了团体医疗保险的大规模盛行。

个人商业医疗保险市场主要受《平价医疗法案》监管。《平价医疗法案》中的雇主强制条款要求雇佣全职员工50人及以上的公司需为员工提供符合医疗法案标准的团体医疗保险。相对于50位全职雇员及以上的企业，《平价医疗法案》对小企业提供雇员医疗保险无强制性要求，对于企业不提供医疗保险的、不愿意或无法参加团体医疗保险的员工及其家属，可购买个人商业医疗保险。

商业健康保险公司主要分为三类：第一类是非营利性健康保险公司，它们是由医生及民间机构发起和组织的，为投保者提供门诊和住院服务保险；第二类是管理性健康保险公司，如优先提供者组织、服务点组织、健康维护组织、健康储蓄账户、自我管理健康计划，它们是融保险和服务为一体的保险组织，由医保机构和医疗机构之间通过各种契约安排形成的一体化程度不同的医疗服务网络。提供管理式医疗的组织会与一些医疗服务提供者签订合同，通过控制医疗费用等措施，以更低的成本为其会员提供质量更高的医疗服务；第三类是营利性健康保险公司，为营利而提供个人或团体医疗保险，其承保范围几乎涵盖社会医疗保险制度未覆盖的各个领域。

（二）运行管理

美国医疗保险的运行机制主要表现为社会医疗保险领域的委托管理和商业健康保险领域的管理式医疗。其中，管理式医疗是美国医疗保险的主要运行模式，不仅几乎覆盖了美国全部的商业健康保险，也参与到医疗照顾计划、医疗救助计划等社会医疗保险之中。管理式医疗起源于 1973 年颁布的《健康维护组织法》，是一种将参保人、医疗保险机构、医疗服务提供机构及其他利益相关方相结合的管理机制，属于由第三方商业机构经办运作的医疗保险模式。其内容包括组建一体化医疗服务网络、对医疗机构实行预期付费制度、依据最佳临床路径进行使用率审查，以及对参保人员进行健康管理等。通常来讲，提供管理式医疗的组织会与一些医疗服务提供者签订合同，通过控制医疗费用等措施，以更低的成本为其会员提供质量更高的医疗服务。[①] 在管理式医疗保险模式下，医疗保险机构不再仅仅是医疗行为发生后医疗费用的报销者，而是集医疗服务提供、与医疗服务机构签约时进行谈判、对医疗服务过程严密监督、设计节约医疗成本的方案于一身的医疗费用控制者，以达到在医疗保险运作过程中的各个方面维护被保险人利益的目的。医疗保险机构对纳入定点医疗服务机构范围内的医院和医生进行严格审查，建立起了一套完善的管理信息系统，这一系统能够对医疗服务治疗方案的合理性、成本效益率以及不良医疗行为进行全面系统的监控与分析，实现事前监督、事中监督和事后监督有效结合。[②]

1. 社会医疗保险的运营与监管

虽然美国的社会医疗保险是由政府筹办，但一般由监管部门和商业医保机构签约，委托商业医保机构管理。依据监管部门和承办商之间契约安排不同，委托管理主要包括以下几种模式。

（1）委托经办。在委托经办模式中，承办商负责社会医疗保险的参保登记、数据整理、理赔审核、报销结算等具体经办业务。监管部门根据承办商的运营成本或事先约定的数额支付管理费。承办商本身不承担任何风险。监管部门负责设计保险产品，筹集资金，制定相关政策与预算，定期遴选、监管、评估定点医疗服务机构和承办商。该模式的特点在于最大限度保留政府对社会医疗保险计划的主导权和控制权，与商业医保机构合作只是为了利用其在日常经办业务上的专业技术优势。

医疗照顾计划和医疗救助计划成立之初就采用委托经办模式。至今医疗照顾计划的A、B部分，各州医疗救助计划和贫困家庭儿童医疗保险计划的部分业务、军人及军属医

[①] 马艺方：《美国管理式医疗及其支持与监管措施》，载于《经济研究导刊》2021 年第 3 期，第 127—129 页。

[②] 胡艳杰：《美国医疗保险机构管理模式及其借鉴》，载于《合作经济与科技》2013 年第 4 期，第 84—85 页。

疗保险计划的大部分业务仍采用这种模式。

（2）保险合同。在保险合同模式中，商业医保机构不仅负责社会医疗保险的日常经办，还被赋予了对社会医保计划产品一定程度的自主经营权，它们可以根据参保人员的需要调整或增设保险项目，自行组建、管理定点医疗服务网络，自主运作社会医疗保险基金并自负盈亏。这种模式较早出现于医疗照顾计划的 C 部分中，医疗照顾与医疗救助服务中心鼓励承办商通过自身的管理式医疗网络经营 A、B 部分的内容，承办商可以在政策允许的范围内微调承保范围，或增设与之衔接的补充医疗保险，以便吸引不同类型的受益人。政府根据承办商招收的参保者人数分配社保基金，作为提供 A、B 部分基本内容的补偿。对于补充医疗保险，承办商可以向受益人征收额外保费。由于承办商每招收一名受益人，来自政府的转移支付都是既定的，因此只要承办商能够降低 A、B 部分的人均费用，或者通过提供更优质的补充保险产品，获取更多保费与成本之间的差额，承办商就能够盈利，因此这种模式给予承办商控制成本、提高质量的激励。在医疗照顾计划的 D 部分的处方药计划中，承办商在保险产品设计方面更加自由，社保基金也完全来自参保人员缴纳的保费（由医疗照顾与医疗救助服务中心规定指导线），只要商业医保机构通过医疗照顾与医疗救助服务中心的资质审批，即可自行经营处方药计划。

（3）管理式竞争。管理式竞争是通过促进承办商之间的自由竞争而最大化参保人员福利的医保运行机制，该模式与其他委托管理模式相比开放性较强，市场化程度较高，承办商的竞争也较为激烈。目前联邦雇员医疗保险计划采用管理式竞争的模式运行。联邦雇员医疗保险计划的管理机构是美国人事管理办公室，其负责制定相关政策，审核、监督、评估承办商。任何通过美国人事管理办公室审核的商业医保机构均可推出自己的产品。在一年一度的开放参保期，各级政府雇员可以通过承办商宣传资料了解现有产品，并根据需要任意选择其一。政府为每个雇员缴纳保费总额存在一定的上下限，如果雇员选择待遇优厚、保费较高的产品，则自付比例较高；如果选择保费较低的产品，则自付比例较低。因为政府雇员可以在众多承包商的产品内自由选择，承办商会通过成本和质量竞争推出性价比较高的保险产品以吸引政府雇员的参与。

综上所述，从完全的委托管理到完全的管理式竞争，委托管理的开放性、市场化程度逐渐提高，承办商的主导作用逐渐增强，承办商之间的竞争也趋于激烈。这些契约安排不同程度地利用了商业医保机构的专业技术优势和管理式医疗的运行机制，在减轻公共财政负担、提升公共服务质量方面发挥了一定的积极作用。[①]

医保基金的监管主要由联邦政府机构负责。医疗照顾与医疗救助服务中心隶属医疗及公共服务部，管理医疗照顾计划、医疗救助计划，负责制定和执行医疗保险计划的规定、政策和支付标准，监督医保基金的使用和支付。其中，医疗照顾计划由医疗照顾与医疗救助服务中心集中管理，各地政策与管理办法相对统一；医疗救助计划由州政府具体管理，政策与管理办法因地而异，医疗照顾与医疗救助服务中心对各州的医疗救助计

---

① 张涛：《美国医疗保障运行机制及其对中国医疗体制改革的借鉴研究》，北京交通大学博士学位论文，2013 年。

划起到指导作用。除了联邦政府的监管外，各州也有各自的医疗保险计划。各州政府负责监管本州的医保基金，包括制定相关政策、管理资金使用和支付、监督医疗服务提供者等。

美国医保基金监管形成了跨部门合作和专业人才参与的机制。首先，在联邦政府层面，建立由联邦调查局牵头、医疗及公共服务部和司法部合作组成、医疗照顾与医疗救助服务中心参与的医保基金反欺诈执法体系，覆盖反欺诈业务的全流程。其次，从各部门抽调专业人员，成立反欺诈执法行动小组，制订医疗欺诈和滥用控制计划，建立起全世界范围较广的保险欺诈数据库，在大数据基础上进行精准的评估与分析，审查支付环节，协助发现医疗保险欺诈行为。最后，医疗照顾计划在各地建立由医生组成的同行评审组织，负责审查定点医疗机构提交的病历，判别特殊服务项目的医学必要性。

2. 商业健康保险的运营与监管

在以商业健康保险为主的美国，由商业机构负责的管理式医疗是美国最主要的医疗保险管理模式，由医保机构与医疗机构之间通过形式各异的契约安排结成一体化程度不同的医疗服务网络。经过多年的发展，一体化医疗服务网络从最初的健康维护组织（HMO）发展出独立医师联盟（IPA）、优选医疗服务组织（PPO）、服务点计划（POS）、以患者为中心的医疗之家（PCMH）等管理式医疗模式。

HMO 模式将参保人适用保险的范围限制在直接为 HMO 工作或与 HMO 签约的医生或医院。除紧急情况外，选择签约网络外的医疗机构需要全部自费。此外，HMO 的参保人通常有固定的初级保健医生，必须通过转诊才能去看专科医生。HMO 是各类模式中限制条件较多的类型，通过缩减个人选择的灵活性来降低成本，因此费用较低。IPA 模式是 HMO 模式的形式之一，它是由医保机构与多个独立执业的医生或集体执业的跨学科医生团队缔约，以预期付费的方式为参保人员购买医疗服务。对于缔约医生不能提供的医院服务或专科医生服务，由医保机构在全科医生的建议下以预期付费或按项目付费的方式为患者购买。

PPO 模式则赋予参保人较大的选择权，参保人无须转诊即可选择任何医生。在保险范围上，若被保险人选择签约网络外的医疗机构，PPO 仍会为其支付部分医疗服务费用。较为自由的选择权与较大的保险范围，使得参加该模式所缴纳的保费与自付额相对较高。

POS 模式类似于 HMO 模式和 PPO 模式的组合，能为参保人员支付签约网络外的部分医疗费用，先自费，后申请理赔，条件是承担更高的自付费用比例或者支付更高的免赔额。

PCMH 模式是负责将各个专业领域、针对患者各个健康阶段的医务人员以契约的形式组织到一起，共同为患者提供涵盖预防保健、急症治疗、慢性病管理、病后康复的全程医疗服务。各个患者被指派给一名全科医生或注册护士，全程负责患者的病案管理与专科协调。各专科医生在信息系统的支持下共享患者的病历信息，以便提供协调一致的专科服务。

针对医疗服务管理，商业医保机构普遍雇佣医学顾问或借助同行评审组织实施使用率审查。所谓使用率审查，是指医保机构通过审查医疗机构提供的病历信息，判别医疗机构的医疗服务使用情况是否符合规定，并以此作为对医疗机构付费或者实施其他管理手段的决策参考。很多管理式医疗组织、专业医学会、公共管理部门和非营利团队建立了自己的质量考核指标体系，并将相关医疗机构的考核结果通过各类媒体公布于众，业界称其为质量报告卡。质量报告卡不仅限于对医疗机构的评价，还涉及对医保机构的评价。美国质量保障委员会自1989年开始启动医保机构数据与信息库，定期发布多家管理式医疗组织的考核结果，为雇主选择商业医保机构提供参考。①

对于商业健康保险，监管工作主要由各州的保险部门或者联邦政府的保险监管机构负责。这些机构负责监管保险公司的运营行为、资金使用、保险产品的设计和销售等方面，确保保险公司合规运营并保护消费者权益。目前，在管理式医疗深入美国各类医疗保险的背景下，美国政府通过建立医疗保险交易平台、采取成本控制规则等措施，实现了对管理式医疗的支持与监管并重。具体措施如下。第一，建立医疗保险交易平台。2010年，美国颁布了《平价医疗法案》，规定联邦政府和州政府建立医疗保险交易平台，提供多种管理式医疗计划，以帮助消费者购买合适的优质产品。医疗保险交易平台的建立为一些优质的商业医疗保险机构提供了政府支持。这些商业医疗保险机构可以在各州或联邦政府的交易平台上提供相关产品，以供个人或公司雇主选择。但这些产品必须符合一定的要求，比如，发行机构应当信誉良好，其产品应当涵盖基本健康福利，提供多个级别的计划。消费者通过选购交易平台上的产品可以获得一定的税收优惠，医疗保险机构也可获得一定的政府补贴。第二，设立成本控制规则。由于竞争性有限，政府相关部门加强了对提供管理式医疗的商业机构的监督管理，医疗照顾与医疗救助服务中心设立的消费者信息和保险监督中心是主要负责部门。联邦政府相关部门建立了一项关于医疗损失率的规则。该规则要求各类提供医疗保险的机构必须披露用于医疗服务及质量改进的费用和管理成本等其他费用，如果在医疗服务及质量改进方面的支出低于80%，则必须向消费者退还超出此限额的保费，因此该规则又被称为80/20规则。该规则对于行政和管理成本支出有一定的约束作用。此外，在保险费率上，各州保险部门的专员会对大幅增加保费的情况进行有效审查。同时，保险公司也必须及时向其客户公开费率增长及其原因等信息。②

（三）筹款来源

美国的医保系统较为复杂，涉及多种筹资途径。

---

① 张涛：《美国医疗保障运行机制及其对中国医疗体制改革的借鉴研究》，北京交通大学博士学位论文，2013年。

② 马艺方：《美国管理式医疗及其支持与监管措施》，载于《经济研究导刊》2021年第3期，第127—129页。

第一，个人缴费。在商业健康保险中，个人和家庭通常需要支付保费以获得医疗保险服务。这些保费可以直接支付给保险公司或通过雇主提供的医疗保险计划支付。

第二，雇主缴费。许多雇主为其员工提供医疗保险计划作为员工福利的一部分，雇主通常会分担一部分保费，并为员工提供医疗保险计划的一部分费用。

第三，联邦政府预算。美国联邦政府通过财政预算为一些医保计划提供资金，其中包括医疗照顾计划和医疗救助计划等由政府管理的医保计划。

第四，州级政府预算。对于州级医保计划，各州政府也会提供一定比例的资金，以支持低收入人群及其他符合条件的人群获得医疗保障。

第五，税收。一部分医保资金来自税收，包括个人所得税、企业所得税及其他税收。这些税收用于支持政府管理的医保计划及其他医疗补助项目。

第六，其他筹资途径。主要包括医疗服务提供者的捐赠、基金会的资助以及一些非营利组织的援助等筹资途径。

以下介绍医疗照顾计划和医疗救助计划的筹资机制。关于医疗照顾计划的筹资来源，医疗照顾计划包含 A、B、C、D 四个部分，其中 A、B 和 D 三部分由政府筹资保障待遇。A 部分筹资进入医院保险信托基金，主要来源于雇主、雇员和自雇人员缴纳的工资税，还有社会保障待遇所得税、利息收入和 A 部分参保人缴费。2022 年的医疗保险税率为 2.9%，雇主、雇员各自分担 1.45%，雇员缴费由雇主从雇员薪水中直接扣除。此外，《平价医疗法案》中引入两种医疗保险附加税来充实资金。一是附加医疗保险税，即高收入人员需要另外缴纳医疗保险附加税。二是净投资所得税，也叫非劳动收入医疗保险附加税。B 和 D 部分筹资进入补充医疗保险信托基金，主要来源于国会授权资金、B 部分和 D 部分参保人的缴费、利息收入等。A 部分中个人缴费较少，B 部分中个人缴费约占总收入的 1/4。

医疗救助计划是针对低收入人群的公共保障计划，主要由联邦政府和州政府共同筹资，联邦政府根据联邦医疗援助百分比确定各州配套资金金额。联邦医疗援助百分比是根据各州人均收入相对于美国人均收入水平来确定。[①]

（四）待遇给付

1. 医疗照顾计划

医疗照顾计划作为美国规模较大的社会医疗保险计划，由五个子计划组成，分别是计划 A（住院保险）、计划 B（普通医疗保险）、计划 C（优势计划）、计划 D（处方药保险）和保险间隙补充计划。计划 A、B 为基本险种，计划 D 和保险间隙补充计划为附加险种，计划 C 为计划 A、B、D 的综合保险计划。计划成立初期，医疗照顾计划由 A、B

---

① 张蕊、张肇龙、郝春鹏：《美国多支柱长期护理保障体系筹资及待遇保障机制研究》，载于《中国医疗保险》2023 年第 9 期，第 118—127 页。

两部分组成，分别承保住院和门诊费用；1997 年的《平衡预算法案》增设 C 部分；2003 年的《医疗照顾计划处方药、改进及现代化法案》进一步增设 D 部分。

医疗照顾计划主要保障医疗相关护理，如住院治疗、专业护理、家庭健康护理、养老院护理、临终关怀等，并且明确非专业个人护理不纳入医疗照顾计划的保障范围。

医疗照顾计划的 A 和 B 部分分工协作，对不同服务提供方进行分类管理，制定待遇保障项目清单。

A 部分的保障范围有住院、专业护理机构看护、长期护理、临终安宁护理和居家健康服务等。A 部分对住院及入住专业护理机构和长期护理医院的患者，按照入住天数分别设置个人负担水平。其中，第一阶段，患者刚入住机构的时候，个人为 0 负担；第二阶段，个人开始定额负担；第三阶段，入住机构超过 3 个月，个人承担全部费用。医院、专业护理机构和长期护理医院的不同阶段的天数设置存在差异。对于临终安宁护理和居家健康服务，除了住院护理和医疗设备等项目，个人为 0 负担。

B 部分的保障范围主要有医疗必需的医生服务、门诊护理、家庭健康服务、耐用医疗设备、心理健康服务和预防性服务等项目。其中，预防性服务的保障范围涵盖疾病筛查、糖尿病自我管理训练、烟草相关、营养治疗、肥胖行为管理等。B 部分一般设置免赔额（起付线），超过免赔额之后，个人需要负担一定比例的费用，一般为 20%。[1]

C 部分除了包含 A、B 部分外，通常还包括 D 部分的承保以及额外福利，包括牙科、眼科和听力等。C 部分是由联邦政府批准的医疗保险公司提供的私人保险计划，有不同计划类型可选。

D 部分是用于处方药的保险部分，由联邦政府批准的私人保险公司提供，需要单独缴纳保费，其包含处方药等项目，且设置有药物清单。

医疗照顾计划有不同保障组合可选，一般来说，加入联邦医疗保险会有两种组合情况：第一种是基础医疗照顾计划，包括必选的 A 部分和 B 部分，可以另外选择是否添加 D 部分处方药承保；第二种是医疗照顾优势计划（C 部分）、差额保险计划（该计划的福利范围可以支付 A 部分和 B 部分共同保险或共付额、免赔额、超额收费等）。医疗照顾优势计划和差额保险计划互斥，都是基础计划的补充，不可重复参加。

2. 医疗救助计划

联邦政府规定了 15 项强制性待遇项目和 28 项可选择待遇项目，要求各州提供机构护理、居家健康服务、临终关怀等项目。强制性待遇项目包括住院服务、门诊服务、养老院服务、上门护理服务、医生诊断服务、郊区卫生诊所服务、联邦政府认证的健康中心服务、护士助产士服务、来往看病的交通服务等。此外，各州可以自行决定是否扩展医疗救助计划的医疗福利，还可以使用豁免权为特定人群定制保障计划。

---

① 张蕊、张肇龙、郝春鹏：《美国多支柱长期护理保障体系筹资及待遇保障机制研究》，载于《中国医疗保险》2023 年第 9 期，第 118—127 页。

三、美国医疗保险制度的特点

1. 医疗保险体系的高度市场化

美国医疗保险体系主要遵循自由市场经济发展规律，形成高度市场化的特点，主要体现在以下三个方面。

首先，供求原则是美国医疗保险市场化的基础。医疗服务作为一种商品，其供求关系由市场进行调节。美国医疗保险的需求理论告诉我们，人们为了防止发生较大的经济损失，就会愿意购买保险；风险发生率越高，购买积极性越高；保险的价格越高，愿意投保的人越少；收入与购买保险多少成正比；健康状况与购买保险多少成反比。为了适应医疗保险市场的需求，美国形成了各种形式的医疗保险公司，它们之间的区别就是提供不一样的保险覆盖类型，在费用分担方式和程度上各有差异。每一个美国人在选择医疗保险方式、选择险种时都会根据自己的实际需要，自由选择，自愿投保。

其次，自主原则是美国医疗保险市场化的保证。医疗保险市场经济活动主体的高度自主性就是让政府尽量少干预，让市场机制发挥作用。美国政府仅仅通过税收、财政和货币政策对医疗保险市场进行间接调控，依法对商业健康保险公司进行监督，一般不干预商业健康保险公司自身的经营行为。不过，政府少干预不是不干预，当市场机制某些环节运行失灵，政府会及时予以干预。由于原有医疗保险体系缺乏对发病率较高的老年人和低收入的无保险人群的关注，20 世纪 60 年代，美国政府及时推出了医疗照顾计划和医疗救助计划，逐渐在医疗保险市场中承担部分责任。医疗服务的高成本和高昂的保险费用使得很多美国人不得不放弃保险。为了解决数量庞大的无保险人群问题，奥巴马政府的医改法案重点在于扩大社会保障覆盖的人群，实施个人强制投保和政府补贴保费机制，强化雇主的投保要求。

最后，竞争原则是美国医疗保险市场化的动力。医疗保险市场的竞争性，迫使医疗保险组织不断改革保险计划，改革服务范围与方式，并尽可能减少用于行政管理的费用支出，以吸引更多客户，追求更多利润。

2. 医疗保险的多样性、混合性和复杂性

从美国医疗保险的经营者来看，有政府的，也有商业健康保险公司的，政府主办的社会医疗保险计划很多操作性工作交由商业健康保险公司来执行。从地域来看，有全国的，有各州的，还有市自办的。从医疗保险的管理来看，社会医疗保险不同项目由联邦政府、州政府各有关机构和民间机构协同管理。从医疗保险的种类来看，有单向、多项和综合的。从医疗保险的政策来看，由于各个保险公司所设的保险范围、保险内容、保险金额、投保起点等不尽相同，人们可以选择单家或多家保险公司投保。多样性和复杂性也带来了美国各类医疗保险机构管理成本较高的问题。

3. 医疗保险体系管理的科学性

在管理式医疗模式下，医疗保险机构管理医疗机构、医生和参保人，医保机构和医疗服务方形成一个密切合作的服务网络。首先，保险公司与医疗机构或私人诊所签约，这些医疗机构或诊所成为参保人的定点医疗机构；其次，保险公司与医生签约，所有向该保险公司投保的人均可在这些医生处就诊；最后，保险公司与参保人签约，一旦发生疾病则由该保险公司来协调和负担全部或部分医疗费用。医疗机构、医生、参保者与保险公司形成良好的信任关系。医生的职责就是运用他们的医术为参保者诊治疾病，做到诊断明确、治疗有效和复发率小；医疗机构则是为医生诊治疾病提供优良的场所和设备等。参保者在得到治疗后，由保险公司审核医疗费用并进行结算。如某位医生诊治过的参保者复发率高，保险公司会及时进行调查。为此，医疗机构和医生本人会竭尽全力为参保者提供优质的服务，同时在确保医疗质量的前提下，尽可能降低医疗费用。[①]

4. 医疗费用和医保管理费用高昂

美国面临医疗费用增长过度、患者财务负担加重的问题。政府承办的社会医疗保险的弱势筹资能力和强势议价能力，倒逼美国医院将营收重点放在商业健康保险和个人自付患者身上，商业健康保险成为美国医院最主要的利润来源，这就裹挟了大多数美国劳动者和企业，使其不得不面对高昂的保费或者失去保障后的高昂医疗费。

医保管理费用居高不下也是美国医疗保险制度的主要问题。企业化管理的医疗保险组织之间竞争激烈，且在全国范围内难以实行统一有效地控制医保费用的措施，导致整个国家的医保管理费用从 20 世纪中叶以来迅速增长。

本章小结

医疗保险制度是指以社会保险形式设立的，为国民提供因疾病所需医疗费用补助的一种社会保险制度。一个国家实行何种医疗保险制度与其社会经济制度、经济社会发展水平、卫生组织和卫生服务的历史传统等因素密切相关。

英国是较早实行全民医疗保险制度的国家，也是实施国家医疗保险模式较具代表性的国家。英国所实行的国民健康服务体系主要通过国家预算来筹集医疗资金，支付医疗费用，为全体英国人提供近乎免费的医疗卫生服务。英国医疗保险制度具有覆盖面广、公平性强、福利水平高的特点，但也面临筹资可持续性、医疗服务效率较低的问题。

德国是较早实行社会医疗保险制度的国家，也最具代表性。德国确立了以法定医疗保险为主、商业医疗保险为辅的医疗保障体系，基本上实现了应保尽保和全程覆盖，医

---

① 赵要军、王禄生：《中国、美国、泰国三国医疗保险制度比较分析》，载于《中国卫生经济》2009 年第 11 期，第 41—44 页。

疗福利水平较高。德国法定医疗保险主要通过向雇员和雇主征收保险费的形式来筹集资金。医保公私合作制起源于德国，"自治管理、管办分开"的医保管理模式有利于提高能够医疗保险经办服务的效率。

新加坡作为强制储蓄医疗保险模式的典型代表，筹资方式主要以储蓄积累制为核心，突出个人自担健康责任。新加坡是首个将个人储蓄账户强制引入医疗保险制度的国家。新加坡构筑起"全覆盖、保基本、多层次"的医疗保障体系，由保健储蓄计划、终身健保计划、保健基金计划形成"三道防线"，辅助乐龄健保计划、终身护保计划等作为补充。

美国实行以商业健康保险为主、社会医疗保险为辅的混合型医疗保险制度。目前美国社会医疗保险主要包括医疗照顾计划、医疗救助计划、贫困家庭儿童医疗保险计划等，商业健康保险主要包括团体医疗保险和个人医疗保险，形成了"市场机制主办一般人群基本医保、政府机制主办弱势群体基本医保"的二元格局。美国医疗保险体系遵循自由市场经济发展规律，具有高度市场化的特点，并面临着医疗费用和医保管理费用高昂的问题。

主要概念

英国的医疗保险制度；德国的医疗保险制度；新加坡的医疗保险制度；美国的医疗保险制度

复习思考题

1. 英国、德国、新加坡、美国的医疗保险制度特点有何不同？
2. 简述典型国家医疗保险制度改革的趋势。
3. 德国和新加坡的医疗保险制度是如何平衡社会公平与市场效率的？
4. 英国医疗保险改革的内部市场机制有哪些优缺点？
5. 典型国家医疗保险制度的改革与发展对中国医疗保险制度改革有何参考价值？

第十章

医疗保险的经济社会效应

—————— 本章导言 ——————

　　近年来，我国经济社会整体水平都在稳步提升，医疗行业也有了相应的改革和完善。作为民生的重要保障，医疗保险对于每个人来说都非常重要，而且随着医药卫生体系的不断调整，作为其中心环节，医疗保险也必须根据社会的发展和人们的需要进行改革。国家对医疗保险制度进行结构化改革也进一步推动了经济结构发展方式的转变，催生了新时代经济发展的动力。从社会发展的角度来分析，医疗保险的不断更新和完善，有助于促进社会的稳定发展，也进一步提高了社会效益和经济效益。由某种行为或政策引起的经济性和社会性后果就是经济社会效应。随着我国经济的发展、人均寿命的延长以及人口老龄化的加剧，医疗保险的重要性日益凸显。医疗保险对于提高人民群众的生活质量、促进社会和谐稳定等具有不容忽视的经济社会效应。本章从经济和社会两个方面来探析医疗保险的作用和影响。

—————— 重点问题 ——————

（1）在不断深化医疗保险改革过程中，医疗保险的经济效应的具体内容。
（2）在不断深化医疗保险改革过程中，医疗保险的社会效应的具体内容。

第一节
医疗保险的经济效应

一、经济补偿效应

医疗保险是为了补偿劳动者因疾病风险造成的经济损失而建立的一项社会保险制度。通过用人单位与个人缴费，建立医疗保险基金，参保人员患病就诊发生医疗费用后，由医疗保险机构对其给予一定的经济补偿。保险是分摊意外损失的一种财务安排，通过向所有被保险人收取保险费来补偿少数被保险人遭受的意外损失。因此，少数患病的被保险人的损失由包括患病者在内的所有被保险人分担。作为一种集合和分散风险的机制，随着医疗保险业务范围的拓展和保险经营技术的提高，医疗保险的经济补偿效应将逐步得到充分发挥。

我国基本医疗保险制度是用人单位、个人、集体组织等，按照相关法律规定缴纳资金，建立医疗保险基金，在参保人患病时，由医疗保险基金支付其符合规定的医疗费用，以避免或减轻参保人因患病、治疗等所带来的经济风险。它包括城镇职工基本医疗保险、城乡居民基本医疗保险等。该制度的建立和实施集聚了单位和社会成员的经济力量，再加上政府的资助，可以使患病的社会成员从社会获得必要的物资帮助，减轻医疗费用负担，防止患病的社会成员因病致贫。

《2022年全国医疗保障事业发展统计公报》显示，2022年，职工医保基金（含生育保险）收入20793.27亿元，比上年增长9.4%。基金（含生育保险）支出15243.80亿元，比上年增长3.3%。2022年，职工医保统筹基金（含生育保险）收入13160.17亿元，比上年增长10.9%；统筹基金（含生育保险）支出9558.40亿元，比上年增长2.5%；统筹基金（含生育保险）当期结存3601.77亿元，累计结存（含生育保险）21393.11亿元。2022年，职工医保个人账户收入7633.10亿元，比上年增长6.9%；个人账户支出5685.39亿元，比上年增长4.7%；个人账户当期结存1947.71亿元，累计结存13712.65亿元。

2022年，居民医保基金收入10128.90亿元，比上年增长4.2%；支出9353.44亿元，比上年增长0.6%；居民医保基金当期结存775.46亿元，累计结存7534.13亿元。

我国基本医疗保险在保障公民健康、抵御疾病风险方面发挥了经济补偿作用。

二、收入分配效应

医疗保险基金的形成涉及不同经济主体之间的交往，即感到风险的行为主体（投保人）愿意出钱（保险费）给另一行为主体（国家医疗保障局或商业保险公司），国家医疗保障局或商业保险公司在收到保险费后形成保险基金，当保险人发生保险事故（投保人患病）时，愿意按照事先的约定进行赔（给）付。这是典型的交换，医疗保险的财务及给付机制影响到储蓄与资本积累、劳动力市场供求和收入再分配的形成。

营养和健康对人力资本来说非常重要，人力资本健康的改善会降低农户陷入贫困的概率，提升其收入增加的可能性。医疗保险对农村群体收入增加与收入差距缩小具有正面影响。收入增长和收入差距缩小与人力资本健康和总资产有着较强的联系。参与城乡统筹医疗保险会改善个体的健康状况、在一定程度上增加劳动供给、化解返贫风险、增加个体收入、缩小收入差距。城乡统筹医疗保险能够显著改善农村群体的健康状况。农村群体的医疗服务利用率、自评健康和客观健康情况，在施行了城乡统筹医疗保险制度后显著提升。对于居民来说，健康需求的满足是最基本的。无论处于什么年龄段的居民，医疗保险对居民健康情况的改善均具有积极作用。

（一）从福利经济学来看

依据福利经济学理论，福利是一种个体需求被满足的程度，在衡量经济福利时，货币量非常重要，同样货币量所带来的效用符合边际效用递减规律，即个体所获得货币的边际效用会随其收入的增加而减少。我国医疗保险制度发展的一个理论基础就是福利经济学理论。将公共医疗资源向经济困难群体倾斜，有助于提高其可享用的医疗资源和医疗服务水平。医疗保险具有一定的非竞争性和非排他性。非竞争性主要体现在当个体进行医疗保险消费时不会阻止市场上的其他个体进行医疗保险消费。非排他性主要体现在当医疗保险想要将某个个体排除在保障范围之外时，需要付出较高的成本。这说明了医疗保险是一种由管理部门提供的准公共物品。个体只需要花费一定的费用便可参保，享受相应的医疗保障。再根据福利经济学理论，付出一单位的货币量所获得的边际效用越大，其获得的福利就越多。由此可以发现，城乡统筹医疗保险在一定程度上提升了社会的福利水平。

（二）城乡统筹医疗保险的收入效应

城乡统筹医疗保险作为一种社会保障制度，具有通过形成参保群体的互助共济来化解疾病风险的功能。当个体参加了城乡统筹医疗保险，面临需要承担因疾病而产生的医疗负担时，城乡统筹医疗保险的作用便显现出来，通过补偿患者的医疗费用来减轻其医疗负担。

城乡统筹医疗保险收入效应还体现在经济收入的再分配上。根据福利经济学理论，医疗保险是一种准公共物品，是一种在管理部门的政策倾斜下进行利益再分配的支付安排，为社会福利最大化发挥着重要的作用。

通过医保制度的设计和政策的倾斜，对低收入群体所享受到的资源予以更多的支持，使其享受到高于其所支付成本的医疗资源，通过这种方式进行收入的再分配，提高低收入人群的收入水平。这种收入再分配会大幅提升社会的整体福利水平。

《2022年全国医疗保障事业发展统计公报》显示，2022年，全国纳入监测范围农村低收入人口医疗保险参保率稳定在99%以上，各项医保综合帮扶政策惠及农村低收入人口就医1.45亿人次，减轻农村低收入人口医疗费用负担1487亿元，充分体现了城乡统筹医疗保险的收入效应。

● 三、减轻医疗负担，提高消费能力

医疗保险制度建立后，社会大众的医疗费用负担得到了极大的缓解，尤其是对于住院费用高昂的患者，医疗保险能够为其减轻部分经济负担，使他们能够更安心地进行治疗。这极大地提高了消费者的消费能力，同时也促进了医疗行业的发展。消费者在享受到医疗保障后，不再因为经济压力而迟迟不愿进行治疗，避免了疾病逐渐加重的恶性循环。

《2022年全国医疗保障事业发展统计公报》显示，2022年，职工医保住院费用目录内基金支付比例为84.2%，三级、二级、一级及以下医疗机构住院费用目录内基金支付比例分别为79.8%、87.2%、89.2%。2022年，居民医保医疗费用为16265.94亿元，比上年增长7.7%。居民医保住院费用目录内基金支付比例为68.3%，比上年降低1个百分点，三级、二级、一级及以下医疗机构住院费用目录内基金支付比例分别为63.7%、71.9%、80.1%。

● 四、促进医院转型升级，提高医院服务水平

医疗保险制度实行后，医院的经济收入有了一定的保障，并且与医保挂钩的医疗服务项目得到了更广泛的使用，可以说医疗保险成为医院产业链中的一个重要组成部分。为了更好地满足患者的需求，医院必须进行转型升级、优化医疗服务等，提高自身的竞争力和市场占有率。医疗保险制度可以促使医院在经济利益和医疗服务上寻求平衡，促进优质医疗资源向中西部地区流动，提高欠发达地区的医疗服务水平。医疗保险制度改革主要是为了降低医疗费用负担，提高医疗保障水平。从经济学角度看，医疗保险的存在会导致患者对医疗资源的过度利用，从而使医疗费用增加。但是，医疗保险制度改革的实施，可以通过多种方式来控制医疗费用的增加。例如，首先，通过加强医疗服务价格管理，限制医疗服务价格的上涨，防止医疗资源浪费和医疗费用过高。其次，建立公立医院绩效考核机制，加强运营成本的管理及资源的合理利用，从源头上控制医疗费用。最后，设立各种医疗费用的支付机制，比如提高自费支付比例、引入医疗保险费用个人账户等，控制医疗费用的增长。

医疗保险制度改革的一个重要目标是提高医疗质量。医疗质量与医疗保障水平密切相关，同时医疗保险制度也对医疗质量有着重要的影响。医疗保险制度改革可以通过以

下方式提高医疗质量：一方面，加强对医疗机构和医务人员的考核和评价，着重关注医疗质量，强化对治疗效果和服务质量的考量，从而提高其竞争能力，推动医疗质量的提高；另一方面，通过加强对患者权益的保护，防止过度医疗，避免不规范治疗、浪费资源的情况，提高医疗质量。

第二节
医疗保险的社会效应

一、社会公平性效应

医疗保险制度能够提高社会公平性，有助于缩小收入差距，使底层群众也能享受到基础医疗保障服务，促进其融入社会，维护其基本权益。同时，医疗保险制度被政府定义为社会福利安全网的一部分。当处于困难境地的人们遇到疾病时，医疗保险制度可以为他们提供免费或优惠的医疗保障，并为其家庭正常状态和社会正常秩序提供保障，降低社会敏感度和问题解决的难度。医疗保险具有社会保险的强制性、互济性、社会性等基本特征。因此，医疗保险制度通常由国家立法并强制实施，建立基金制度，费用由用人单位和个人共同缴纳，医疗保险费由医疗保险机构支付，以解决劳动者因患病或受伤而带来的医疗风险。医疗保险制度就是当人们生病或受伤后，由国家或社会给予的一种物质帮助，即提供医疗服务或经济补偿的一种社会保障制度。

我国城乡居民基本医疗保险由城镇居民基本医疗保险和"新农合"两种医疗保险合并而成，遵循统筹规划、协调发展、保障公平的原则，有助于推进建设更加公平有效的全民社会医疗保障体系。城乡统筹医疗保险对促进社会的公平正义、和谐稳定起到了重要的作用，是我国系统性民生工程中重要的一环。城乡统筹医疗保险消除了城镇居民和农村居民在医疗保障上的待遇差异，使公共资源的利用率得到了显著提高。

在医疗保险制度中，我国积极实施医保药品目录。《2022年全国医疗保障事业发展统计公报》显示，自2018年国家医保局成立以来，连续5年开展医保药品目录准入谈判，累计将341种药品通过谈判新增进入目录，价格平均降幅超过50%。2022年，协议期内275种谈判药报销1.8亿人次。通过谈判降价和医保报销，年内累计为患者减负2100余亿元。《国家基本医疗保险、工伤保险和生育保险药品目录（2022年）》收载西药和中成药共2967种，其中，西药1586种，中成药1381种。2022年调整中新纳入药品111种。另含中药饮片892种。通过医保药品目录，进一步提高了参保人员用药保障水平，规范了医保用药管理，建立起管用高效的医保支付机制。国家医保局成立以来，加快医保谈判节奏，推动一大批独家品种的抗癌药、罕见病用药以适宜价格纳入医保，加上医保报销，已累计为患者减负超5000亿元，切实减轻了百姓看病就医负担。

我国实施医疗救助，是国家和社会针对那些因经济困难而没有能力治病的公民实施专门的帮助和支持。它通常是在政府有关部门的主导下，社会广泛参与，通过医疗机构针对经济困难的患者实施的恢复其健康、维持其基本生存能力的救治行为。《2022年全国医疗保障事业发展统计公报》显示，2022年，全国医疗救助支出626亿元，医疗救助基金资助参加基本医疗保险8186万人，实施门诊和住院救助11829万人次，全国次均住院救助、门诊救助分别为1226元、84元，中央财政安排医疗救助补助资金311亿元，参加职工医保人员享受待遇21.04亿人次。

2022年，职工医保参保人员住院率为17.6%。其中，在职职工、退休人员住院率分别为10.0%、38.6%。全国职工医保次均住院费用为12884元，其中在三级、二级、一级及以下医疗机构（含未定级）的次均住院费用分别为15495元、9029元、6633元。次均住院床日9.5天。

2022年，职工医保参保人员医药总费用16382.40亿元，其中医疗机构发生13897.98亿元，药店购药支出费用2484.41亿元。医疗机构发生费用中，在职职工、退休人员医疗费用分别为5986.27亿元、7911.71亿元。职工医保住院费用目录内基金支付比例为84.2%，三级、二级、一级及以下医疗机构住院费用目录内基金支付比例分别为79.8%、87.2%、89.2%。2022年，参加居民医保人员享受待遇21.57亿人次，其中，普通门急诊17亿人次，比上年增长1%；门诊慢特病2.97亿人次，比上年增长21.7%；住院1.6亿人次，比上年增长4.2%。

2022年，居民医保医疗费用16265.94亿元。居民医保住院费用目录内基金支付比例68.3%，比上年降低1个百分点，三级、二级、一级及以下医疗机构住院费用目录内基金支付比例分别为63.7%、71.9%、80.1%。

二、社会保障效应

社会保障作为现代生活风险管理较基本、较有效的手段，贯穿于人的生、老、病、死全过程，在社会经济生活中扮演着越来越重要的角色。保险已经不仅仅是提供产品和服务，而是成为一种有利于社会安全的制度安排，渗透到经济的各行各业、社会的各个领域、生活的各个方面，在参与社会风险管理、减少社会成员之间的经济纠纷、完善社会保障制度、维护社会稳定等方面发挥着积极作用，社会效应逐步发挥。近几年，我国社会保障制度改革取得了较快发展，社会保险费收入和参保人数都有较大幅度增长，但由于我国实行的是低水平、广覆盖的社会保障政策，主要满足人们最基本的生活需要，难以满足人们大病医疗的需要。为弥补这一缺口，在医疗保险中出现了居民大病保险、职工大额医疗费用补助、公务员医疗补助、企业补充医疗保险、商业医疗保险等，满足了人们较高层次的保障需要。商业保险是社会保障体系的重要补充，提高了人民生活水平，解除了人们医疗上的后顾之忧。

《2022年全国医疗保障事业发展统计公报》显示，截至2022年底，职工医保参保人数36243万人，比上年增长2.3%，其中，在职职工26604万人，比上年增长1.9%；退休职工9639万人，比上年增长3.4%。在职退休比为2.76，较上年下降0.04%。

企业、机关事业、灵活就业等其他人员的参保人数（包括在职职工和退休人员）分别为 24400 万人、6572 万人、5272 万人，占职工参保总人数的 67.3%、18.1% 和 14.6%。职工医保统账结合和单建统筹参保人员分别为 33591 万人、2652 万人，分别占职工医保参保总人数的 92.7% 和 7.3%。

截至 2022 年底，城乡居民基本医疗保险人数 98349 万人。其中成年人、中小学生儿童、大学生分别为 72056 万人、24359 万人、1935 万人，占居民参保总人数的 73.26%、24.77%、1.97%。

在生育保险方面，生育保险覆盖用人单位及其在职职工，支付生育医疗费用和生育津贴待遇。国家医保局持续做好生育保险相关工作，积极研究完善生育保险等相关配套支持政策。2022 年，全国参加生育保险 24621 万人，比上年增长 3.7%。享受各项生育保险待遇 1769 万人次，比上年增长 34.0%。

三、医疗服务可及性效应

医疗保险制度改革可以促进医疗资源的合理配置，促进医疗服务可及性。随着医疗保障体系的覆盖面和保障程度的改善，居民对于医疗服务的利用快速释放。两周患病率是反映居民卫生服务需要的重要指标之一，其计算公式如下：两周患病率＝调查居民中两周内患病人数或人次数/调查总人数之比（百分率或千分率）。"患病"是从居民对卫生服务需要角度考虑，并非严格意义上的由客观医学检查确认的"患病"，包括被调查者的自身感受的"不适"和调查员（医务人员）客观判断的患病、受伤和中毒，具体有如下情况：一是自觉身体不适，去医疗卫生单位就诊确认有病或伤或中毒，接受了治疗；二是自觉身体不适，未去医疗单位诊治，但自服药物或采取一些辅助治疗；三是自觉身体不适，未去就诊治疗，也未采取自服药物或辅助疗法，但因身体不适休工、休学或卧床一天及以上者。上述三种情况有其一者，均可视为"患病"。统计数据显示，近年来，居民的两周患病率呈上升趋势。一方面是由于社会发展和生活方式等的改变导致患病率升高；另一方面则是随着医疗保障体系的完善，基本医保持续扩面，使居民能够更加便捷地寻求医疗服务并进行相应诊疗。

四、本地化效应

我国医疗保险实行属地化管理。所谓属地化管理，就是在单位所在地或户籍所在地缴费和管理，用人单位只能在单位注册地缴费，单位职工不分户籍只能在用人单位所在地缴费；如果是灵活就业人员，按照属地化的概念，只能是在户籍所在地或居住地缴费。在本地缴费的称为本地医保，到外地看病就医使用的医保属于异地医保。医疗保险业只有融入地方经济，服务于地方社会和人的全面发展，才能实现自身的发展。医疗保险之所以要分为本地医保和异地医保，主要是以参保地作为划分标准。医保虽然实行属地化管理，但并不是异地就医，也不影响异地报销。我国地域辽阔，各地经济发展水平参差不齐，医疗保险的缴费水平也有所不同。由于医疗保险涉及医疗基金的保障，而医疗基金是解决人们医疗费用的"救命钱"，这和经济发展水平、缴费基数、缴费比例等存在很大的关系，为了更有效地保障参保人的权益，现在医疗保险基本上采取地市级统筹的方式，其目的是达到以丰补歉的效果，这也就形成了本地化效应。

按照大多数地方医保制度的规定，缴纳了医疗保险费以后，基本上都是按照属地化、分级就诊的原则来处理。为了鼓励分级就诊，从制度层面给予激励。医院的级别越高，门槛费就会越高，报销的比例就会越低。在就近就医的同时，对于重大疾病可以采取逐级转诊的方式。

由于医疗资源的分配是不均衡的，地区与地区之间差异比较大，特别是那些患有重大疾病、疑难疾病的职工，可能会面临异地就医的问题。目前异地就医住院费用问题是很好解决的，只要通过医院转诊，或是在参保地的医保部门办理了异地就医备案的，都可以在异地就医时享受医疗报销的便捷，患者不再需要垫支数额巨大的医疗费用，只要通过国家医保平台设立的异地就医结算系统，就可以实现在就医地的医院结算医疗费用，个人只承担自费部分。但如果在异地就医时，没有办理异地就医备案，或者没有通过逐级转诊的方式，医疗保险的比例就会降低，如果不属于医保定点医院，可能还会面临不能报销医疗费用的问题。即使能报销医疗费用，可能也会面临需要事先垫支医疗费用，再回参保地报销等情形。所以在异地就医之前，备案是非常重要的。

由于医疗保险的属地化管理，在哪里缴纳医保费用，就只能在哪里报销医疗费用。即使可以通过异地就医结算系统进行结算，这个性质也是不变的。即使今后医疗保险实现了省级统筹，或者实现了全国统筹，只是实现了基金的统筹、个人账户使用的统筹，医疗费用的支出还是要由参保地的医保部门负责。但这种情况下是可以异地结算的，也是可以在异地报销的。

综上所述，医保之所以要区分为本地和异地，是由统筹层次较低和属地化管理的属性来决定的。随着人员流动的频繁增加，医保的本地和异地，给医保基金的管理带来了挑战。随着信息技术的快速发展及各种管理工具的更新，今后医保的本地化也好，异地化也好，都不会损害参保人的权益，也能最大限度地保障参保人的待遇。

总之，我国医疗保障体系的演变是与经济社会发展相适应的。我国在较短时间内，完成了多层次医疗保障体系的制度框架建设，织起了世界上最大的医疗保障网，加速实现制度覆盖向人群全覆盖的目标，为全民健康覆盖目标的实现打下了坚实的基础。

医疗保险的经济社会效应分析，为国家和地方政府的医疗保险制度改革提供了参考和依据。医疗保险制度的不断完善，不仅可以降低医疗负担、提高医疗保障水平，以及促进对医疗资源的疏导，还可以为患者提供更为全面和优质的医疗保障服务，实现社会公平与发展。

❈ 本章小结

现阶段，我国医疗保险迅速发展，医疗保险的发展不仅能够促进民生事业的发展，同时对转变经济发展方式也具有十分积极的意义。在深化医药卫生体制改革中，医疗保险也是非常重要的环节，在医药卫生体制改革中占据着核心地位。健全医疗保险制度，让医疗保险能够覆盖城乡，发挥其经济社会效应，对于实现可持续发展有着十分重要的意义。

主要概念

　　城镇职工基本医疗保险；城乡居民基本医疗保险；生育保险；医疗救助；医保药品目录；药品采购；异地就医

复习思考题

　　1. 简述医疗保险的经济社会效应和结构优化的具体内容。

　　2. 你怎样理解医疗保险容易出现本地化效应？

　　3. 医疗保险的存在可能会导致患者对医疗资源的过度利用，从而使医疗费用增加，怎样来解决这个问题？

参考文献

[1] 孙树菡. 社会保险学 [M]. 北京：中国人民大学出版社，2008.

[2] 杨燕绥. 医疗保险 [M]. 北京：人民卫生出版社，2023.

[3] 艾米·芬克尔斯坦，等. 医疗保险中的道德风险 [M]. 朱凤梅，译. 北京：中信出版社，2019.

[4] 周绿林，李绍华. 医疗保险学 [M]. 4 版. 北京：科学出版社，2023.

[5] 于洁. 中国基本医疗保险制度的受益公平与收入再分配效应研究 [M]. 北京：经济科学出版社，2022.

[6] 温兴生. 中国医疗保险学 [M]. 北京：经济科学出版社，2019.

[7] 凯恩斯. 就业利息和货币通论 [M]. 徐毓枬，译. 2 版. 北京：商务印书馆，1983.

[8] 玛格丽特·柯尔. 费边社史 [M]. 杜安夏，杜小敬，等译. 北京：商务印书馆，1984.

[9] 陈信勇. 中国社会保险制度研究 [M]. 杭州：浙江大学出版社，2010.

[10] 丁建定. 社会福利思想 [M]. 2 版. 武汉：华中科技大学出版社，2009.

[11] 杨祖功. 西欧的社会保障制度 [M]. 北京：劳动人事出版社，1986.

[12] 王双苗. 社会医疗保险 [M]. 北京：中国医药科技出版社，2006.

[13] 许正中. 社会医疗保险：制度选择与管理模式 [M]. 北京：社会科学文献出版社，2002.

[14] 张笑天，王保真. 医疗保险原理与方法 [M]. 北京：中国人口出版社，1996.

[15] 伍凤兰. 农村合作医疗的制度变迁研究 [M]. 杭州：浙江大学出版社，2009.

[16] 卢祖洵. 医疗保险学 [M]. 4 版. 北京：人民卫生出版社，2017.

[17] 储振华. 发达国家医疗管理制度 [M]. 北京：时事出版社，2001.

[18] 张钟汝，范明林. 城市社会保障 [M]. 上海：上海大学出版社，2002.

[19] 张晓，刘蓉. 社会医疗保险概论 [M]. 北京：中国劳动社会保障出版社，2004.

[20] 韩俊江. 社会保障制度国际借鉴研究 [M]. 长春：东北师范大学出版社，2007.

[21] 刘岚. 医疗保障：制度模式与改革方向 [M]. 北京：中国社会出版社，2007.

［22］本书编写组．医疗保险政策解答与业务咨询［M］．北京：中国民主法制出版社，2009.

［23］吴宏洛．社会保障概论［M］．武汉：武汉大学出版社，2009.

［24］高灵芝．社会保障概论［M］．济南：山东人民出版社，2011.

［25］孙晓明．发达国家和地区医疗体制与保险制度［M］．2版．上海：上海科学技术出版社，2012.

［26］宋健敏．日本社会保障制度［M］．上海：上海人民出版社，2012.

［27］吕学静．社会保障国际比较［M］．2版．北京：首都经济贸易大学出版社，2013.

［28］张宗坪，董西明．社会保障概论［M］．上海：上海财经大学出版社，2013.

［29］丛春霞，刘晓梅．社会保障概论［M］．3版．大连：东北财经大学出版社，2015.

［30］张浩淼．社会保障理论与实践［M］．北京：对外经济贸易大学出版社，2016.

［31］白丽萍．医疗保险学［M］．广州：暨南大学出版社，2020.

［32］张蕊．社会保障学概论［M］．西安：西安交通大学出版社，2021.

［33］刘翠霄．比较社会保障法［M］．北京：商务印书馆，2021.

［34］程晓明．医疗保险学［M］．上海：复旦大学出版社，2003.

［35］仇雨临．医疗保险［M］．北京：中国劳动社会保障出版社，2008.

［36］邓大松．社会保险［M］．2版．北京：中国劳动社会保障出版社，2009.

［37］侯文若．社会保险［M］．北京：中国劳动社会保障出版社，2005.

［38］贾洪波．中国基本医疗保险适度缴费率研究［M］．长春：吉林大学出版社，2009.

［39］刘金章，王岩．现代社会保险学教程［M］．北京：北京交通大学出版社，2019.

［40］刘同芗，王志忠．社会保险学［M］．北京：科学出版社，2016.

［41］史潮．社会保险学［M］．北京：科学出版社，2007.

［42］孙光德，董克用．社会保障概论［M］．北京：中国人民大学出版社，2000.

［43］汤兆云，和红．社会保险学［M］．武汉：华中科技大学出版社，2023.

［44］王保真．医疗保障［M］．北京：人民卫生出版社，2005.

［45］王东进．回顾与前瞻：中国医疗保险制度改革［M］．北京：中国社会科学出版社，2008.

［46］乌尔里希·贝克．风险社会：新的现代性之路［M］．张文杰，何博闻，译．南京：译林出版社，2022.

［47］张开云，李倩．社会保障学导论［M］．2版．北京：科学出版社，2015.

［48］赵曼．社会保障学［M］．北京：中国财政经济出版社，2003.

［49］毛正中，胡德伟．卫生经济学［M］．北京：中国统计出版社，2004.

［50］郑功成，等．中国社会保障制度变迁与评估［M］．北京：中国人民大学出版社，2002.

［51］毛瑛，吴涛．医疗保险基金管理［M］．2版．北京：科学出版社，2023.

［52］贝内迪克特·克莱门茨，戴维·科迪，桑吉夫·古普塔．医保改革的经济学分析［M］．王宇，等译．北京．商务印书馆，2017.

［53］王莉．医疗保险学［M］．广州：中山大学出版社，2011.

［54］张颖．商业健康保险与社会医疗保险制度的对接机制研究［M］．北京：中国社会科学出版社，2014.

后记

推进中国医疗保障事业高质量发展（简称"医保高质量发展"）是重大的时代命题，是推进中国式现代化建设的重要内容，是促进全体人民共同富裕、提高人民生活品质的必然要求，也是中国医保人义不容辞的使命担当和中心任务。我国医疗保障经历了从"广覆盖"到"全覆盖"，从"制度全覆盖"到"人群全覆盖"的发展历程，目前仍然在一定范围内存在一些亟待解决的问题。推进医疗保障改革与发展应当充分体现社会公平正义的基本原则，这是全民医保事业发展的客观要求。通过全面推进医疗保障制度改革，逐步完善医疗保障制度体系，基本医疗保障更加公平普惠，各方责任更加均衡，保障范围和标准与经济社会发展水平更加适应，公共服务更加可及，制度间、人群间、区域间差距逐步缩小，医疗保障再分配功能持续强化。通过不断增强医疗保障的公平性，让全体国民都能够公平享有医疗保障。招收培养我国港澳台地区学生及华侨学生和以华裔新生代为主的外国留学生，是国家创办华侨大学的初心和学校新时代的使命，也是华侨大学不同于其他大学的办学特色和独特优势。华侨大学政治与公共管理学院拥有一定数量的境外学生，无论是本科生还是硕士生，都设有社会保障方向。

华侨大学政治与公共管理学院社会保障研究团队是一个年轻的、不断蓬勃发展的教学科研团队。一段时间以来，社会保障研究团队在社会保障的教学和研究过程中，一直努力尝试将"讲好社会保障中国故事"融入社会保障学科的基础理论，并取得了一定的成绩。为展示这一努力尝试的成果，社会保障研究团队在"社会保障""社会保险""社会福利和社会救助"等主要社会保障课程长期教学积累的基础上，耗时约两年编写了《医疗保险学》教材。在编写过程中，参与教材撰写的老师们还在一定范围内进行了试教，并根据教学反馈进行完善和提高。

本教材是华侨大学政治与公共管理学院社会保障研究团队集体智慧的结晶。当研究团队提出编写教材的计划时，团队的老师们积极参与。大家从章节内容的安排到整体架构都进行了多次讨论。汤兆云教授与和红副教授负责本教材的整体框架设计、章节案例材料的收集整理和知识点的校对工作。具体章节分工如下：

第一章由和红副教授撰写；第二章由姜泽华教授撰写；第三章由张赛群教授撰写；第四章由汤兆云教授撰写；第五章由和红副教授撰写；第六章由陈奕言博士、汤兆云教授撰写；第七章由黄秋风副教授撰写；第八章由田洁玫博士撰写；第九章由庄思薇副教授撰写；第十章由双文元副教授撰写。

本教材在出版过程中，得到了华侨大学政治与公共管理学院领导和同事们的大力支持和帮助。本教材的章节内容在学院不同年级学生课程中进行了讲授，并得到了同学们宝贵的建议和中肯的完善意见。在此表示诚挚的谢意！

在本教材的编写过程中，社会保障研究团队成员付出了极大的努力，但本教材仍可能存在一些不足之处，恳请广大读者批评指正。

为了表述需要，书中个别地方难免存在重复之处，敬请谅解。

2025 年 3 月